国家社科基金
后期资助项目
GUOJIA SHEKE JIJIN HOUQI ZIZHU XIANGMU

后果主义的严苛性问题研究

A Study on the Demandingness of Consequentialism

解本远　著

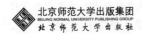

北京师范大学出版集团
BEIJING NORMAL UNIVERSITY PUBLISHING GROUP
北京师范大学出版社

图书在版编目（CIP）数据

后果主义的严苛性问题研究 / 解本远著. —北京：
北京师范大学出版社，2021.7
ISBN 978-7-303-26926-6

Ⅰ.①后⋯ Ⅱ.①解⋯ Ⅲ.①伦理学 Ⅳ.①B82

中国版本图书馆 CIP 数据核字（2021）第 054183 号

营 销 中 心 电 话 010-58805385
北 京 师 范 大 学 出 版 社
主题出版与重大项目策划部 http://xueda.bnup.com

HOUGUOZHUYI DE YANKEXING WENTI YANJIU
出版发行：北京师范大学出版社 www.bnup.com
        北京市西城区新街口外大街 12-3 号
        邮政编码：100088
印   刷：北京玺诚印务有限公司
经   销：全国新华书店
开   本：787 mm×1092 mm 1/16
印   张：13
字   数：221 千字
版   次：2021 年 7 月第 1 版
印   次：2021 年 7 月第 1 次印刷
定   价：68.00 元

策划编辑：郭 珍   责任编辑：梁宏宇
美术编辑：王齐云   装帧设计：毛 淳 王齐云
责任校对：康 悦   责任印制：陈 涛

国家社科基金后期资助项目
出 版 说 明

后期资助项目是国家社科基金设立的一类重要项目，旨在鼓励广大社科研究者潜心治学，支持基础研究多出优秀成果。它是经过严格评审，从接近完成的科研成果中遴选立项的。为扩大后期资助项目的影响，更好地推动学术发展，促进成果转化，全国哲学社会科学工作办公室按照"统一设计、统一标识、统一版式、形成系列"的总体要求，组织出版国家社科基金后期资助项目成果。

全国哲学社会科学工作办公室

目　　录

导　论 …………………………………………………… 1

第一章　严苛性异议：问题及初步分析 ……………… 12
　　第一节　严苛性异议的缘起 …………………………… 12
　　第二节　个人完整性 …………………………………… 17
　　第三节　促进善的初步义务 …………………………… 22
　　第四节　后果主义者的回应 …………………………… 27

第二章　适度的道德 …………………………………… 31
　　第一节　主观的观点与客观的观点 …………………… 31
　　第二节　适度的道德 …………………………………… 39
　　第三节　特权观念及问题 ……………………………… 48

第三章　非后果主义的视角 …………………………… 61
　　第一节　非后果主义的约束 …………………………… 61
　　第二节　两类不同的道德要求 ………………………… 66
　　第三节　道德重要性上的差异 ………………………… 72
　　第四节　促进善的义务的证明 ………………………… 79

第四章　美德伦理学的视角 …………………………… 88
　　第一节　美德论对后果主义的批评 …………………… 88
　　第二节　当代美德论者的批评 ………………………… 94
　　第三节　后果主义者的回应 …………………………… 109

第五章　修正的后果主义 ……………………………… 113
　　第一节　最佳与非最佳的后果 ………………………… 113

第二节　次最佳的策略 ……………………………………… 117

第三节　集体行善原则 ……………………………………… 125

第四节　混合后果主义 ……………………………………… 138

第六章　后果主义的证明 ………………………………… 151

第一节　后果主义的后果 …………………………………… 151

第二节　后果主义的证明 …………………………………… 156

第三节　利他主义的可能性分析 …………………………… 167

第四节　共同体中的个人 …………………………………… 177

第五节　分外善行 …………………………………………… 183

结　语 …………………………………………………… 190

参考文献 ………………………………………………… 195

后　记 …………………………………………………… 198

导　论

　　《圣经》中讲述了一个故事：上帝要检验亚伯拉罕的忠诚，就让他带着儿子以撒，去摩利亚地，在上帝所指示的山上，将以撒献为燔祭。亚伯拉罕听从了上帝的命令。他备上驴，劈好燔祭的木柴，带上以撒，到上帝所指示的地方去。亚伯拉罕在那里筑坛，摆好柴，把以撒捆绑起来，放在坛上，准备杀死以撒将其献为燔祭。这时，天使及时出现，制止了亚伯拉罕的行为。《圣经》用这个故事来表明亚伯拉罕对上帝的忠诚，但是如果我们排除掉其中的宗教因素，它也能很好地体现人们在日常生活中进行选择时所处的困境：假设在某一个情境下，行为者面临两个不同选项，每一个选项都有各自的根据，但是行为者又不可能同时去实行这两个选项，而是必须选择其中一个，舍弃另外一个。如果这两个选项对行为者都很重要，行为者要做出一个合理的选择就更加困难。亚伯拉罕是幸运的，天使的出现帮助他消除了冲突：他既表明了自己对上帝的忠诚，又保全了儿子以撒。现实生活中，要想消除冲突绝非易事，对冲突问题的解决是复杂的。但是，道德理论显然并不关心所有的冲突问题。如果冲突仅仅局限在行为者本身，和其他人并没有什么关涉（例如，一个人为了是去看一场电影还是去看一场体育比赛而犹豫不决），这显然不是道德理论所关心的。如果一个人为是去看一场电影还是将买电影票的钱捐给慈善机构而犹豫不决，道德理论就需要对这个人应当实行哪一个行为进行反思，为行为者的选择提供合适的理由。如果一种道德理论能够比另外一种道德理论更好地解决道德冲突问题，那么这种道德理论就显示了其优越性。

　　后果主义（consequentialism）[①]为道德冲突的解决提供了一个原则。后果主义理论将行为的后果作为评价道德行为正确性的唯一因素。如果一个行为能够比另外一行为产生更好的后果，那么行为者就应当去实行前一行为。这样，如果行为者面临一个道德冲突，必须在相互冲突的两个选项之间做出选择，那么后果主义认为行为者应当选择那个产生更

---

　　① 英国哲学家安斯康姆（G. E. M. Anscombe）在 1958 年发表的一篇名为"当代道德哲学"的文章中首次使用了"后果主义"一词。自此，这一术语开始在伦理学中被广泛使用。参见 G. E. M. Anscombe："Modern Moral Philosophy"，*Philosophy*，1958，33：1-19。

好后果的行为；如果选项是两个以上，那么行为者应当实行那个产生最好后果的行为。后果主义的这一要求受到了诸多批评。这些批评既有来自后果主义理论外部的批评，也有来自后果主义理论内部的批评。通过对基于行为而产生的人际关系进行分析，我们可以识别出两种主要的批评。这两种批评都认为，后果主义理论在处理人际间的道德冲突时存在问题。

行为者的行动或者决策会对不同社会群体和个人产生利益上的影响，我们可以将受行为者的行动影响的人称为利益相关者。利益相关者包括两种。一是行为者本人。行为者本人的利益会在行动中受到影响。例如，在救助他人的行动中，行为者为了救助他人，往往需要付出金钱或者身体健康方面的成本，这对行为者本人的利益造成了影响。二是行为者的行动所影响的利益群体。行为者的行动除了能够对自身产生影响外，也会对行为的指向对象产生影响。这些不同的利益相关者形成了不同的利益关系，也就产生了不同的利益冲突。

一类冲突是作为行为者的行动指向对象的不同群体之间存在的利益冲突。如果行动的指向对象是唯一的，那么我们只需要考虑行为者本人与受行动影响的行动指向对象之间的关系。但是在道德实践中，行动所指向的对象往往并不是只有一方，而是可能存在利益冲突的不同利益相关者。例如，行为者捐款时，他的行动所影响的利益群体可以划分为两个部分：行为者给予款项的利益相关者和没有给予款项的利益相关者。行为者的行动对这两个利益相关者都产生了影响，导致他们之间形成了利益上的冲突。另一类冲突是行为者本人的利益和作为行为指向对象的利益相关者的利益之间的冲突。例如，当行为者实施救助他人的行动时，他往往需要付出一定的成本，这既包括经济上的付出，也有可能是身体健康方面的损失。如果他不行动，其原来行动所指向的社会群体或者个人就会遭受经济或其他方面的损失。由此，行为者与其行动指向对象之间产生利益上的冲突。当这些冲突具有道德上的重要性时，就会成为道德冲突。

后果主义理论在处理这些道德冲突时，无论是对作为行为接受者的利益相关者之间的冲突，还是对行为者本人与作为行为接受者的利益相关者之间的冲突，都会按照后果主义所要求实现的行为后果来提出解决方案。后果主义理论的批评者分别就上述两个方面对后果主义进行批评。第一种批评认为，后果主义在处理作为行为接受对象的利益相关者之间的冲突时可能会因为忽视少数群体的利益而造成分配的不公正。第二种批评认为，后果主义要求行为者总是按照最好后果去行动，这会对行为者提出过于严苛的要求。①

罗尔斯在《正义论》中对作为后果主义的功利主义的批评主要属于第一种。在罗尔斯看来，功利主义的问题在于它所要求的福利最大化会造成社会不公平。"功利主义观点的突出特征是：它直接地涉及一个人怎样在不同的时间里分配他的满足，但除此之外，就不再关心（除了间接的）满足的总量怎样在个人之间进行分配。在这两种情况下的正确分配都是那种产生最大满足的分配。社会必须如此分配它的满足手段——无论是权利、义务，还是机会、特权或者各种形式的财富，以便达到可能产生的最大值。但是没有任何分配形式本身会比另外一种形式更好，除非要选取较平等的分配来打破僵局。"②按照福利最大化原则，社会制度的制定应当按照是否能够产生最大化的福利来确定。如果某项制度或者某个行为能够产生最大化的福利，那么即使这项制度或者这个行为使得社会少数群体因此而受到损失，其结果所具有的最大化福利也会使采用这项制度或实行这个行为成为一个正确的决定。功利主义甚至会为了追求福利最大化而损害少数人的权利和自由。但是，"原则上就没有理由否认可用一些人的较大得益补偿另一些人的较少损失，或更严重些，可以为了使很多人分享较大利益而剥夺少数人的自由"③。由此，功利主义的决定造成了社会的不公平，使得社会少数群体在社会中处于不利地位。

罗尔斯对功利主义的批评既可以用来反思一项社会制度，也可以用来反思行为者应当如何行动。当行为者的行动能够影响除自己之外的其他利益相关者时，他就需要考虑如何在不同的行为之间进行选择，而这些选择所产生的结果会有利于某些利益相关者而不利于其他的利益相关者。功利主义理论只关注行为结果所产生的福利，并不关心如何分配，除非分配方式会对福利产生影响。

罗尔斯对功利主义的批评只涉及除行为者之外的其他利益相关者之间的利益冲突，或者只将行为者本人视为与其他社会成员相同的一员，

① 蒂姆·莫尔根在《理解功利主义》一书中指出了这两种批评，称其为非正义反对与苛求性反对，前者认为功利主义要求行为者去做对他人不正义的事情，后者认为功利主义要求行为者牺牲自我。参见〔英〕蒂姆·莫尔根：《理解功利主义》，谭志福译，济南，山东人民出版社，2012，第121页。但是，莫尔根并没有指出这两种批评涉及两类不同的关系。

② 〔美〕约翰·罗尔斯：《正义论》，何怀宏、何包钢、廖申白译，北京，中国社会科学出版社，1988，第23页。

③ 〔美〕约翰·罗尔斯：《正义论》，何怀宏、何包钢、廖申白译，北京，中国社会科学出版社，1988，第23页。

而并没有将行为者本人的利益独立出来，考虑如何处理行为者本人利益与其他社会成员的利益之间的冲突。因此，罗尔斯的理论只关注一项制度或者一个行为是否会对不同社会群体的利益产生不公平的结果，而不关注行为者本人的行动是否会在行为者的利益和其他社会成员的利益之间形成利益冲突，而且当冲突发生的时候，是否会要求行为者为了其他人的利益而牺牲本人的利益。也就是说，罗尔斯只批评功利主义理论在社会实践中造成了不公平现象，即对少数群体不利，并不关注功利主义理论是否会要求行为者做出利益上的牺牲。

在道德实践中，如果我们基于行为者的视角，那么就会发现行为者的行动除了能够对除行为者之外的其他社会群体产生利益影响，也可能会在行为者的自身利益和受行为者的行动所影响的利益相关者的利益之间产生冲突。所以，行为者除了需要调节不同利益相关者之间的利益之外，也需要通过自己的行为调节自身和其他利益相关者之间的利益冲突。在前一种情况中，无论行为者做出什么样的选择，其选择都要有利于利益相关者中的一方，而非有利于行为者自身。因此，当行为者按照功利主义的要求行动并影响不同利益相关者群体之间的利益时，他的行动都是利他的。功利主义的问题在于利他的行动会造成不公平。即使行为者做出了不利于少数群体的行动，因而受到罗尔斯的批评，这种批评也不是针对行为者过于关注自身利益的。因此，当功利主义者以福利最大化为理由要求行为者采取行动时，按照罗尔斯的思路，行为者应当以这一要求会造成社会不公平为理由拒绝按照功利主义的方案行动。

对后果主义的第二种批评是严苛性批评（Demandingness Objection）。这种观点认为，后果主义将福利最大化作为行动的标准，要求行为者总是按照这一标准去行动。但是，这一要求忽视了行为者本身的利益，对行为者施加了过分严苛的要求。当批评者们指责后果主义严苛时，他们通常基于日常道德的看法。[①] 按照日常道德，行为者通常对处于困境中的人负有帮助的义务，但是行为者对别人的帮助不可能是无限的，应当有一定的限度。在这个限度之内，行为者对被救助者负有救助义务；超出这个限度，行为者就不负有救助的义务。如果行为者在超出限度的情形下仍然选择救助别人，他就不是在履行自己的义务，他的行为应当被

---

① 我在这里采纳了卡根对于日常道德的理解。卡根认为，虽然对日常道德的理解在细节上存在许多分歧，但是这些理解共有某些一般的特征。其中一个特征就是道德对我们的要求存在限度。参见 Shelly Kagan：*The Limits of Morality*，New York，Oxford University Press，1989，p. 2。

理解为分外善行(supererogation)。后果主义的反对者认为,后果主义理论抹杀了这一区分。因为在后果主义者看来,如果某个行为能够产生最好的后果,那么行为者就应当去履行这个义务;如果没有履行,那么他就应当为此承担责任。按照这一理解,如果日常道德认为某个行为属于分外善行,而这个行为在后果主义者看来能产生最好的后果,那么后果主义者就会将实行这一行为视为行为者的义务。这样一来,分外善行就成为行为者的义务。如果是分外善行,那么行为者可以而不是应当实行这一行为;如果是义务,那么行为者应当而不是可以实行这一行为。后果主义的反对者认为,后果主义将本来应当是分外善行的行为视为行为者的义务,对行为者施加了严苛的要求:行为者本来是可以("可以"也意味着"可以不")实行某个行为的,现在后果主义理论要求行为者应当实行这一行为。

　　实际上,密尔在《功利主义》一书中已经意识到了这一问题。"功利主义的反对者不可能总是从不名誉的角度来表述功利主义。相反,他们中那些对功利主义的无私品质有着正确理解的人,有时候会批评功利主义,认为它的标准对于人性来说要求过高。他们认为,要求人们总是要出于促进社会的普遍利益这一动机而行动,这对人们要求太多。"①密尔的回应是,这一批评"混淆了行为的规则与行为的动机"②。也即是说,功利主义并不是要求行为者在任何时候都将功利主义的要求作为自己的行为动机,而仅是要求行为合乎功利主义的原则。这样,只要行为者在实施救助行为时,在客观上符合了功利主义的要求,即使他的行为出于利己的动机,在功利主义者看来也是正确的。而且,密尔认为,功利主义要求并不意味着行为者总是需要社会总体福利而完全不考虑个人利益。"大多数善的行为都不是为了世界利益,而是为了世界福利由之而构成的个人利益。"③因此,对大多数人来说,他们只需要考虑如何促进自己的个人福利。促进个人福利的行动也能促进社会总体福利,而只有"其行为能够影响整个社会的那些人,才需要习惯性地关注如此宏大的对象"④,才需要关注如何行动才能够促进社会总体福利的提升。很显然,密尔的回应并不会令功利主义乃至后果主义的批评者们满意。后果主义者不能以

---

①　Henry West: *The Blackwell Guide to Mill's Utilitarianism*, Oxford, Blackwell, 2006, p.76.

②　〔英〕约翰·穆勒:《功利主义》,徐大建译,上海,上海人民出版社,2008,第18页。约翰·密尔,也常译作约翰·穆勒。下同。——编者注

③　〔英〕约翰·穆勒:《功利主义》,徐大建译,上海,上海人民出版社,2008,第19页。

④　〔英〕约翰·穆勒:《功利主义》,徐大建译,上海,上海人民出版社,2008,第19页。

行为者的个人利益与社会总体福利之间通常不存在冲突来回应严苛性的批评。的确，在一般情况下，行为者促进个人利益的行为也能够促进社会总体福利的提升，但后果主义者需要回应在行为者的个人利益与社会总体福利存在冲突的情况下，后果主义的要求是否存在批评者所说的严苛性问题。对这一问题的研究正是笔者的主要关注点。

后果主义的批评者在批评后果主义向行为者施加了过于严苛的道德要求时，通常针对的是后果主义理论的一些基本要素。

一是针对价值的可通约性。批评者认为，既然后果主义要求行为者选择实施那个能够产生最好后果的行为，这就意味着行为者需要对各种可能行为所产生的可能后果进行比较，而比较的前提是，可能行为所产生的后果是可以进行比较的。例如，一个行为者在消费时，面临两个选择：一个选择是用这笔钱买电影票，看一部动作大片；另一个选择是用这笔钱给邻居家的小孩买一个文具盒。这两个选择会产生不同的后果。那么这两个选择所产生的后果可以进行比较吗？是否能够说后一种选择比前一种选择更有价值，或者反之？批评者认为，后果主义者会要求行为者权衡这两种选择，选择那个能够产生更好后果的行为。在某些情形下，这种比较确实是可行的。例如，行为者用同样的钱买不同的水果，如果他更加偏好某一种水果，那么他就可以确认，买这种水果会得到一个比买其他水果更好的后果。但是后果主义所面临的问题是：是否在任何情境中，这样的比较都是可行的。如果存在某种情境，其中行为者无法对不同的选择进行比较，这就意味着后果主义不具有其倡导者所宣称的那种普泛性。

实际上，这种对不同行为所产生的不同后果的可比较性的怀疑反映了这样一种观点：人们通常认为，不同行为者（包括个人和群体）之间存在着不同的利益诉求，而这些利益诉求有时候是难以进行比较的。即使在功利主义者那里，也存在着这样的问题。例如，当密尔对边沁的功利主义进行改进的时候，他可能没有意识到，对不同的快乐进行质的划分，也就表明了不同快乐之间存在某种程度的不可通约性。即使在量上积累再多的较低级的快乐，也不能同在量上较少但较高级的快乐相比较。

二是针对后果主义对个人权利的态度。在前面所举的看电影或买文具的例子中，一种选择是为了行为者个人利益，即通过看电影来满足个人需求；另一种选择是为了行为者之外的其他人的利益。或者我们可以将这两种不同的利益对比上升为行为者自己的个人利益和一般的道德规范所要实现的那种非个人的利益的比较。一般来说，道德理论特别是后果主义理论要求行为者在某些情况下放弃个人利益而去实现那个能够产生更好后果的行为，而这个产生更好或最好后果的行为常对行为者之外的其他人更为有利。批评者认为，后果主义的这一要求没有考虑行为者个人的利益，而是将行为者与行为者之外的其他人放到了同一位置上。这一要求除了面临前述批评（行为者的个人诉求和满足其他人的需求有时候可能是无法进行比较的）之外，还面临如下问题：即使这两个不同的选择是可以进行比较的，即行为者的某个选择给他人带来了更大的利益，另一个选择可能给自己带来较少的利益，我们仍然需要提供进一步的理由来表明，行为者选择那个更能给他人带来更大利益的行为，而不是选择那个给自己带来较少利益的行为，是一个合理的选择。

对个人权利的忽视不仅表现在对行为者个人权利的忽视上，而且也表现在对其他人权利的忽视上。假设行为者面临两个选择：或者实施某一个行为，从而给大多数人带来较大的利益；或者不实施某个行为，这样虽然没有给大多数人带来较大的利益，但是避免了让少数人的利益受到损失。批评者认为，后果主义者可能会赞同行为者实施这一行为，即使这一行为让少数人利益受损。在后果主义的批评者特别是义务论者看来，行为者的这一选择是不道德的：即使这一选择给大多数人带来了较大利益，但是损害了少数人的权利。义务论者认为，权利是不可侵犯的，即使能够通过对权利的侵犯获取更大的利益。这就使得后果主义者需要在对行为者的道德要求中将权利纳入考虑范围之内。

三是针对后果主义对行为后果的强调。后果主义对行为后果的强调是后果主义的基本特征。这一特征同样遭到了怀疑和批评：一个行为的价值是否仅仅体现在这个行为所产生的后果上。假设两个不同的行为者实施了同样的捐款行为，捐款的数目和对象相同，使两名失学儿童重返学校接受教育，但各自具有不同的捐款动机：一个捐款人纯粹为了失学儿童的利益着想，希望通过捐款帮助他接受教育，为将来的发展打好基础；另外一个捐款人希望通过捐款行为提升自己的社会知名度，促进个人事业的发展。从行为的结果来看，这两个捐款人的行为没有什么不同，但是从常识道德角度来看，单纯希望通过捐款促进失学儿童个人发展的捐款人的行为似乎更具有道德价值，另外一个捐款人的行为则要打上折扣。如果这一常识道德是合理的，那么我们似乎就有理由质疑后果主义单据行为的结果来评价行为的做法。

后果主义者可以采取许多不同的策略来回应这些批评，从而表明后果主义理论的合理性。具体分析对这些批评的回应是本书的重要内容。

针对后果主义与其他道德理论之间的争论，有两点值得反思。

第一，可以把后果主义理论与其他道德理论的争论理解为行为正确性标准的不同。后果主义将行为正确性理解为：一个正确的行为就是从不偏不倚的角度出发，产生最好后果的那个行为。后果主义的批评者通常针对后果主义关于行为正确性的标准而提出相应的批评。后果主义的这个标准包含三个要素：行为的后果、不偏不倚的行为和后果的最佳。也即是说，行为者的行为应当依据行为的后果来判定，行为者的行为应当是不偏不倚的行为，而且行为者的后果应当是可能行为所产生的后果中最好的那个。本书后面的章节会重点分析对后果主义这三方面批评的反思和回应。

第二，后果主义理论和其他道德理论的争论促使我们反思如下问题：我们应当如何来理解道德本身？道德要求对于行为者来说意味着什么？不同的道德理论对于道德的本质问题具有不同的理解。在对待道德要求的问题上，或许我们可以将道德理解为人类自身的本质要素之一。也就是说，人之为人的一个根本要求是：每一个人都应当成为一个有道德的人。这种对道德的理解显然是将道德作为人类的本质属性之一。如果一个人不能够做出符合道德要求的行为，那么他显然就不能被称为那种道德理论所判定的合格的人。另外的道德理论则希望将道德处理为人类生活中的工具性部分。也就是说，人的生活应当具有自己的目的和追求，而道德应当是实现这些目的和追求的一种中介和手段。对道德的这一理解未必是对道德本身的贬低。例如，如果有人将追求大多数人的福利作为自己的人生目标，而通过一种有道德的生活恰好能够实现这样的目标，那么即使将道德理解为一种中介和手段，也并不影响道德本身的价值。

对后果主义理论的研究需要我们对这些批评或者反对意见进行反思。如果试图对后果主义理论进行某种程度的辩护，就必须首先对这些批评意见做出适当回应，以表明后果主义理论具有间接的合理性。同时，我们也需要在反思的基础上推进后果主义理论研究，为后果主义理论提供正面的辩护。

从表面上看，严苛性异议是在批评后果主义理论向行为者提出的道德要求超过了合理的限度，但是当我们反思为什么后果主义理论会产生所谓严苛性异议时，会看到这一异议实际上反对的是后果主义关于行为正确性的标准。在后果主义者看来，一个行为正确与否，取决于这个行为的后果。一个正确的行为就是从不偏不倚的角度来看，产生最好后果的那个行为。后果主义理论向行为者施加的道德要求正是依据这一行为正确性的标准做出的，如果后果主义的反对者所提出的严苛性异议能够得到合理说明，那么他们就有理由怀疑后果主义的这一行为正确性的标准是不合理的。所以，后果主义者应当对严苛性异议进行仔细考察，以便确认这一异议是否合理。后果主义的反对者认为，后果主义根据行为正确性的标准向行为者提出了严苛的要求，包含两个方面的问题。一方面，后果主义的要求迫使行为者承担"消极责任"，破坏了行为者的个人完整性。也即是说，后果主义似乎完全忽视了行为者对个人计划的追求。另一方面，后果主义的要求使得分外善行这一在日常道德看来非常合理的行为成为不可能。按照后果主义的要求，如果一个行为能产生最好后果，那么行为者就有义务去实行这样一个行为。因此，如果在日常道德看来合理的分外善行能够产生最好的后果，行为者也应当而不是可以去实行这样一个行为。这样，分外善行就成了行为者的义务。后果主义的反对者希望表明，行为者在救助或者行善（beneficence）这样一些促进善的行为上存在限度。这一限度一方面使得行为者具有一定的义务，即在某些情形下，行为者应当实行救助或者行善的行为，另一方面使得行为者可以但不是必须实行超过这一限度的行为。

按照这一思路，我们至少可以找到三种应对批评的策略。这些策略通过降低后果主义的道德要求，从而使道德理论施加于行为者的要求变得合理而非严苛。

针对严苛性异议，谢夫勒提出了"适度的道德"（moderate morality）。适度的道德的支持者认为，后果主义的要求存在限度，这一限度使行为者有时候不必去实现最好后果。谢夫勒通过给予行为者"以行为者为中心的特权"（agent-centered prerogative）来限制后果主义的要求，同时通过限制特权来表明行为者在促进善这一方面的义务。在谢夫勒看来，正确行为包含两个方面的行为：产生最好后果的行为以及行为者基于（有限制的）特权而实行的、给予行为者个人计划以较大分量的行为。对于谢夫勒的观点，我们需要考察其所依据的"个人观点"（personal point of view）的合理性，以及这一理论是否能够有效地处理产生最好后果的行为和行为者实现个人计划的行为之间的冲突问题。

义务论者并不会一概而论地反对后果主义提出的所有道德要求。义务论关于行为正确性的标准是：一个正确的行为就是遵守（或者没有违反）义务论约束的行为。虽然义务论者反对后果主义行为正确性的标准，但是如果义务论和后果主义向行为者提出的道德要求是相同的（尽管这一要求背后的依据是不一样的），那么义务论者并不会反对这一具体的道德要求。如果行为者违反了义务论的约束，即使行为者个人所付出的牺牲是巨大的，义务论者仍主张行为者放弃自己的个人计划而遵守义务论的约束。义务论者对后果主义的批评主要针对后果主义将行为的后果作为评价行为的唯一因素，而在义务论者看来，两个不同的行为，即使产生相同的后果，它们在道德重要性上也有可能存在差异。这种差异就对后果主义理论构成了反对。因此，首先，我们需要考察义务论者关于不同行为之间道德重要性差异的论证是否充分。其次，我们需要考察义务论在严苛性异议上的态度，以及如果义务论者也认为后果主义理论存在严苛性异议，那么他们的理由是否经得起推敲。

其实，在对待严苛性问题时，后果主义者的态度也是不一样的。后果主义者可以继续为后果主义辩护，也可以通过修正后果主义理论来避免严苛性异议。在对后果主义进行修正方面，墨菲和斯洛特分别提出了不同的策略。墨菲的策略是区分完全遵守和部分遵守这两种情况，并提出了遵守条件，即行为者在其他人不遵守的情况下只需要完成自己在完全遵守情况下所应当完成的份额。斯洛特的方案则是提倡一种令人足够满意的后果主义。对于这种修正的后果主义，我们需要追问的是：这种后果主义的行为正确性的标准是什么？以墨菲为例，他认为，一个正确的行为就是行为者完成自己应当完成的份额的行为。但是，这样一个行为正确性的标准面临一个无法克服的困难（墨菲自己也指出了这个困难）：行为者与别人一同施救，当其他人拒绝救助时，按照墨菲的理论，行为者只需要完成自己应当完成的救助份额。那么，如果行为者完全有能力实行更多的救助，他是否有义务超出原来的救助份额来实施行动？此外，如果原来的促进善的义务因为其他人停止行动而根本没有办法完成，行为者是否必须完成原来的义务份额？问题的实质是：修正的后果主义认为行为者的促进善的义务应当有一定的限度，这也就承认了分外善行的合理性。但是，如果行为者的分外善行能够比他的促进善的义务产生更好的后果，那么行为者是否应当超越原来的界限去实行分外善行？如果答案是肯定的，分外善行就会成为行为者的义务。

我们可以看出，后果主义的反对者之所以反对后果主义理论，是要降低道德理论在救助或者行善这样的促进善的行为上对行为者所提出的要求，但是这样做的一个结果是，他们有可能为行为者在救助或者行善等促进善的行为方面设置了非常低的要求，甚至在某种程度上可以说，他们取消了行为者的此类义务。所以情况似乎是：在救助或者行善这样的促进善的行为上，行为者的义务和分外善行是两个无法相容的概念。

如果承认了行为者促进善的义务，促进善就不可能是行为者的分外善行。日常道德虽然承认行为者既有促进善的义务，又有促进善的分外善行，但是我们不可能只满足于这一日常直观。如果这一直观是没有依据的，那么我们应当放弃这一直观。适度的道德和义务论都倾向于减少行为者的促进善的义务，但这两种观点在证明行为者具有促进善的义务上是不充分的，这就使得促进善都成为行为者的分外善行。在后果主义看来，我们应当以行为的后果来确定行为者是否具有促进善的义务。如果某个行为促进了善，产生了最好后果，那么这就是行为者应当实施的行为，相反，则不是。也即是说，后果主义并不承认"分外善行"这样的概念。虽然后果主义的这一观点与日常道德并不相符，但是如果我们不仅仅满足于停留在直观的层面，而是深入反思的层面，我们会发现，确实找不到分外善行存在的合理根据。

通过对上述观点的考察和批评，指出这些观点针对后果主义道德要求的严苛性异议是不成立的，从而实现对后果主义理论的间接辩护，这是本书的一个主要任务。此外，笔者还希望在批评后果主义反对者之观点的基础上，进一步表明，后果主义者按照后果主义理论关于行为正确性的标准向行为者所提出的道德要求是合理的道德要求，从而为后果主义理论做正面的辩护。

第一章 严苛性异议：问题及初步分析

第一节 严苛性异议的缘起

后果主义理论要求行为者总是应当实行那个从不偏不倚的角度来看产生最好后果的行为。这一要求可能迫使行为者放弃自己的个人利益。在后果主义的反对者看来，后果主义向行为者提出了严苛的要求。学界通常认为，对后果主义理论的这一批评是由英国哲学家伯纳德·威廉斯发起的。在《功利主义：赞成与反对》以及后来的《道德运气》中，威廉斯对后果主义理论提出了严厉的批评。托马斯·内格尔的一段话恰当地表述了威廉斯的观点："非个人的道德对我们要求太多，而且假如我们接受了那些要求，并按那些要求去行动，就不能过上善的生活。"[①]可见，威廉斯的问题实际上就是：当个人目标或者利益同非个人的道德要求发生冲突的时候，行为者应当如何抉择。

经典功利主义伦理学家西季威克其实已经讨论了这一问题。他在《伦理学方法》一书中指出：

> （常识道德）似乎允许行为者在某些确定的范围和条件下自由追求他自己的幸福，而功利主义似乎要求个人利益要全面而持续地从属于共同善。因此，正如密尔所说，功利主义有时候受到来自两个完全相反方向的攻击：和利己的享乐主义混淆在一起，功利主义被认为是下贱和卑微的；同时，它又更加貌似合理地被批评为给人性设置了过高的无私标准，提出了太高的要求。[②]

通常我们认为，如果行为者自己没有任何损失，那么当需要对别人进行救助或者行善时，行为者没有理由拒绝施救或者行善。而我们所关心的是，当需要付出一定的代价才能实现救助或者行善的目的时，行为

---

① 〔美〕托马斯·内格尔：《本然的观点》，贾可春译，北京，中国人民大学出版社，2010，第219页。

② Henry Sidgwick：*The Methods of Ethics*，Indianapolis，Hackett，1981，p. 87.

者是否有义务实施这样的行为。后果主义的反对者认为，按照后果主义的思路，行为者需要不断地实行救助或者行善行为，以便实现后果主义所要求的最好后果，但实际上这样做可能会产生违背常理的结论。斯旺顿所举的一个例子生动地描述了一个行为者如何因为"遵守"后果主义的要求而陷入困境：

> 我要去看一部名为"世上最快的印第安摩托"的电影。考虑到其他人的贫穷和严苛性问题，我很不情愿地去银行把看电影的钱捐作赈灾款。第二天，我试图去看电影，又是同样的结果。我开始绝望了。我想要看这部电影已经有好几年了。我是一个新西兰人。电影中的英雄是一个被视为偶像的新西兰人，他展示了传统新西兰人的品格。同时，我正在修一辆老沃克斯豪尔，而电影中有我很想看的关于沃克斯豪尔汽车的非常好的内容。我的推论是：没有人认为遵守道德是一件容易事。我进一步考虑了严苛性，意识到修复一辆老沃克斯豪尔需要花钱，而且是很大一笔钱，于是我把车卖了，把钱捐作赈灾款。我还是个园艺爱好者，园艺是我体现个人创造力的主要途径，而且我很喜欢户外活动。但是这一活动花费太大，于是我又放弃了园艺活动，只是种一点蔬菜。后来，我意识到一个更穷的人正在路边卖菜，因此我又放弃了种菜。慢慢地，我变得愈加可怜。①

在后果主义的反对者看来，如果行为者严格按照后果主义的要求行动，那么他就没有办法过一种正常生活，因为每当他需要采取行动来实现自己的个人利益时，都必须考虑其他人的需要。如果他所面临的诸多选项中，产生最好后果的行为是那个实现其他人利益的行为，那么行为者就需要放弃实现个人利益的行为。我们可以通过威廉斯的一个著名批评来更好地理解针对后果主义理论的严苛性异议。威廉斯认为，后果主义理论要求行为者承担"消极责任"(negative responsibility)。威廉斯对于消极责任的表述是："如果我在任何时候都要对任何事情负责，那么我对我许可或者没有阻止的事情所承担的责任，在更加日常的意义上，与我

---

① Timothy Chappell：*The Problem of Moral Demandingness：New Philosophical Essays*，Palgrave，Macmillan，2009，p. 111.

对我所引起的事情所承担的责任必须是同样的。"①一个更为形式化的表述是："如果我知道，我做事情 X，将会产生 01，不做事情 X，将会产生 02，02 比 01 更为糟糕，那么，如果我自愿地不做事情 X，我就要对 02 负责。"②也就是说，行为者不但应当对自己所做之事承担责任，也应当为别人所做之事承担责任——如果他能够阻止别人的行为，从而产生较好后果。而通常人们认为，行为者应当对自己的行为，而不是别人的行为承担责任。

为了表明后果主义理论要求行为者承担消极责任，威廉斯举了两个例子，我们可以称之为乔治案例和吉姆案例。③ 在乔治案例中，乔治刚刚拿到化学博士学位，发现很难找到工作。因为他找不到工作，乔治的妻子就需要工作养家，而且他们还有孩子需要照顾。了解到这一情况后，一位年长的化学家告诉乔治，他可以推荐乔治在某个实验室找到一份体面的工作，但这一工作涉及化学和生物战争研究。乔治说他不能接受这一工作，因为他反对化学和生物战争。化学家告诉乔治，虽然他也不热衷于此，但是如果乔治拒绝，那么实验室会另找一人。这个人并不受乔治的原则约束，很有热情推进这一研究。化学家希望用自己的影响力帮助乔治得到这一工作。乔治的妻子也认为乔治应当接受这一工作，因为从事这一研究本身并不是错误的。

另外一个例子是吉姆案例。在这个例子中，吉姆发现自己在南美洲某个小镇的广场上，有二十个印第安人因为参加叛乱而被绑在那里。士兵头目告诉吉姆，为了表示对吉姆的敬意，他授予吉姆一项权利。如果吉姆接受这一权利，杀死一个印第安人，那么其他印第安人将被释放。如果吉姆拒绝，这二十个印第安人都将被杀死。现在，吉姆要么选择杀死一个印第安人，来保全其他印第安人的生命；要么选择不杀死一个印第安人，导致所有印第安人都被处死。

在这两个例子中，行为者应当如何行动呢？在威廉斯看来，按照后

---

① Bernard Williams："A Critique of Utilitarianism", *Utilitarianism：For and Against*, edited by J. J. C. Smart and Bernard Williams, Cambridge, Cambridge University Press, 1973, p. 95.

② Bernard Williams："A Critique of Utilitarianism", *Utilitarianism：For and Against*, edited by J. J. C. Smart and Bernard Williams, Cambridge, Cambridge University Press, 1973, p. 108.

③ Bernard Williams："A Critique of Utilitarianism", *Utilitarianism：For and Against*, edited by J. J. C. Smart and Bernard Williams, Cambridge, Cambridge University Press, 1973, pp. 97-99.

果主义理论，在乔治案例中，乔治应当选择接受这一工作。因为如果他放弃，而让化学和生物战争研究的狂热分子从事这一工作，其结果与他接受这一工作所产生的结果相比更为糟糕。在吉姆案例中，吉姆应当选择杀死一个印第安人而使其他印第安人免于被处死。因为他不这样做的结果要比他这样做的结果更糟糕。从后果主义要求行为者承担的消极责任来看，乔治如果放弃工作，吉姆如果放弃杀死一个印第安人，他们就应当为自己的放弃所产生的后果负责。例如，乔治要为狂热分子有可能研制出毁灭性的化学和生物武器，进而危及世界安全这一后果负责。

威廉斯关于消极责任的论述并不清晰，他并没有清楚地说明，如果后果主义要求行为者对他人的行为负责，那么行为者要承担什么样的责任，行为者所承担的责任是否和行为者对自己的行为所承担的责任是一样的。后果主义理论承诺了一个原则：行为的正确性是由行为后果决定的。它并不是一概而论地说，行为者应当对他人的行为承担责任，或者不承担责任。这取决于行为者所要实行的行为的后果。行为者是否应当对其他人的行为承担责任呢？这里至少有两种选择：行为者应当对他人的行为承担责任，但是行为者对其他人的行为承担的责任，和行为者对自己的行为承担的责任应当是不一样的；行为者根本就不应当对他人的行为承担责任，因为每个人只对自己的行为承担责任。如果威廉斯选择后一个选项，那么他需要解释为什么行为者只需要对自己的行为负责，而不需要对其他人的行为负责。如果威廉斯选择前一个选项，就意味着他赞同行为者需要对其他人的行为负责，但这种负责和行为者对自己行为的负责是有差别的。

威廉斯本人认同哪一个选择，这是不清楚的。但是从日常道德的角度来看，反对者对后果主义过于严苛的批评是从第一个选择出发提出来的。也就是说，他们认可了行为者对于其他人的行为有初步义务（prima facie duty）。如果没有其他理由，那么行为者应当对其他人的行为负有责任，因为这样做能促进善。

行为者需要对自己的行为负责，这可能是在强调这样一种想法：行为者的行为不能伤害其他人，或者侵犯他们的利益、权利，否则行为者需要为此承担责任。这里强调的是一种消极义务，即行为者有义务不去侵犯别人。但是当我们说，行为者需要对其他人的行为负责时，这里强调的却是行为者要去实行积极的救助行为。例如，当有人实施伤害行为时，行为者需要阻止这种伤害行为。如果他能够阻止而没有去阻止，那么行为者需要为此承担责任。他要承担的责任并不是因为伤害了别人而要承担的责任，而是因为没有履行积极的救助义务而产生的责任。也就是说，如果一种道德理论要求行为者为其他人的行为承担责任，这一理论实际上要求行为者采取积极的举措去促进善。行为者如果只对自己的行为负责，可能只需要不作为，即不去伤害别人即可。

现在，我们可以对后果主义理论的严苛性有进一步的理解。批评者之所以认为后果主义的道德要求过于严苛，是因为后果主义抹杀了行为者的义务和分外善行之间的区分。在这里，行为者的义务并不是指不伤害这样的消极义务，而是指促进善这样的积极义务，而分外善行的实行也是要求行为者实行促进善的行为。这样，当批评者说后果主义过于严苛时，是指后果主义越过了日常道德关于义务的界限，将本来属于分外善行的促进善的行为归入行为者的义务范围。因此，后果主义的严苛性在于促进善的要求过于严苛（而不是否定促进善这一初步义务）。如果一种道德理论要求行为者无限度地牺牲个人利益来促进善，认为行为者不这样做就要承担由此产生的责任，那么这就不是一种合理的理论。在批评者看来，后果主义就是这样一种不合理的道德理论。约翰·麦凯在批评功利主义时曾将其称为一种完全不具有可行性的幻想的伦理学，原因之一即这一理论向行为者提出了严苛的要求。"当效用或者一般幸福被提出来作为正确行为的直接标准时，它的意思是否是每个行为者都应该把所有人的幸福作为他的目标？很明显，这太过分了，我们无法期望如此。"①在麦凯看来，功利主义的不可行之处在于这一理论的立场是普遍主义的，而普遍主义立场有两个问题。一方面，这一立场所代表的普遍同个人的自我利益不一致。"自私（selfishness）这个巨大的要素——或者，用一个更老的用语来说，自爱（self-love）——是人类本性的一个非常根深蒂固的部分。同样，如果我们像 J. 巴特勒所做的那样把特殊的激情和感情从自爱中区分出来，那么我们必定会承认，它们不可避免地乃是人类动机的主要部分，而表达并实现了它们的行为一般不能指望会倾向于一

① 〔澳〕约翰·麦凯：《伦理学：发明对与错》，丁三东译，上海，上海译文出版社，2007，第127页。德里克·帕菲特认为，麦凯的这一论断是在批评功利主义理论不切实际地严苛（unrealistically demanding）：即使我们都接受这一理论（功利主义），绝大多数人实际上还是很少会做这一理论所宣称的我们应当做的事情。这种对功利主义或者后果主义的"不切实际地严苛"的批评不同于另外一种批评，后者认为后果主义理论在行为者不完全遵守的情况下会向行为者提出严苛的要求，即要求行为者在其他人不遵守的情况下承担其他人本应承担的份额。帕菲特在分析集合后果主义（collective consequentialism）时认为，与部分遵守相比，在完全遵守的情况下，后果主义对行为者的要求不那么严苛。参见 Derek Parfit：*Reasons and Persons*，Oxford，Clarendon Press，1984，pp. 28-30。

般幸福。"①另一方面，麦凯认为，即使是利他主义者也未必完全认同普遍主义的立场，那种自我指涉的利他主义"关心其他人，但不过是与他有某种特殊关联的人"②。很明显，麦凯在对功利主义的批评中坚持了一种倾向于利己主义的立场，甚至将利他主义也解释为出于利己的原因。这显然不足以对功利主义或者后果主义构成有效的批评。威廉斯则在对后果主义的批评中提出了更为有力的论证。

第二节　个人完整性

在后果主义的反对者看来，后果主义理论向行为者提出了严苛的要求。这一要求使得行为者必须实行产生最好后果的行为，而如果这一行为同行为者意在实现个人利益的其他行为发生冲突，行为者就必须放弃自己的个人利益。威廉斯认为，后果主义这一要求使得行为者必须承担消极责任，而要求承担消极责任的一个后果就是破坏了个人完整性（personal integrity）。

> 确切地说，（要求一个人承担消极责任，这）使得个人与其行动以及他所确信的行动来源相异化。这使得行为者成为包括他自己的计划在内的每个人计划的输入和最优决定的输出之间的渠道，忽视了他的行为和他的决定在多大程度上必须被视为这样的行动和决定：这些行动和决定来自他所最为密切地认同的计划和态度。因此（要求一个人承担消极责任，这）在最为准确的意义上，是对他的个人完整性的攻击。③

为了理解威廉斯在什么意义上认为功利主义构成了对个人完整性的攻击，我们首先需要了解威廉斯对于生活计划的论述。"一个人具有一个欲望或者关心的集合，我通常将它们称为计划。这些计划构成了品格

---

① 〔澳〕约翰·麦凯：《伦理学：发明对与错》，丁三东译，上海，上海译文出版社，2007，第129～130页。

② 〔澳〕约翰·麦凯：《伦理学：发明对与错》，丁三东译，上海，上海译文出版社，2007，第131页。

③ Bernard Williams："A Critique of Utilitarianism"，*Utilitarianism：For and Against*，edited by J. J. C. Smart and Bernard Williams，Cambridge，Cambridge University Press，1973，p. 116.

(character)。"①这些计划可以划分为两类：较低一级的计划和较高一级的计划。较低一级的计划是与行为者个人有关的，包括"对行为者个人、家庭和朋友所需东西（包括生活必需品在内）的欲求，以及在更加自在的环境中，对品味对象的欲求。或者可能存在对理智的、文明的或有创造性的品格的追求和兴趣"②。在较低一级的计划中，存在一些根本计划（ground project），每个人都有这样的根本计划。"一个人对他的全部生活或者生活的一部分，可以拥有一个根本的计划或者计划集合，这些计划与他的存在密切相关，并且极为重要地赋予他的生活以意义。"③或者可以说，"一个人的根本计划给他提供了动机性的力量，这一力量将他推进到将来，并向他提供了生活的理由"④。在根本计划的基础上，行为者还具有其他行动计划。但对于具体的行为者来说，并没有一个普遍的规则来规定哪些计划是根本的，哪些计划是非根本的。不同的行为者可能具有不同的根本计划。较高一级的计划则是指以较低一级的计划为基础的计划。如果没有较低一级的计划，较高一级的计划也就无从谈起。功利主义的计划就属于较高一级的计划，因为功利主义的计划是最大限度地实现值得欲求的结果，但实际上并不存在独立于每个人之外的最值得欲求的结果。最值得欲求的结果是在对所有行为者的可能的行为结果进行计算之后所得出来的具有最大效用的结果。

　　了解了生活计划，我们再来看个人完整性。威廉斯本人并没有对个人完整性给出明确的定义。一种解释是"行为者的完整性，是他所具有的一种能力，这一能力使得他能够发起行动，促进他自己的积极性、目的和关心，进而成为有价值的行为者，而不是促进其他人的积极性、目的和关心的手段"。也即是说，个人完整性实际上是行为者主动实现各种计划的能力。如果行为者在实现这些计划时受到其他因素的干扰，或者行为者为了其他人的计划而不得不放弃自己的根本计划，行为者的个人完整性就受到了破坏。功利主义正是要求行为者在采取行动时时时刻刻考虑这个行动是否能够产生一个从非个人立场来看最佳的后果，如果行为者的行动同最佳后果相冲突，那么即使行为者的行动是为了实现自己的根本计划，他也必须放弃这一行动，转而去实行那些能产生最佳后果的

---

　　①　Bernard Williams：*Moral Luck*，Cambridge，Cambridge University Press，1981，p. 5.

　　②　Bernard Williams："A Critique of Utilitarianism"，*Utilitarianism: For and Against*，edited by J. J. C. Smart and Bernard Williams，Cambridge，Cambridge University Press，1973，p. 110.

　　③　Bernard Williams：*Moral Luck*，Cambridge，Cambridge University Press，1981，p. 12.

　　④　Bernard Williams：*Moral Luck*，Cambridge，Cambridge University Press，1981，p. 13.

行动。因此，威廉斯对功利主义提出诘问："一个人作为一个功利主义者，怎么会仅仅因为其他某个人的计划所安排的偶然事件（causal scene）产生了功利主义的总量，就将一个以他为中心，建设自己生活的计划或态度，视为诸多满足中一个可有可无的满足？"①按照威廉斯的理解，功利主义仅仅将行为者当作实现功利主义计划的棋子，而不是主动实现自己计划的个体，这就对个人完整性构成了攻击。

这里需要考虑的一个问题是：当威廉斯说功利主义对个人完整性构成攻击时，他仅仅指功利主义或类似理论，还是指所有非利己主义理论都对个人完整性构成了攻击？按照威廉斯对个人完整性的理解，每个人都有自己不同的生活计划，对这些生活计划的主动追求和实现构成了一个人的个人完整性。威廉斯对个人完整性的理解并没有排除这样的可能性：即使希特勒这样的人也具有自己的个人完整性，他们对自己的个人计划的实现会伤害其他人的权利。即使是一般的行为者，他们的个人计划也是不一样的，这就会使人们在实现自己的个人计划时发生冲突。当威廉斯指责功利主义理论在功利主义的计划和行为者的个人计划发生冲突时，要求行为者放弃自己的个人计划，实施实现功利主义最佳后果的计划时，他也应当认识到，不同行为者之间的个人计划有可能发生冲突。也就是说，如果我们承认不同行为者具有不同的生活计划（不管造成这种不同的原因是什么），人们在实现在这些计划时就不可能总是和谐一致的。当不同行为者的计划发生冲突时，他们的个人完整性不可能同时得到保全。因此，如果我们将个人完整性理解为这样一种行为者完全主动地追求个人计划，而不需要考虑其他人的状况，这一概念看上去就不那么合理了。

虽然威廉斯在讨论个人完整性时，强调的是行为者的行动不应当完全被功利主义的非个人的计划决定，因为这样做破坏了行为者的个人完整性，但是我们也不可避免地需要考虑另外一个问题：行为者的"个人完整性"是否是一个完全不受限制的绝对的概念。如果功利主义的反对者认为功利主义破坏了行为者的个人完整性，向行为者提出了过于严苛的要求，从而认为"个人完整性"是一个完全不受约束的概念，这似乎走向了另外一个极端。谢夫勒在《拒斥后果主义》一书中描述了这样一种对功利主义破坏个人完整性的解读："功利主义通过使行为者对自己的计划和承诺所投入精力的可允许性依赖于从一种非个人的立场来看的世界状态，

---

① Bernard Williams："A Critique of Utilitarianism", *Utilitarianism：For and Against*, edited by J. J. C. Smart and Bernard Williams, Cambridge, Cambridge University Press, 1973, p.116.

来使行为者与其行为相异化。"①也就是说，一个人是否被允许实施自己的个人计划，这在一定程度上依赖于外部世界的状态。如果从一种非个人的角度来看，行为者的计划使得其他人的状况变得非常糟糕，那么行为者应当考虑自己的个人计划是否合适。如果威廉斯对功利主义的批评是从这一角度出发的，那就意味着威廉斯不认为行为者在考虑是否要对自己的计划投入精力时需要考虑从非个人立场来看的世界状态，如这一计划会对其他人造成什么影响。因为如果行为者需要做出这样的考虑，就意味着他在某种程度上已经依赖于从非个人立场来看的世界状态，至少他的行为不是完全独立的。在谢夫勒看来，按照这一解读方式，不仅是功利主义，其他道德理论也都不同程度地要求行为者在实施个人计划时考虑这一计划对其他人的影响。可能只有利己主义理论会完全赞同行为者完全独立地做出实施个人计划的决定。按照谢夫勒的观点，如果这样解读威廉斯的个人完整性异议，那么功利主义之所以破坏了行为者的个人完整性，就不是因为功利主义自身的特征，而是因为所有非利己主义道德理论的特征。这也就意味着，任何非利己主义道德理论都会破坏行为者的个人完整性，如果不想破坏行为者的个人完整性，可能的选择不外乎利己主义理论，或者反对任何道德理论。因为威廉斯在讨论个人完整性异议时，所要反对的是功利主义理论，而不是其他道德理论，所以将个人完整性异议处理为对所有非利己主义道德理论的反对似乎不太合理。威廉斯所反对的观点是：功利主义使得行为者在实施个人计划时，完全依赖于功利主义所追求的最值得欲求的后果，如果这一后果要求行为者放弃个人计划，转而帮助其他行为者实现某个计划，进而实现最佳后果，那么行为者就应当按照功利主义的要求行动。但是，行为者在实施个人计划时，是否完全独立于非个人因素的考虑，如其他人的处境等，这在威廉斯的讨论中是不明确的。所以，谢夫勒认为，如果我们可以采取其他解读方式，表明一方面个人完整性异议反对的是功利主义理论，另一方面个人完整性异议不反对某种形式的非利己主义的非功利主义理论(这样我们就可以既承认个人完整性，又不因为承认个人完整性而陷入利己主义)，那么这就是较为合理的解读方式。

谢夫勒还提供了一种解读方式："个人完整性异议是针对两种方式之间的矛盾而提出的。一种方式是，一个人的关心和承诺从个人观点中自

---

①　Samuel Scheffler: *The Rejection of Consequentialism*, Oxford, Clarendon Press, 1994, p. 8.

然地产生，完全独立于那些在一种总事态的非个人的序列中的关心所具有的分量。另一种方式是，功利主义要求行为者将从其个人观点中产生的关心（为了它们的道德重要性）视为完全地依赖于它们在总事态的非个人的序列中所具有的分量。"①

谢夫勒在这里实际上区分了两种对待个人计划的方式。一种方式是功利主义的方式。这种方式要求行为者分配给他最关心的计划和个人（如行为者的家庭成员或者朋友）的精力和注意严格地相称于（in strict proportion）他这样做所具有的从非个人的角度来理解的价值，即使人们通常对他们的承诺的获得和关心完全独立于并且不相称于（out of proportion）他们拥有和关心这些承诺所具有的、以一种总事态的非个人的序列被分配的价值。与这种功利主义的非个人的方式相区别，另外一种方式就是从个人观点出发而行动。这种观点允许行为者在行动时给予个人的计划和承诺不成比例的关注。在谢夫勒看来，他所提出的个人观点允许行为者更多地关注个人计划和承诺，是一种不同于利己主义理论和功利主义理论的观点。因为这一观点虽然允许行为者更多地关注个人计划，但不主张行为者为了追求个人计划而完全忽视其他人的利益，所以不是利己主义的。同时，这一观点也不是功利主义的，因为这一观点并不将行为者视为实现最好后果的工具，并不要求行为者为了实现最好后果放弃或改变个人计划，因此避免了个人完整性异议。所以，如果以这样一种观点为核心的理论能够得到合理辩护，那么这一理论与功利主义理论相比，就会显示出优越性。

通过以上论述，我们可以看到，功利主义的批评者认可威廉斯对功利主义的批评。在他们看来，功利主义确实如威廉斯所说，要求行为者完全按照行为从非个人的角度来看的最佳后果行动，破坏了个人完整性，甚至将本来属于分外善行的行为也视为行为者应当履行的义务，从而对行为者提出了过于严苛的要求。但是，他们也不希望走向另外一个极端，即将个人完整性理解为行为者完全主动地选择、实现个人计划，而不受任何非个人因素（对其他人的个人计划的考虑）的影响，蜕变为某种形式的利己主义。在他们看来，对道德理论的一种合理的理解是，道德理论应当对行为者施加适度的道德要求。如果这一要求过于严苛，行为者会难以承受；如果要求过低，当不同行为者之间的个人计划发生冲突时，

---

① Samuel Scheffler: *The Rejection of Consequentialism*, Oxford, Clarendon Press, 1994, p. 9.

这一道德要求就不足以将行为者对个人计划的追求限制在一定范围内，也就不能有效地解决道德冲突问题。

第三节 促进善的初步义务

通过前面的论述，我们已经看到，后果主义理论与其反对者之间的分歧集中在对行善或者救助这样促进善的行为的认定上。后果主义者希望表明一个促进善的行为是否是行为者的义务，应当由这个行为是否产生了最好后果来决定。后果主义的反对者则认为，如果由最好的后果来决定一个行为是否是行为者的义务，这有可能向行为者提出过于严苛的要求，将本来属于行为者的分外善行的行为视为行为者的义务。本节首先考察后果主义伦理学家辛格和厄姆森的观点，在此基础上指出后果主义者及其反对者讨论严苛性问题时存在一个共同的起点。

在《饥荒、富裕和道德》一文中，辛格认为，传统观点对义务和分外善行的分类是混乱的。按照传统的观点，富人将钱捐给穷人，这是一种慈善行为或者分外善行，而不是富人的义务。"捐款被认为是一种慈善行为，因此不捐款就不被认为是错事。慷慨施舍的人可以受到赞扬，不慷慨施舍的人也不会受到责备。人们不会因为将钱用来买新衣服或者新车而不是赈灾而感到羞愧。"[1]但在辛格看来，捐助并不仅仅是分外善行：实施这样的行为是好事，但是不做也不是错事。相反，辛格明确表示："我们应当捐助，而且不这样做是错误的。"[2]例如，在讨论发达国家的人向贫困国家进行捐助时，辛格认为，发达国家的人有义务帮助贫穷国家的人，从而消除贫穷国家的绝对贫困。辛格的论证如下：

前提一：如果我们能够阻止某个坏的东西而不因此牺牲任何具有同等重要性的东西，我们就应当阻止它。

前提二：绝对的贫困是坏的。

前提三：存在绝对的贫困，我们可以阻止这一贫困而不因此牺牲任何具有同等道德重要性的东西。

结论：我们应当阻止某些绝对贫困。[3]

---

[1] Peter Singer: "Famine, Affluence and Morality", *Philosophy and Public Affair*, 1972, p. 235.

[2] Peter Singer: "Famine, Affluence and Morality", *Philosophy and Public Affair*, 1972, p. 235.

[3] Peter Singer: "Famine, Affluence and Morality", *Philosophy and Public Affair*, 1972, pp. 230-231.

可以看出，辛格的论证的有效性依赖于前提一，即我们应当阻止那些坏的东西，只要阻止这些坏的东西并不会使我们牺牲具有同等道德重要性的东西。辛格认为，这个前提是后果主义者和非后果主义者都能够接受的，虽然他们接受这一前提的根据可能是不一样的。事实并非如此。即使后果主义者可能接受这一前提，非后果主义者也未必接受这一前提。以辛格的一个假设为例：一位教授在去做报告的路上发现一个小孩落入水中，有被淹死的危险。虽然教授救这个小孩可能会弄脏衣服，进而会因为不能及时换衣服而耽搁或者取消报告，但是与这个小孩可以避免的死亡相比，教授为救小孩所付出的代价（弄脏衣服，耽搁或取消报告）是不重要的。[①] 在这个例子中，之所以大多数人会赞同教授以弄脏衣服或者取消报告为代价去救小孩，是因为教授救和不救所产生的结果差别太大。前一个结果是小孩获救，教授的衣服被弄脏，报告被取消；后一个结果是小孩被淹死，教授的衣服保持原样，报告照常进行。辛格在讨论帮助的义务时，给出的行为者承担义务的前提是：行为者只要不牺牲同等重要性的东西，就有义务实施帮助行为。在这个例子中，和小孩被淹死这一结果具有同等重要性的东西是什么呢？也就是说，教授在什么样的条件下才有或者没有救助小孩的义务？如果说在这个例子中具有道德上同等重要性的东西指人的生命，那么教授只有在救小孩极有可能危及自己的生命的情况下才没有救助的义务。例如，教授不会游泳。除此之外，他都有救助义务。由此，反对者会认为，这设置了一个过于严苛的道德要求。因为如果教授的救助义务是这样界定的，那么即使他患有某种疾病，而救助小孩会导致这种疾病复发，产生严重的后果（但并没有危及生命），教授仍然有义务实施救助行为；如果他不实施救助行为，就是错误的。

因此，尽管辛格坚持认为，自己并不是否认存在慈善行为，即去实施某个行为是好的，不实施也不是错误的，声称他要表明的是传统的对义务和慈善行为的划分使得富人向穷人的捐助成为一种慈善行为，这一观点也得不到支持。虽然这一观点具有实践上的意义，即如果发达国家的人不把捐助这样的行为仅仅视为分外善行，而是至少将其中一部分视为自己的义务，那么他们就不会对贫穷国家人们的境况无动于衷，因为他们应当履行自己的义务，但是辛格不得不承认，通过和学生及其他人

---

① Peter Singer：*Practical Ethics*，Cambridge，Cambridge University Press，1979，p. 168.

的讨论，他觉得这一论证所提出的要求可能太高以至于达不到预期目标。① 也就是说，如果行善这样促进善的行为可以分为义务和分外善行，那么与通常的观点相比，辛格的观点扩大了义务的范围，缩小了分外善行的范围。

与辛格倾向于扩大义务、缩小分外善行相反，另外一类哲学家倾向于缩小义务，扩大分外善行。厄姆森在批评传统道德哲学家对行为的分类时，认为将人类的行为划分为三个方面是不合理的。这三个方面分别是：行为者应当履行的行为，这属于行为者的义务；行为者可以实行但不是必须实行的行为（如在打桥牌时先打哪一张牌）；错误的行为，即行为者不应当实行这一类行为。如果我们将第二类行为排除在外（因为这类行为不涉及道德），那么可以对其进行道德评价的行为就只有属于义务的行为。这类行为包含正确行为和错误行为。还有一类行为没有被包含在道德评价的行为范围之内，就是圣徒和英雄行为。在厄姆森看来，无论是功利主义、义务论还是直觉主义，它们都没有办法将这类行为包含在内。以功利主义为例，"对于摩尔或者大多数功利主义者来说，如果某一行为在一定情境下能够产生最大的、可能的善，这一行为就是行为者的义务，那么他们会认为英雄的自我牺牲或者圣徒的无私行为和讲真话、信守承诺完全一样，都是义务"②。因此，"简单的功利主义、康德主义和直觉主义都没有为圣徒和英雄留下明显的理论空间"③。

厄姆森认为，既然上述理论都无法容纳圣徒和英雄行为，我们就需要一种新的理论。一方面，这种理论要容纳义务。行为者必须履行义务，不履行就是错误的，要受到责备。另一方面，这一理论要容纳圣徒和英雄行为。这些行为并不是行为者的义务，社会可以鼓励并且赞扬行为者实行这些行为，但是如果行为者不实行，他们也没有做错什么，不应当因此受到责备。如果厄姆森能够找到这样一种可以有效地区分义务和分外善行的理论，那么他确实解决了后果主义理论所存在的道德要求过于严苛的问题。

厄姆森将自己提出的理论建立在功利主义基础之上，但又区别于功利主义。因为功利主义将那个能够产生最大幸福的行为界定为行为者的

---

① Peter Singer: *Practical Ethics*, Cambridge, Cambridge University Press, 1979, p. 181.

② James Opie Urmson: "Saints and Heroes", *Essays in Moral Philosophy*, edited by A. Melden, Seattle, University of Washington Press, 1958, p. 206.

③ James Opie Urmson: "Saints and Heroes", *Essays in Moral Philosophy*, edited by A. Melden, Seattle, University of Washington Press, 1958, p. 207.

义务，也就是说，功利主义是以"实现最大幸福"来界定义务的。厄姆森对此做了修正。他要将"避免至恶（summum malum）而不是实现至善（summum bonum）作为道德基础"①。基于这一理解，在厄姆森那里，义务就不是通过实现最大幸福来界定的，而是要通过避免恶来界定。厄姆森采纳了密尔对"义务"概念的理解。如果债务这样的义务要求行为者履行，那是因为义务是人们生活在一起的最低要求。超出义务之外的那些行为的积极贡献是不可能被规定为义务的。"我们可以视义务的命令为：禁止那些令人难以忍受的行为，如果人们要在社会中生活在一起，要求实现相同目的的合作的最低限度。"②按照厄姆森的这一界定，义务可以分为两个方面。一个方面是消极义务。行为者不能实施某些行为，因为这些行为是令人难以忍受的行为，实行这些行为会产生消极的后果，如对其他人的伤害等。另一个方面是积极义务，即一个最低限度的义务。它要求行为者实行积极的促进善的行为，只要这一行为实现了朝向同一目的的最低限度的合作。也即是说，行为者履行某一个义务，并不是要产生一个最好后果。虽然厄姆森认可义务的积极方面，但他更强调义务的消极方面。"我们可以满足于认为，义务主要与对避免令人难以忍受的结果有关，而其他形式的道德行为具有更为积极的目标。"③也就是说，之所以要求行为者履行义务，是因为这样做可以避免坏的结果；而鼓励行为者实施分外善行，目的是积极促进善。例如，行为者许诺要做某件事情，那么做这件事情就成为行为者的义务。如果行为者没有做，其他人就可以责备他。再如，倘若行为者并没有照顾生病的陌生人，即使照顾陌生人的行为是值得赞扬的，它也不是行为者的基本义务，我们不能因为行为者没有照顾生病的陌生人而责备他。厄姆森指出："我们必须在我们要求和期望（demand and expect）别人做的事情和仅仅希望（hope）别人做的事情之间划出界线，义务落在线的这一边，具有道德价值的行为落在线的那一边。"④很显然，厄姆森所理解的分外善行的范围远远大于辛格所理解的分外善行的范围。在厄姆森那里，照顾生病的陌生人这样

①　James Opie Urmson："Saints and Heroes"，*Essays in Moral Philosophy*，edited by A. Melden，Seattle，University of Washington Press，1958，p. 209.

②　James Opie Urmson："Saints and Heroes"，*Essays in Moral Philosophy*，edited by A. Melden，Seattle，University of Washington Press，1958，pp. 214-215.

③　James Opie Urmson："Saints and Heroes"，*Essays in Moral Philosophy*，edited by A. Melden，Seattle，University of Washington Press，1958，p. 215.

④　James Opie Urmson："Saints and Heroes"，*Essays in Moral Philosophy*，edited by A. Melden，Seattle，University of Washington Press，1958，p. 213.

的行为被理解为分外善行，而在辛格看来，如果行为者并没有因照顾生病的陌生人而牺牲具有同等道德重要性的东西，那么行为者应当将照顾生病的陌生人视为自己的义务。

通过分析辛格和厄姆森在这一问题上的观点，我们可以看出，即使同为后果主义者，他们之间的分歧也是很明显的。但尽管存在这样的不同，他们在看待促进善时也有一致之处。至少，他们都认为行为者具有促进善的义务。我们可以将这一义务理解为卡根所说的行动的"初步理由"（pro tanto）。在卡根看来，一个初步理由就是这样一个理由："它具有真正的分量，但是可以被其他的考虑超过。"①也就是说，如果在某个情境中，我们将某个促进善的行为规定为行为者的初步义务，这就意味着如果行为者没有其他的理由可以超过这个促进善的理由，那他就需要履行这一义务。例如，行为者看到一辆电车在轨道上行驶，电车前方有一个人。电车继续前行将杀死这个人，而行为者所处的位置可以轻易改变电车方向，从而避免这个人死亡。在这个例子中，行为者就具有这样的初步理由或者义务，他应当实施救助行为，履行促进善的义务。但是，这个义务并不是绝对的义务。如果在这一事件发生的同时，行为者需要实施另外的救助行为，有更多的人会因为他的救助行为而获救，那么行为者实施前一个救助行为的理由就有可能被压倒。当然，促进善的初步理由有可能被别的理由超过。在威廉斯所举的吉姆案例中，假设吉姆自己具有一个信念：不出于任何理由实施杀害行为，即使这样做可以避免更大数量的伤亡。如果这是吉姆行动的一个理由，并且这个理由是一个压倒性的理由（不能被任何理由超过），那么吉姆促进善的初步理由（救助十九个印第安人）也会被这一理由超过。如果吉姆找不到更根本的理由，他就应当去救助十九个印第安人。

我们将促进善处理为行为者的初步义务，这并没有为行为者为什么有义务促进善提供证明。当后果主义的批评者指责后果主义向行为者施加了过于严苛的要求时，他们并不是要否认行为者具有促进善这样的初步义务。例如，当行为者并不需要付出任何代价，或者付出很小的代价就可以促进较大的善时，他们也会认为行为者有义务实现较大的善。批评者所否认的是，促进善是行为者的唯一义务，而不仅仅是初步义务。在非后果主义者看来，后果并不是决定行动的唯一因素，在某些情况下，其他因素的重要性会压倒促进善这一后果的重要性。例如，行为者自己的个人利益和促进

---

① Shelly Kagan：*The Limits of Morality*，New York，Oxford University Press，1989，p. 17.

善之间发生冲突，那么后果主义的反对者会认为，后果主义理论要求行为者为了实现最好后果而牺牲个人利益。后果主义的反对者可能认为，适度的道德会要求行为者较少牺牲个人利益，从而促进一个较好的而非最好的善。正是与这样的道德要求相比，后果主义的要求才显得过于严苛。但是后果主义的反对者并不会认为，一种道德理论不应当对促进善做任何要求。我们可以将促进善理解为行为者的一个初步义务，而不需要首先对其进行证明。在认为促进善是行为者初步义务的前提下，我们可以来考虑道德理论对行为者促进善的要求是否存在限度，后果主义理论以实现最好后果为理由要求行为者促进善是否过于严苛。

第四节　后果主义者的回应

后果主义的批评者认为，后果主义理论所提出的道德要求过于严苛。对此，后果主义者至少需要在两个方面进行反思。一方面，后果主义者需要考察反对者的观点。如果后果主义者能够表明反对后果主义的理论在指责后果主义要求过于严苛这一点上无法得到合理的辩护，那么就间接表明了后果主义要求至少初步地合理。另一方面，后果主义者需要对后果主义理论本身进行反思。面对要求过于严苛的指责，后果主义者或者需要继续坚持一种后果主义理论，或者需要考虑后果主义理论是否能够在坚持后果主义基本原则的前提下对自身进行修正，从而使其理论要求显得不那么严苛。

我们可以通过对"约束"（constraint）和"选择"（option）这两个选项的赞同和反对来区分几种不同的观点。约束在这里指对后果主义道德要求的约束。赞同约束的人会认为在后果主义的道德要求之外还存在着另外的道德要求，这些非后果主义的要求对后果主义的道德要求构成了约束或者限制。选择在这里指的是行为者是否具有选择后果主义道德要求的权利。行为者可以选择遵守后果主义的道德要求，也可以选择不遵守。据此，我们可以区分出四种不同的观点。第一种观点是没约束、没选择。也就是说，这一观点认为在遵守后果主义道德要求上不存在约束。如果行为者愿意，道德理论或者其他行为者不应当限制行为者去实现最好后果。这一观点还认为，行为者在是否遵守后果主义的道德要求上没有选择余地，应当去实现最好后果，而不是可以去实现最好后果。实现最好后果是行为者的义务。很明显，这是后果主义的观点。第二种观点是有约束、有选择。这是常识道德的观点。在常识道德看来，有时候，"不杀人""诚实"这样的道德要求构成了对后果主义要求的约束。行为者有时候不能为了实现最好后果而实行杀人这样的行为，同时在某些情形下具有选择是否实行那些能够产生最好后果行为的权利，因为在这些情形下，实现最好后果的行为属于分外善行，而不是行为者的义务。第三种观点是没约束、有选择。这一观点坚持认为行为者在选择实现产生最好后果的行为上没有约束，只要行为者愿意，就可以实现产生最好后果的行为。这是这一观点和后果主义相同的地方。同时，这一观点又认为行为者在是否实行产生最好后果的行为上存在选择的自由，虽然这一自由是有限度的。这是这一观点和后果主义相区别的地方。这一观点被称作"混合理论"。按照混合理论，在某些情形下，行为者可以选择实行产生最好后果的行为，也可以选择实行产生非最佳后果的行为，如实现个人利益的行为。第四种观点是有约束、没选择。这一观点认为在实现最好后果这一道德要求上存在约束，这些约束基于非后果主义的理由，如义务论。在严格的义务论者看来，行为者选择某一个行为的理由并不是基于行为所产生的后果，而是基于行为本身。例如，行为者应当信守承诺。信守承诺并不是因为这样做可以产生最好后果（信守承诺和产生最好后果之间没有必然联系，信守承诺可能产生最好后果，也有可能不产生最好后果），而是因为信守承诺本身即具有内在价值。既然义务论坚持认为不应当以行为的后果作为评价行为的依据，那么没选择也就应当被理解为行为者在是否遵守后果主义的要求上没有选择的自由，应当遵循义务论的要求。即使行为者实施了符合后果主义要求的行为，这一行为也是基于义务论的理由而做出的。

我们先来考虑第四种观点（有约束、没选择），也就是义务论的观点。义务论是否会因为后果主义的道德要求过于严苛而指责后果主义呢？这一点是不确定的。在义务论者看来，后果主义的问题在于这一理论将行为者的后果视为评价行为的唯一因素，以及唯一具有内在价值的东西，而行为本身的正确性完全取决于行为的后果。这令义务论者难以接受。在义务论者看来，至少在某些情形下，行为者不应当实行那些产生最好后果的行为，因为实行这些行为违反了义务论规则。例如，如果义务论的规则是个人权利是不可侵犯的，那么行为者就不应当通过侵犯某个人的权利来实现（后果主义理论所认为的）最好后果，甚至不被允许通过侵犯某个人的权利以便最低限度地减少对其他许多人权利的侵犯。因此，义务论者不会一概而论地以某一理论向行为者提出了过于严苛的要求而指责这一理论。如果这一要求符合义务论的规则，义务论者当然会赞同这一要求；如果这一要求不符合义务论的规则，那么义务论者会要求行为者根据义务论的规则来修正自己的行为，而不是要求行为者降低要求。在某些情形下，义务论者会指责后果主义为行为者设置了过低的要求。例如，如果后果主义理论要求行为者为了实现最好后果而侵犯某个人的权利，义务论者会指出后果主义的要求过低，以至于这一要求不足以包含被侵犯权利的人的权利。

第二种观点（有约束、有选择）是常识道德的观点。基于常识道德的观点是一种基于直觉的观点。常识道德在某些情形下可能会赞同义务论，而在某些情形下又会赞同后果主义。例如，在辛格所举的例子中，常识道德会赞同后果主义的观点，即教授应当以弄脏衣服和取消报告为代价救助落水的小孩。但是对于教授是否有义务冒着身体严重受损这一危险去救小孩，常识道德是持否定态度的。在这里，常识道德区分了行为者的义务和分外善行，认为前一个行为是行为者的义务，后一个行为是行为者的分外善行。虽然常识道德已经存在于人们的日常生活中，并且为人们所广泛接受，但是人们如果仅仅以此来为常识道德辩护，这是远远不够的。如果有人想使常识道德成为一种理论，他就必须表明常识道德的根据何在，而不只是表明人们对常识道德的坚持是基于直觉的。如同卡根所说："我们的直觉支持某个道德特征，仅这一事实本身难以构成充分的哲学辩护。如果我们要超出单纯的直觉传播，就必须寻求更进一步的基础来限制追求善的要求。"①

第三种观点（没约束、有选择）是在降低道德要求这一问题上对后果主义观点最为有力的挑战。如果这一理论能够得到合理辩护的话，那么与后果主义理论相比，它就通过降低对行为者的要求而显示了优越性。按照这一混合理论，行为者可以选择实行产生最好后果的行为，在这一点上行为者是没有任何约束的；同时，行为者也可以通过选择实行促进个人利益的行为，给予其他人利益以较大的关注。这样行为者就不必总是应当实行产生最好后果的行为，也可以实行那些产生非最佳后果的、促进个人利益的行为。但是这并不意味着行为者在促进善上不存在任何义务。谢夫勒对行为者实行促进个人利益的行为进行了限制，这一限制使得行为者在某些情形下不能选择那些促进个人利益的非最佳行为。因此，混合理论是否能够得到辩护，在很大程度上取决于谢夫勒在限制个人利益上是否能够得到有效辩护。

---

① Shelly Kagan："Does Consequentialism Demand Too Much?"，*Philosophy and Public Affairs*，1984(13).

通过对各种非后果主义理论的考察，我们需要弄清楚反对者认为后果主义要求过于严苛其背后的依据是什么。后果主义理论有两个承诺：一个承诺是以后果作为评价行为的唯一因素，另一个承诺是不偏不倚性。也就是说，后果主义理论所说的后果是基于不偏不倚的非个人立场而产生的后果。非后果主义理论在批评后果主义要求过于严苛时，也是基于对这两个基本承诺的反对。例如，谢夫勒认为，后果主义正是因为基于一种不偏不倚的非个人立场，忽视了行为者的个人观点，从而对行为者提出了过于严苛的要求。我们需要考察谢夫勒对个人观点的辩护是否合理。卡姆对后果主义的批评则基于对后果主义第一个承诺的反对。在卡姆这样的义务论者看来，后果并不是评价行动的唯一因素。卡姆解释了杀人和放任死亡、意欲伤害和预见伤害等，认为这样的区分具有道德上的重要性。这种道德上的重要性对后果主义追求最好后果构成了约束。我们需要考察卡姆是否能够为行为者促进善提供非后果主义的理由。当我们说行为者有义务实行救助行为时，义务论可以为这一救助行为提供义务论的理由。例如，这一义务基于双方的约定。但是这是否意味着如果救助者没有非后果主义的理由，就没有义务对被救助者实行救助，从而使得救助行为在缺少非后果主义理由的情形下成为行为者的分外善行呢？如果卡姆否认行为者在没有义务论理由的情形下有义务实行救助，那么在辛格所举的例子中，教授如果和落水的小孩之间没有约定和承诺，那么他就没有义务实施救助行为，即使这样做并不会使他受到任何损失。至少从常识道德的角度来看，这是一个过低的要求。

在思考道德要求的严苛性问题时，我们需要认识到，这一问题确实对后果主义理论构成了挑战，而且这一挑战背后是有理论依据的。在考虑这些反对意见和后果主义理论自身时，我们需要对道德要求的合理性有一个理解。按照厄姆森的观点，"道德应当服务于人类的需要，而不是顺便用它来清扫人们。表明某一道德是理想的，就是要表明它能最好地服务于人类——人是他所是的，以及能够被期望成为的人，而不是作为完全理智的或者无形体的天使的人"[①]。这表明，当我们说一种道德要求是否合理，是否向行为者提出了过于严苛的要求时，我们所针对的是我们现在所处的这个社会。承担道德要求的行为者是处于这个社会中的人，他们既不是圣徒，也不是极端邪恶的人。

---

① James Opic Urmson: "Saints and Heroes", *Essays in Moral Philosophy*, edited by A. Melden, Seattle, University of Washington Press, 1958, p. 210.

第二章　适度的道德

第一节　主观的观点与客观的观点

行为者在决定是否实行某个行为时，通常面临不同的价值考量。他实施的行为所产生的后果，从不同的立场出发，也会得到不同的评价。在这些不同的评价立场中，托马斯·内格尔识别出两种主要的观点：主观的观点和客观的观点。内格尔对这两种观点的态度是含糊的，认为这两种观点都有其合理的地方，但是当这两种观点不一致时，这种含糊的态度就失效了。下面笔者会对内格尔提出的这两种观点进行分析，并指出内格尔的观点影响了塞缪尔·谢夫勒的观点。

内格尔认为，主观的观点和客观的观点出现在广泛的研究领域中。它们不仅出现在形而上学的思考中，而且出现在伦理学思考中。笔者对内格尔的观点的讨论仅限于伦理学领域。对于何为主观的观点，何为客观的观点，内格尔并没有给出明确的界定，而是在不同场合用不同术语加以表示。在《人的问题》中，内格尔使用了"主观的观点"和"客观的观点"这样的表述，而在《本然的观点》一书中，内格尔使用了"个人的立场"和"非个人的立场"来进行表述。这些表述虽然表面上并不相同，但是其中蕴含的意义是一致的。在《人的问题》中，内格尔较为详细地论述了主观的观点和客观的观点的差异。主观的观点是这样一种观点：从"生活内部考察人类的追求，它允许根据另一些活动来说明某些活动是有理由的，但不允许我们对整个事情的意义提出疑问，除非我们从生活内部发问，根据生活不同部分的相对重要性，我们把精力或注意力分配给它们是否有意义"①。这样一种主观的观点实际上基于这样一种想法：行为者的任何行动都必须是行为者自身做出来的，因此，行为者必须也只能从自身的角度出发来看待问题。在涉及伦理学问题时，这样一种主观的观点要求行为者从自己的个人立场来考虑问题，思考自己的行为会对自己和他

---

① 〔美〕托马斯·内格尔：《人的问题》，万以译，上海，上海译文出版社，2000，第208～209页。

人产生什么样的影响。内格尔认为，主观的观点具有合理性，依据是：行为者从自己个人的、主观的立场来考虑问题是行为者自主地行动的体现，而自主性是行为者能够对自己的行为负责的前提。在《本然的观点》中，内格尔讨论了自主和责任问题。这两个问题和主观的观点联系密切。

对于自主性，内格尔认为："当我做出行为时，似乎有两种可能性向我们开放：向右转或者向左转，点这道菜或点那道菜，投票赞成一个候选人或投票赞成另一个候选人——而且通过我们所做的事情，其中的一种可能性变成了现实。同样的说法也适用于我们对他人的行为所做的内在的考虑。"①也就是说，按照主观的观点，当我们说一个人能够自主地行动时，意味着行为者能够自由地决定行动或者不行动。只有具有这种自主选择的能力，我们才能够说这一行动是行为者自己的行动。我们可以通过内格尔所举的例子进一步理解主观的观点。② 任何行为者在行动时都有着相应的理由，基于有些理由会产生非个人的价值，基于另外一些理由则不会产生非个人的价值。爬山的理由就是一个不会产生非个人价值的理由，也即是说，一个人爬山并不是因为爬山能够产生某些非个人的尤其是对其他人有价值的东西，而是基于行为者个人的理由。"假如我不合时宜地想要爬上乞力马扎罗山的顶部，那么并不是每个人都有理由想要我成功。我有理由试图登上山顶，并且该理由也许比我希望头痛消失的理由强有力得多，但其他人只有极为微弱的理由——假如有某种这样的理由——关心我是否应当登上那座山。或者设想，我想要成为一名钢琴演奏家。那么我就有理由去练习，但其他人几乎没有理由或根本没有理由关心我是否练习。这是为什么？"③

按照主观的观点，行为者是否采取某个行动基于行为者本人的自主选择，而且这一选择是为了行为者本人的利益，而不是为了他人的利益。因此，其他人就没有这样的理由要求行为者采取类似的行动，或者没有理由为行为者进行这样的活动创造条件。"我们追求的大多数事物，假如不是我们所要避免的，都是可选择的。它们对于我们的价值依赖于我们个人的目标、计划及关切——包括我们对他人的特殊关切。而此种关切反映了我们与他们的关系。它们之所以获得价值，仅仅是因为我们对它

---

① 〔美〕托马斯·内格尔：《本然的观点》，贾可春译，北京，中国人民大学出版社，2010，第129页。

② 〔美〕托马斯·内格尔：《本然的观点》，贾可春译，北京，中国人民大学出版社，2010，第191～196页。

③ 〔美〕托马斯·内格尔：《本然的观点》，贾可春译，北京，中国人民大学出版社，2010，第191页。

们所产生的兴趣以及这种兴趣所赋予它们的在我们生命中的地位，而不是因为它们的价值引起了我们的兴趣。"①因此，主观的观点认为，行为者行动的主要理由是为了自己的个人目标、事业等，或者为了自己所关切的人。无论行动的对象是谁，行为者都以自己主观的观点为参照标准，而不是以其他人或者下文所要讨论的客观的观点为标准。

行为者以自己主观的观点为标准，由此所产生的重要结果就是：行为者应当为自己的行为负责。"一条响尾蛇没什么值得我们谴责的，并且一只猫也没什么或实际没什么值得我们谴责的。我们对它们的行为甚至观察角度的理解使我们过分远离它们，从而不允许做出一切关于它们本该完成的事情的判断。"②作为行为者的人则不同。作为行为者的人具有自主选择的能力，并且需要在能够自主选择的前提下对自己的行为负责。行为者之外的其他人，如果要理解行为者的行为，必须完全进入行为者的个人视角，来理解他的行动理由。这就如同法官和被告。在内格尔看来，法官对被告的行为并不仅仅是要做出或好或坏的道德评判，而是首先必须理解被告的行为。"他并不仅仅关心这件事情感觉起来如何；相反，对照呈现于被告的、他在其间作出或未作出选择的各种可选方案以及依附于当前选择的、他曾考虑或未曾考虑过的那些动机及诱惑，他试图估价这种行为。"③

在内格尔看来，如果我们审视不同的道德理论，那么至少有三种理由可以被归入这种主观的观点。"第一种类型的理由起源于个体行为者的愿望、计划、承诺及人际关系。""第二种类型的理由起源于在某些方面不应受到虐待的他人的要求。""第三种类型的理由起源于我们对同我们关系密切相关的那些人所要承担的特殊义务。"④如果我们将这三类观点进一步归为两类，第一种和第三种类型的理由可以合为一类。这一类理由是行为者从自己或者与自己关系密切的人的利益或者目标出发，本章后面的几节将进行详细讨论。另一类理由属于义务论的理由，第三章会进行详细讨论。

---

① 〔美〕托马斯·内格尔：《本然的观点》，贾可春译，北京，中国人民大学出版社，2010，第192页。

② 〔美〕托马斯·内格尔：《本然的观点》，贾可春译，北京，中国人民大学出版社，2010，第138页。

③ 〔美〕托马斯·内格尔：《本然的观点》，贾可春译，北京，中国人民大学出版社，2010，第137页。

④ 〔美〕托马斯·内格尔：《本然的观点》，贾可春译，北京，中国人民大学出版社，2010，第189页。

　　由此，按照主观的观点，行为者的行动必须是自主的。这同时要求行为者对自己的行为负责。同样，行为者也只能对自己在自主前提下做出的行为负责，而不可能为那些出于非自主理由做出的行为负责。例如，行为者不应当为在受到强迫的情况下或者处于无意识时所做的行为负责。如果一个人基于主观的观点而行动，那么他行动的理由就是基于个人的考虑。我们可以将这些个人考虑分为两个部分。其中一种考虑是为了其他人的利益。这样，当行为者的行动是为了其他人的时候，即使他的主观理由是为了使自己得到某种精神上的乐趣，但在客观上对其他人是有利的。无疑，这一行动并不会导致不同行为者之间发生冲突（除非其他人不想从他的行动中得到利益），因为行动的客观目标是一致的。基于这种主观的观点，当不同的行为者都出于实现自己个人目标的考虑行动，而他们的个人目标并不相同，其个人目标的实现需要通过占用相同的资源来达到，而任何行为者都基于自己的主观立场要求行动上的优先权，那么他们实现个人目标的行为就会出现不一致甚至冲突。在此情形下，与主观的观点相对的另外一种观点，即客观的观点的合理性或必要性就体现出来。

　　如果说主观的观点强调行为者基于个人考虑做出选择，那么客观的观点则要求行为者在行动中不能将对问题的考虑仅仅局限于个人的视角，而要从一种非个人的视角去审视自己的行为。"客观的理由就是所有那些非主观的理由（主观的理由包括符合某个人利益的意愿或者符合托马斯·内格尔利益的意愿，等等）。"①内格尔看来，客观的观点并不是一种绝对确定的观点，而是一种与主观的观点相对的观点。一种观点如果比主观的观点更为客观，就可以成为客观的观点。"一种观点或思想形式，假如较少依赖于个体的结构的特性以及个体在世界中的位置，或者说较少依赖于个人所属的那种特殊生物的特征，则比另一种更客观。一种理解形式所通达的主观类型的范围越广，或者说较少依赖于特定的主观的能力，就越是客观的。"②如果说物理学追求一种更加客观的立场，在内格尔看来，他所处的时代的伦理学也在追求一种不满足于仅仅从个人主观立场来考虑问题的客观性。不同于主观的观点，客观的观点认为不存在主观的观点所认定的那种行为的自主性。一个人之所以做出某种行为，并不是行为者基于自身的主观原因做出的，而是由各种客观因素决定的。也就是说，行为

---

① Stephen L. Darwall："Nagel's Argument for Altruism"，*Philosophical Studies：An International Journal for Philosophy in the Analytic Tradition*，1974，25(2).

② 〔美〕托马斯·内格尔：《本然的观点》，贾可春译，北京，中国人民大学出版社，2010，第 3 页。

者的行为只不过是整个因果链条上的一个环节，为因果链条上的其他因素所决定。基于这一理解，在主观的观点中受重视的自主性就消失了："行为者和一切关于他的事物似乎都被行为的环境吞没了。他身上没有什么东西对那些环境进行干预。无论行为与其在先的条件之间的关系是否被设想为决定论的，这种情况都会发生。"①

　　基于这种对自主的理解，客观的观点对行为者的责任问题的理解也明显不同于主观的观点。在主观的观点的坚持者看来，行为者对自己的行为负责的一个前提是行为者具有自主行动的能力。如果某个行为不是出于行为者的自主选择，我们就不应当要求行为者对此负责。按照客观的观点，既然行为者实施或者不实施某个行为，都同行为者的自主选择无关（或者不存在这样的自主选择），那么行为者是否应当对某个行为负责，也就同这一自主性没有关系。或者客观的观点的坚持者会认为，行为者的责任是由其他因素决定的，抑或行为者根本就不需要对自己的行为负责任（这是一种极端的客观的观点），而后一种观点显然是不合理的。我们的通常直觉认为，行为者应当对他的行为负责，而不应当由行为者所处的社会为他的行为承担责任，即使我们假定行为者所处的社会塑造了他的性格特征以及行为处事的方式等。

　　由此，我们可以看到，主观的观点和客观的观点是极为不同的。其差异表现在伦理学上，就是主观的观点要求行为者基于自己的个人考虑行动，客观的观点要求行为者超出行为者的个人立场，采取一种非个人的或者不偏不倚的立场行动；主观的观点强调行为的自主性，认为这是行为者为其行为承担责任的前提，客观的观点否认这一点，认为应当由其他因素确定行为者是否应当对某个行为负责。对于主观的观点和客观的观点，内格尔并没有采取一种非此即彼的态度，即否定此种观点而赞同其对立观点，而是认为这两种观点都有其合理性，但是又都没有在选择面前优于对方的力量。对于主观的观点，内格尔首先认为它符合我们的日常道德直觉。对于主观的观点所赞同的自主性，内格尔明确指出："尽管它会受到质疑，但是我相信，我们拥有这样一种自主观念。许多哲学家都把某种形式的这种立场当作关于自由的真理加以辩护。"②特别是当行为者不是为了（通过获取衣服和食物）满足物质性欲望，而是为了满

① 〔美〕托马斯·内格尔：《本然的观点》，贾可春译，北京，中国人民大学出版社，2010，第129页。
② 〔美〕托马斯·内格尔：《本然的观点》，贾可春译，北京，中国人民大学出版社，2010，第131页。

足个人精神方面的需求（如攀登乞力马扎罗山）的时候，内格尔认为，主观的观点的合理性尤其明显。"我在这里只能通过选择了一个可选目标的这个人的视角发现一种理由：他所选的目标为在他的生命内部起作用的价值增加了某种东西，而这种东西和纯粹独立于他的选择而达到他的那些理由是完全不同的。若不作为一种相对于他的价值，我就不能发现它；而且我因此不能不加保留地把它作为一种非个人的价值接受下来。"①因此，行为者攀登乞力马扎罗山这样的行为只有从主观的观点出发，其价值才能得到理解，而且这一行为也不是因为在客观的观点上获得的价值才得到肯定的。但是，个人观点的局限性很明显。如果行为者在任何时候都选择从自己主观的观点出发，实施相应的行动，那么这一观点有可能滑向利己主义的深渊，而这显然是包括内格尔在内的反对利己主义的人所极力避免的。在《利他主义的可能性》一书中，内格尔对利他主义的辩护表明他并不认为行为者在任何时候都应当坚持主观的观点。

　　对于客观的观点，内格尔采取了同样的态度。他首先肯定了客观性在伦理学上的价值："在伦理学中，客观性与真理之间的关联比在科学中更加密切……我们接着要试图回答的问题并不是'从非个人的立场加以考虑，我们能看见世界包含什么'，而是'从非个人的立场加以考虑，有理由做什么或要什么'。"②但是，内格尔并不认为绝对的客观的观点是合理的。在道德理论中，客观的观点的典型代表就是功利主义。在对待功利主义的态度上，内格尔既肯定其合理性，也批评其对行为者要求之严苛性。在《人的问题》中，内格尔在讨论平等问题时肯定了功利主义积极的一面："功利主义宽厚地看待个体的道德要求并把它们作为整体聚集在一起。它用由此产生的价值观来评估总的结果或事态，并由此引出对行为的评估作为次要的结果。人们应当从把所有个体的利益结合在一起的观点出发，去做能够产生最好的结果的事。功利主义的道德平等就在于让每一个人的利益在决定最好的总结果中同样起作用。"③按照这一理解，功利主义作为一种客观的观点的代表，优点就在于能够平等地对待每一个行为者，而不是给予行为者自己或者与其关系密切的人更多的利益分配。内格尔也指出了功利主义的问题所在：功利主义作为一种道德理论，

---

① 〔美〕托马斯·内格尔：《本然的观点》，贾可春译，北京，中国人民大学出版社，2010，第193页。

② 〔美〕托马斯·内格尔：《本然的观点》，贾可春译，北京，中国人民大学出版社，2010，第159~160页。

③ 〔美〕托马斯·内格尔：《人的问题》，万以译，上海，上海译文出版社，2000，第122页。

在均等地考虑所有人的利益时，可能会给行为者提出过于严苛的要求。这一要求使得行为者在某些情形下要牺牲个人利益去满足其他人的需求。"功利主义，或任何其他纯粹后果主义的观点，要求十分苛刻。它要求你把追求自己的个人生活和利益仅仅作为全体利益的组成部分，而不允许只用你的愿望或挚爱作为行动的理由。那些考虑完全被一种非个人的观点所包罗，它不给你任何特殊的位置，除非能够得到客观的辩护。"①那么，内格尔对于这样一种严苛的要求究竟采取何种态度呢？从下面这段话中，我们可以看到他的态度是矛盾的："像威廉斯一样，我发现功利主义是过分严苛的，并希望它是错误的。但是，纵然功利主义被拒绝了，这些问题也不会消失。我们洞察到，客观地看，每个人都不比其他人更重要，并且即使客观的立场并非我们仅有的立场，承认这一点对我们每个人来说也应该具有根本的重要性。"②显然，内格尔不希望单纯表明主观的观点或者客观的观点是错误的，而另外一种观点是正确的。在这一问题上，我们从内格尔的著述中可以总结出两个主要观点。

首先，我们的道德生活是相当复杂的。行为者面临种种选择，而这些选择又分别代表着不同的价值观点。当这些价值观点方向一致时，行为者的选择是明确的；当诸多价值观点方向不一致时，行为者的选择就会遇到困难。道德生活复杂性的一个突出的证据就是人类道德生活中存在着道德冲突。"最强烈冲突的情况是真正的困境。在那里，两种或更多种互不相容的行动或不行动的方针都有明确的根据……当两种选择完全不分高下的时候，采取哪种选择都无关紧要，任意性也就不成问题了。但是当每种选择似乎都有明确而充分的理由说明是正确的时候，任意性就意味着在需要理由的地方理由不足，因为任何一种选择都意味着违背某些理由而行动，却又不能声称超过了它们。"③

其次，关于对这样的道德冲突应当采取何种态度，内格尔在不同的场合也提出了不同的解决办法。在《人的问题》中，内格尔认为，当行为者面临道德冲突而又没有充分的主观理由或者客观理由而行动时，他应当采用亚里士多德所提出的实践智慧。"它并不总能产生解决办法：有一些真正的实践困境是无法解决的，还有一些复杂的冲突是判断未必能起

---

① 〔美〕托马斯·内格尔：《人的问题》，万以译，上海，上海译文出版社，2010，第215页。

② 〔美〕托马斯·内格尔：《本然的观点》，贾可春译，北京，中国人民大学出版社，2010，第236页。

③ 〔美〕托马斯·内格尔：《人的问题》，万以译，上海，上海译文出版社，2000，第149～150页。

作用的。但是在许多情况下，可以依靠它来弥补明确的合理论证界限之外的环节。"①但是，亚里士多德所说的这种实践智慧毕竟仅仅起到辅助性作用，并不能在行为者面临道德冲突时发挥主导作用。这就表明，内格尔本人在解决由主观立场和客观立场的对立而引发的道德冲突时表现出了摇摆或者怀疑的态度。

在稍晚的《本然的观点》中，内格尔提出了两种可能的方法来解决道德冲突。一种方法被称为个人的归附。这种个人的归附实际上要求行为者提升个人道德境界，深化自己对那种客观的道德立场的认识。当自己的个人价值追求和非个人的客观道德价值发生冲突时，基于这一较高的道德境界，行为者能够自觉地放弃自己原先的个人价值，而将那种非个人的客观道德价值作为新的追求，从而解决道德冲突。这样一种个人的归附显然是以放弃个人原有价值为代价的，因此，内格尔不得不承认这种归附是一种"可怕的牺牲，甚或一种形式的自杀"②，虽然它能够重新恢复和谐。另一种方法被称为政治性的。政治性的解决方法不是将社会成员之间的道德冲突视为个人之间应当解决的冲突，而是从政治制度入手，通过建立一种良好的制度，消除个人之间的道德冲突。在内格尔看来，"政治思想和行为的一个重要而且也许最重要的任务，就在于对世界进行安排，以便让每一个人都能在不做恶行、不伤害他人并且从他们的不幸中不公正地获取利益等情况下过一种善的生活"③。很显然，内格尔的这一策略算不上解决道德冲突的方法，只能说是预防道德冲突的方法，也就是在道德冲突还没有发生时，通过适当的制度安排，使不同行为者之间的价值追求相互和谐而没有冲突，这样也就不会发生道德冲突。这一策略更适合作为一种对未来道德生活的期许，它对于现实生活中已经发生或者出现的道德冲突并没有实际的帮助。内格尔也意识到了这个问题，认为要建立一种和谐的生活秩序，尚需要付出艰苦的努力。

如果我们认可道德理论的一个重要任务就是为消除道德冲突提供合理的建议以及相应的辩护，那么在讨论道德冲突问题时，内格尔为我们提供了两种不同的立场或者观点：主观的观点和客观的观点。当这两种观点不一致时，道德冲突就会产生，而在解决道德冲突问题上，内格尔

---

① 〔美〕托马斯·内格尔：《人的问题》，万以译，上海，上海译文出版社，2000，第 145 页。

② 〔美〕托马斯·内格尔：《本然的观点》，贾可春译，北京，中国人民大学出版社，2010，第 237 页。

③ 〔美〕托马斯·内格尔：《本然的观点》，贾可春译，北京，中国人民大学出版社，2010，第 237 页。

的态度是摇摆不定的。他希望能够为消除道德冲突提出方案，又认为这两种观点不应当成为解决道德冲突问题的唯一途径。"我认为没有可靠的消除这种内在冲突的方法。不过，我们仍有减轻这种冲突的动机，并且有可能在不采取极端措施的前提下在两种立场之间促成某种程度的和谐。"①我们需要沿着内格尔的思路，思考在道德冲突中，行为者究竟采取何种态度才是可以得到辩护的。如果功利主义理论如内格尔所说，向行为者提出了严苛的道德要求，那么这一理论是否能够提供新的论证，或者对自身做出某种形式的修正，从而在解决道德冲突问题上显示出优越性？

第二节　适度的道德

在后果主义的反对者看来，后果主义要求行为者实行那些产生最好后果的行为。这就意味着当最好后果和行为者的个人利益发生冲突时，行为者应当牺牲个人利益，去实行那些产生最好后果的行为。这种牺牲有时候会使行为者的负担过于沉重，从而破坏行为者的个人生活。与后果主义的这一道德要求不同，一些后果主义的反对者认为，应当提倡一种适度的道德。这种道德一方面要求行为者有义务实行某些促进善的行为，即行为者具有行善和救助的义务；另一方面又允许行为者具有一定的选择权，即如果行为者愿意，可以牺牲个人利益去实行能够产生最好后果的行为，但是这并不是行为者的义务，而是他的分外善行。因此，行为者可以而不是应当实行那些产生最好后果的行为。这样一种适度的道德在谢夫勒那里得到了很好的表述：

> 虽然这一观点存在许多形式，这些形式之间存在重要差异，但是它们在两个重要方面意见一致。第一点是，在有利条件下，道德允许人们在某些宽泛的限度内做他们想要做的事情，缺少严厉性（stringency）。第二点是，道德确实向行为者提出了要求，施加了约束：禁止某些事情，要求其他事情，并且将损失——有时是非常重大的损失——强加给行为者。道德是适度的，这一观点介于最小化（minimalist）立场（道德没有向行为者施加独立的约束，没有要求行

---

① 〔美〕托马斯·内格尔：《本然的观点》，贾可春译，北京，中国人民大学出版社，2010，第255页。

为者承担净损失)和最大化(maximalist)立场(道德是严厉的)之间。①

　　从谢夫勒对适度的道德的表述中可以看出,这种道德是基于对两种理论的反对而提出来的。首先,适度的道德反对坚持最小化理论。最小化理论并不一定坚持认为行为者可以做他想要做的任何事情,道德对行为者不施加任何约束,因为这很难被视作合理的观点。但是,最小化理论至少坚持这一观点:它并不认为道德理论可以要求行为者去实行那些需要行为者承担净损失的行为,也不要求行为者去实行那些不符合其自身利益的行为。所以,按照最小化立场,行为者没有义务实行促进善的积极行为。行善或者救助这样的行为,都是慈善行为或者分外善行。其次,适度的道德反对坚持最大化立场的理论。坚持最大化立场的理论即后果主义理论。这一理论面临个人完整性异议。既然这两种立场都有各自的问题(前者要求过低,后者要求过于严苛),那么一个很自然的想法就是避免这两种立场面临的困难。在谢夫勒看来,一种适度的道德似乎最有希望避免这两种立场的困难:一方面,适度的道德对行为者施加了约束,使得行为者至少有时候有义务去实行促进善的行为;另一方面,适度的道德不会向行为者提出过于严苛的要求,不会迫使行为者为了遵守道德而做出极端的牺牲。

　　正是基于这样一种想法,谢夫勒提出了混合理论。混合理论与后果主义理论相区别的地方在于,它包含以行为者为中心的特权。这一特权否认行为者总是必须实行产生最好后果的行为,允许行为者实行有利于实现个人计划的行为。混合理论与后果主义相似的地方在于,这一理论总是允许行为者实行产生最好后果的行为。这使得混合理论区别于一般的义务论,后者有时候否认行为者可以为了产生最好后果而实行某些行为。② 基于这种混合理论的道德要求就是一种适度的道德要求。对于最好的后果,后果主义的态度是,行为者应当去实行产生最好后果的行为;适度的道德的态度则是,行为者可以而不是必须实行产生最好后果的行为。当然,这种允许并不是绝对的,而是有条件的。谢夫勒通过对特权进行限制,以保证在某些时候行为者必须实行产生最好后果的行为。

　　对于谢夫勒提出的适度的道德,墨菲有所反对。墨菲质疑在最小化的道德和最大化的后果主义道德之间存在固定的界限(在界限的一侧是行

---

① Samuel Scheffler: *Human Morality*, New York, Oxford University Press, 1993, p. 100.
② Samuel Scheffler: *The Rejection of Consequentialism*, Oxford, Oxford University Press, 1982, p. 5.

为者的义务，在界限的另一侧是行为者可以实行的行为，这些行为既包括行为者实现最好后果的行为，也包括行为者实现个人利益的行为）。我们以行善为例，假设在某个情境下，存在这样的界限（这一界限既可以用某一个具体的数额表示，也可以用某一个比例表示，如像辛格所建议的那样，以富人收入的百分之十为限）。于是，行为者就有义务根据这个界限拿出一定数额的资金，通过慈善机构或者其他形式捐给那些需要帮助的人。这一数额是适度的，不会给行为者造成过重的负担，同时又能为那些需要帮助的人提供有效的帮助。但是，行为者的义务仅限于此。他没有义务实行更大数额的捐助行为，更不需要穷尽自己的全部资源和精力去促进其他人的好生活。现在，情况发生了变化。我们可以设想在其他情况保持不变的前提下，世界上某个地方突然发生了大的灾难，这个地方的居民需要接受更大数额的捐助，否则生命将面临威胁。在此情形下，如果世界上其他地方的行为者继续按照原有的界限实施捐助，那么他们的捐助不足以帮助灾区的居民摆脱困境。这时，我们是否还会满足于让行为者的捐助停留在原来的限度呢？显然不会。一个很自然的策略就是提高这一限度，让行为者承担比原来更大的捐助义务。同样，我们可以假设相反的例子。如果我们所生活的这个世界已经足够好，贫困问题已经解决，显然我们也没有必要再坚持原来较高的限度。这样，适度的道德的支持者就面临两难的处境：一方面，他们希望通过划出清晰的、固定的界限来明确行为者所应当承担的义务，而超过这一界限，行为者的行为就是可允许而不是应当了；另一方面，适度的道德为了适应不断变化的环境，不得不随时调整自己所设定的界限，从而使界限成为变化着的、不稳定的东西。如果界限已经成为可以随时变化的界限，那么这一界限是否还能够对后果主义的要求构成限制呢？显然不能。至少在行善的情形中，当被救助者因为处境极端恶化而继续求助时，适度的道德所提供的界限可以极为接近后果主义的要求。通过对行善这一行为的分析，我们可以看出，适度的道德没有办法为行为者提供一个固定的合理界限。这一界限既有可能接近后果主义的要求，也有可能接近最小化立场的要求。所以，即使存在这样一个界限，它也是非常不稳定的。

如果说外部环境的变化使我们很难找到一个固定的界限，那么另外一个因素使这种努力变得更加困难。在很多情况下，行为者需要与其他人合作来达到某个目的。如果所有参与者都能够遵守某个约定，那么每一个行为者可能只需要付出某一限度内的行动就可以实现原来制定的目的。因此，在全部行为者都遵守的情况下，存在这样一个界限。但是在实际情况中，并非所有的行为者都会遵守原来的约定。我们可以考虑一种部分不遵守的情况。假设一个儿童落水，有两个成年人对落水儿童实施救助。为了救助成功，每个成年人需要付出自己 50％的力气，这样我们就可以将付出自己 50％的力气作为这两个成年人义务的限度。如果其中一人并不遵守这一限度的义务，放弃了救助行为，这样，即使另一个人遵守了这一限度的义务，付出了自己 50％的力气，他也没有办法成功救助儿童。为了救助成功，他必须付出自己全部的力气。在这种部分不遵守的情况下，遵守者的义务的限度在哪里呢？如果我们将救助儿童视为行为者的义务，那么遵守义务的行为者就应当付出自己 100％的力气，而不是原来的 50％。按照后果主义的要求，在这个例子中，如果其他人不遵守，作为遵守者的行为者所能实现的最好后果就是成功救助儿童。为了实现这一最好后果，后果主义理论认为，行为者应当付出自己 100％的力气。在此情形下，适度的道德做出了和后果主义理论相同的选择。同样，我们也可以设想，如果参与救助的人足够多，那么每个行为者应当承担的义务就可以足够小，这又使得适度的道德接近于最小化理论。

通过对两个方面因素的分析，我们可以看出，适度的道德面临两难的处境。一方面，适度的道德的支持者希望找到一个固定的界限，以便确定行为者具有什么样的义务；另一方面，他们必须面对这样的事实：外部环境，包括其他行为者都不是固定不变的，这种不断变化使适度的道德或者需要对行为者提出更高的要求，或者需要降低对行为者的要求。这就使寻找固定的界限的想法变得不切实际。所以，墨菲认为："行善的要求存在限度这一简单信念太不稳定了。"[①]

我们知道，谢夫勒提出适度的道德是为了解决这样一个问题：后果主义理论对行为者的要求过于严苛，而坚持最小化立场的理论又取消了行为者促进善的义务，使所有促进善的行为都成为分外善行。后者至少在常识道德看来是一种极低的要求。所以，如果行为者确实有促进善的义务，那么适度的道德需要指出这一义务的界限在哪里。虽然适度的道德的支持者可以继续为寻找这样的界限而努力，但是墨菲认为，我们可以通过进一步的反对使这一努力变得没有意义。在墨菲看来，假设适度的道德的支持者找到了某一界限，可以成功地调解两个方面，即行为者为了促进善所需要

---

① Liam Murphy: *Moral Demands in Nonideal Theory*, Oxford, Oxford University Press, 2000, p. 67.

付出的成本(自我利益的牺牲)和行为者有待实现的善的数量(道德要求)，那么他们必须回答这样一个问题：适度的道德成功调解的正确标准是什么。① 也就是说，当适度的道德的支持者宣称行为者不必将实现最好后果作为自己的义务，而只需要履行某一限度的义务时，他们依据什么标准规定出了这样的界限。如果适度的道德想要成为一种独立的道德理论，那么它就必须为自己所设置的适度的界限提供独立于后果主义和最小化理论的解释。如果适度的道德无法为自己找到这样的解释，那么它对后果主义道德要求过于严苛的指责就只能蜕变为一种"对常识道德的确认"②。

如果谢夫勒所提出的适度的道德仅仅是基于常识道德的立场而对后果主义的道德要求提出批评，那么这种批评很难对后果主义理论构成威胁。但是在《拒斥后果主义》一书中，谢夫勒对后果主义的批评并非基于常识道德，而是基于一种"以行为者为中心"的个人观点。在谢夫勒看来，后果主义理论之所以会对行为者施加过于严苛的要求，就是因为后果主义理论要求行为者从一种不偏不倚的立场出发来考虑问题，忽视了行为者的个人观点。而他提出的混合理论就是要避免道德理论对个人观点的忽视，使个人不再被当作一种实现最好后果的手段。为了弄清楚谢夫勒的理论是否对后果主义理论构成威胁，我们需要首先对他提出的个人观点进行分析，然后对其混合理论的核心观念，即特权观念进行分析。

当后果主义的反对者批评后果主义向行为者施加了过于严苛的道德要求时，我们需要弄清楚这种指责背后的依据是什么。如果这一指责仅仅基于日常道德的考虑，那么它对后果主义理论就构不成威胁。如果反对者基于一定的理由而提出批评，那么我们需要对这一理由进行分析，看看这一理由是否会对后果主义理论本身构成威胁。

后果主义理论的一个核心观点是，要求行为者要从一种非个人的、不偏不倚的立场出发考虑问题。③ 例如，在应当如何对待自己的幸福和其他人的幸福这一问题上，行为者"应当像一个公正无私的仁慈的旁观者

① Liam Murphy：*Moral Demands in Nonideal Theory*，Oxford，Oxford University Press，2000，p.68.

② Liam Murphy：*Moral Demands in Nonideal Theory*，Oxford，Oxford University Press，2000，p.68.

③ 后果主义理论并不是唯一坚持这一观点的理论。卡根认为，无论是非个人的还是不偏不倚的，都很难说是一种准确的表达方式，因为当我们谈论非个人立场的善时，可能是在暗示我们在考虑一种和个人没有关系的观点。因此，用"transpersonal"或者"nonpersonal"可能更为合适，但是由于"impersonal"的使用已经为人们所熟悉，卡根便沿用了这一用法。参见 Shelly Kagan：*The Limits of Morality*，New York，Oxford University Press，1989，p.43.

那样，做到严格的不偏不倚"①。不偏不倚的立场要求行为者在决定是否实行一个行为时，要考虑的不仅仅是这个行为对行为者自己会产生什么样的后果，或者对这个行为的直接接受者会产生什么样的后果，还要考虑这个行为在总体上的后果有多好。也即是说，行为者要将这个行为所涉及的每个人的情况都考虑在内。这既包括行为者本人的好生活，以及行为接受者的好生活，也包括与此行为有关的其他所有人的好生活。

在谢夫勒看来，后果主义的正确性概念要求"行为者对他们自己的计划所投入的精力要严格地相称于他们从非个人立场实行这一计划所具有的分量"②。与这种不偏不倚的非个人观点相对应，还存在另外一种观点：个人观点（personal point of view）。个人观点是一种非常容易被理解的观点。每个行为者都生活在特定的社会中，都有各自的亲人、朋友和各种社会关系，而且也都有各自的生活计划。我们对于各自的社会关系和生活计划的认识是各不相同的。对于一个特定的行为者来说，当他用一种不同于非个人立场的观点来看待自己的社会关系和生活计划，来认识这个世界时，他就采取了一种个人观点。谢夫勒认为，基于个人观点，行为者在实现个人计划时所投入的精力和时间，与他从非个人立场实行这一计划所具有的分量相比，可以是不成比例的。这里的不成比例指行为者可以将更多的时间和精力投入其个人计划的实现中，这一投入可能多于行为者按照后果主义的要求对个人计划的投入。

这样就存在两种不同的观点。一种是不偏不倚的非个人观点，另一种是个人观点。如果行为者采取一种非个人的观点，这就意味着他在确定是否采取某一行动时，不是站在个人的立场上，看这个行为会对他产生什么样的后果，而是要考虑这个行为会对包括他在内的所有有关系的人产生什么样的后果。因此，当行为者的行为从非个人立场来看会产生最好后果时，并不意味着这个行为对实现行为者本人的利益最为有利，因为实行这个行为与其他行为相比，有可能使行为者牺牲自己的个人利益，或者没有更好地促进行为者的个人利益。行为者在一种个人立场上采取行动，在谢夫勒看来，并不意味着行为者完全忽视其他人的利益，而仅仅关注自己的利益，甚至为了自己的利益无限制地牺牲其他人的利益。道德理论允许行为者采取一种个人观点，仅仅意味着这一理论允许

---

① 〔英〕约翰·穆勒：《功利主义》，徐大建译，上海，上海人民出版社，2008，第17页。
② Samuel Scheffler：*The Rejection of Consequentialism*，Oxford，Oxford University Press，1982，p. 42.

行为者给予自己的利益以较大的关注和投入，而这种关注和投入要多于从不偏不倚的非个人立场来看行为者给予自己的利益的关注和投入。当道德理论允许行为者采取个人观点行动时，这一理论就承认了行为者个人观点的独立性。"这一独立性通常为如下事实所证实：他有差异地关心他的计划，只是因为这些计划是他的计划。"①

既然后果主义理论要求行为者采取一种不偏不倚的非个人观点，那么它对个人观点持什么样的态度呢？谢夫勒认为，虽然后果主义理论要求行为者从不偏不倚的非个人立场出发来考虑问题，但是这并不表明后果主义完全忽视了个人观点的独立性，也就是说，后果主义并不会认为行为者在实施任何行动时都不能给予个人计划以不相称的关注和投入。一种精致的后果主义理论可能会通过如下方式重视个人观点的独立性：

> （后果主义的道德概念）可以给予如下被普遍承认的重要事实更大的分量：每个人对他自己的计划和承诺都有一种独立的立场和特殊的兴趣。也就是说，后果主义通过包含某种分配敏感的排列总事态的原则（这一原则反映了尽可能多的人尽可能成功地从事他们的计划的愿望），要求每一个行为者总是要产生最好的可获得的总事态……这一道德概念通常只有当行为者放弃自己的计划来服务于最大限度地增加能够实现自己计划的人数时，才会要求行为者放弃自己的计划。②

谢夫勒认为，这种精致的后果主义承认个人观点的独立性。但后果主义所承认的个人观点的独立性仅仅是一种自然的独立性，也就是说，后果主义承认每个行为者的个人计划对行为者本人来说非常重要，要求行为者为了其他人的个人计划而放弃自己的个人计划是非常困难的事情。因此，即使后果主义理论最终要求行为者放弃自己的个人计划，它也是充分考虑了行为者为了放弃个人计划所需要付出的成本或代价的。而且，后果主义理论需要考虑行为者在多大程度上能够放弃自己的个人计划，因为道德理论所要考虑的是处于现实社会中的人。如果任何行为者在某些情形下都不可能放弃自己的个人计划，那么后果主义理论也不可能要求行为者在此情形下放弃个人计划，因为它要求行为者实现的是可得到

---

① Samuel Scheffler：*The Rejection of Consequentialism*，Oxford，Oxford University Press，1982，p. 57.

② Samuel Scheffler：*The Rejection of Consequentialism*，Oxford，Oxford University Press，1982，p. 59.

的最好后果(available consequence)。尽管如此,谢夫勒认为,自己所提出的混合理论是不同于后果主义理论的。这种区别并不在于对个人观点的自然独立性的认可,而在于混合理论承认个人观点不仅具有自然的独立性,而且具有道德上的独立性,精致的后果主义则否认这一点:

> 虽然精致的后果主义确实考虑了这一事实,即人们对个人计划投入的精力和关心是有理由的,这一关心和投入独立于非个人观点,但是后果主义否认个人观点在道德上是独立的。也就是说,它否认个人的计划和承诺对行为者来说可以具有道德上的分量——否认个人计划和承诺能在决定行为者可以做什么事情上发挥作用。这一道德上的分量要独立于那些计划和承诺在非个人的计算中所具有的分量。虽然精致的后果主义考虑了个人观点的自然的独立性,但像其他的后果主义理论一样,它拒绝承认个人观点具有道德上的独立性。[①]

在这里,有必要指出的是,当谢夫勒批评后果主义理论拒绝承认个人观点具有道德上的独立性时,这并不表明他对个人观点持一种赞同态度,而对非个人观点持一种反对态度。无论是个人观点还是非个人观点,它们都是行为者采取行动时的根据。当行为者从个人观点出发时,这意味着他给予个人计划以较大分量的关注和投入,这一关注和投入与行为者从非个人立场出发给予其个人计划的投入和关注相比,是不成比例的。当行为者非从个人观点出发时,则意味着他对个人计划的关注和投入是以这一关注和投入是否有利于最大限度地实现最好后果来确定的。对于个人观点和非个人观点,后果主义理论和谢夫勒的混合理论存在两个方面的差别。第一,在对待非个人的最好后果上,后果主义理论认为行为者应当实现最好后果,谢夫勒的混合理论则认为行为者可以而不是应当实现最好后果。后果主义用非个人的最好后果为行为者设定了义务,行为者有义务去实现那些能够产生最好后果的行为。谢夫勒则否认了行为者总是有义务去实现后果主义的最好后果,认为行为者在是否实现最好后果上具有选择权(option)。当谢夫勒允许行为者去实现最好后果时,这也意味着谢夫勒允许行为者选择不实现最好后果的行为。所以,尽管

---

① Samuel Scheffler: *The Rejection of Consequentialism*, Oxford, Oxford University Press, 1982, p. 61.

谢夫勒认为自己的理论至少在一点上与后果主义理论是相同的,即都不反对行为者总是选择实现最好后果的行为,但是这种相同之处的作用仅在于使谢夫勒的混合理论与义务论区分开来,因为义务论认为至少在某些情形下,行为者不应当实行某些行为,即使这些行为能够产生最好后果。第二,在对待个人观点上,后果主义理论要求行为者从非个人观点出发,如果个人观点和非个人观点相一致,那么行为者可以也应当实施这一符合个人观点(当然也符合非个人观点)的行动。如果这两种观点发生了冲突,后果主义理论要求行为者牺牲从个人观点来看对行为者更为有利的个人计划。混合理论则一方面允许行为者实行产生最好后果的行为,另一方面允许行为者根据个人观点实行有利于实现个人计划的行为。谢夫勒认为,他的混合理论正是在这一点上体现出了优越性。根据威廉斯对后果主义理论的批评,后果主义的一个问题就在于破坏了行为者的个人完整性。虽然谢夫勒认为后果主义理论可以提出各种理由来反驳个人完整性异议,但是这种异议至少引起了人们的不安。混合理论通过强调个人观点在道德上的独立性,使得行为者可以给予自己的个人计划以与从非个人观点出发的行为者给予自己计划的分量相比不成比例的分量,从而避免了个人完整性异议。

虽然谢夫勒通过承认个人观点在道德上的独立性,避免了个人完整性异议,从而使得他的混合理论显得不那么严苛,但是他必须考虑另外一个问题:混合理论所提出的适度的道德为行为者设置了什么样的义务?到目前为止,混合理论仅仅停留在如下程度:既允许行为者实行基于非个人观点的、产生最好后果的行为,也允许行为者实行基于个人观点的、有利于实现个人计划的行为。但是,当一种理论仅仅是在允许行为者实行某个行为时,它显然没有对行为者提出任何道德上的要求。这显然不符合谢夫勒对适度的道德的理解。在谢夫勒看来,一种适度的道德应当是既向行为者提出了一定的道德要求,同时,这一要求又是有限度的,要低于后果主义所提出的道德要求。所以,谢夫勒的理论需要进一步规定行为者到底面对着什么样的道德要求。谢夫勒通过强调个人观点在道德上的独立性,提出"特权"这一概念,并对特权加以限制,限制行为者对个人计划的追求,从而对行为者提出了一定的道德要求。因为谢夫勒在不同的著作中提出了两种形式的特权观念,所以我们需要对谢夫勒的两个"特权"概念进行分析,审视谢夫勒是否确实向行为者提出了低于后果主义要求的适度的道德要求。

第三节　特权观念及问题

　　谢夫勒认为自己的理论是一种非后果主义理论，并且认为混合理论和义务论不同，因为义务论认为至少在某些情形下，行为者不应当实行产生最好后果的行为。混合理论则认为，行为者在实行产生最好后果的行为方面是没有限制的。谢夫勒想要解决的问题是如何修正后果主义关于正确性的概念，以便完全解决个人完整性异议。① 后果主义关于正确性的概念要求行为者给予个人计划的关心和投入要严格地相称于行为者从非个人立场出发对个人计划的关心和投入。在谢夫勒看来，如果我们将这里的"应当"改成"允许"，行为者就不必总是实行产生最好后果的行为，而是拥有了一种特权。这样一种特权使得行为者可以给予个人计划的关心和投入不相称于从非个人观点来看行为者应当给予个人计划的关心和投入。也即是说，特权允许行为者给予自己的个人计划以较大分量的关注。这样一种特权，谢夫勒称之为"以行为者为中心的特权"（agent-centered prerogative，ACP），因为它"否认行为者在任何情形下所能做的事情被严格限制在从非个人观点来看产生最好的总后果的事情上"②。因此，激发行为者具有这样一种特权的原因是个人观点的独立性。

　　特权的第一种形式，也就是"净成本"（pure cost）形式的特权出现在谢夫勒的《拒斥后果主义》一书中：

　　　　如果后果主义分配给个人的这一产生最佳结果的无限制的责任过分严苛，那么自然的选择就是允许行为者不去产生最佳结果，因为这样做对他们来说代价沉重，难以承担……我相信，与分配给其他人利益的分量相比，一个合理的以行为者为中心的特权会允许每个行为者将某一相称的更大分量分配给自己的利益。它会允许行为者促进他选择的非最佳结果（non-optimal outcome）。当非最佳结果比每一个行为者可以转而促进的较优结果的较差程度，与他促进较优结果所必需的牺牲的程度相比，不会超过规定的比例；如果行为者可能促进的所有非最佳结果据此而被排除，只有在这时，行为者

---

　　① Samuel Scheffler：*The Rejection of Consequentialism*，Oxford，Oxford University Press，1982，p. 14.

　　② Samuel Scheffler：*The Rejection of Consequentialism*，Oxford，Oxford University Press，1982，p. 14.

才必须促进最好的总结果。①

　　我们可以从三个方面来理解谢夫勒的"特权"概念。第一，以行为者为中心的特权"否认一个人总是必须产生最好的总事态"②。既然后果主义的要求过于严苛，面临个人完整性异议，那么只有否认这一过于严苛的道德要求才有可能避免这一异议，从而降低对行为者的要求。在谢夫勒看来，否认后果主义的原则可能产生两种非后果主义理论。一种是一般的义务论。这种观点认为，行为者有时候不被允许产生最好后果。例如，行为者不被允许通过伤害一个人以避免使更多人受到伤害。也就是说，行为者在产生最佳后果上存在约束［谢夫勒称这样的约束为"以行为者为中心的约束"（agent-centered restriction，ACR）］。谢夫勒认为，包含以行为者为中心的约束的义务论的困难在于这一理论无法解释为什么行为者不被允许实行违反行为，即使这样做可以最低限度地减少更多的违反行为。而且后果主义理论包含的"产生最佳后果"的特性是"最大化合理性"（maximizing rationality）的体现。这一最大化合理性概念的核心是"如果一个人相信某个要实现的目标是值得欲求的，并有权在两个选项之间进行选择，其中一个选项肯定比另外一个选项更好地实现目标，那么在其他条件相同的情况下，选择前一个选项使之优先于后一个选项是合理的"③。后果主义理论体现了最大化合理性，但是最大化合理性并非为后果主义所独有。例如，利己主义理论也可以被解释为"一个人应当总是追求自己的最大利益，体现了最大化合理性"④。再如谢夫勒自己提出的混合理论。混合理论的核心是"特权"概念。谢夫勒认为，既然后果主义的要求遇到个人完整性异议，而包含以行为者为中心的约束的义务论又因为有时候不允许行为者产生最佳后果，明显违背了最大化合理性，那么一个行之有效的策略就是，将后果主义的"必须"或者"应当"换成"允许"。谢夫勒的理论就是这样一种理论。这一理论"允许"行为者产生最佳后果，从而避免了个人完整性异议。因为道德理论只是"允许"行为者产

----

　　①　Samuel Scheffler：*The Rejection of Consequentialism*，Oxford，Oxford University Press，1982，p. 20.

　　②　Samuel Scheffler：*The Rejection of Consequentialism*，Oxford，Oxford University Press，1982，p. 5.

　　③　Samuel Scheffler："Agent-centered Restrictions，Rationality，and the Virtues"，*Mind*，New Series，1985，94(375).

　　④　Samuel Scheffler："Agent-centered Restrictions，Rationality，and the Virtues"，*Mind*，New Series，1985，94(375).

生最佳后果，这就意味着行为者可以不去产生最佳后果，而选择其他的行为，如实现自己个人利益的行为。同时，这种理论避免了包含以行为者为中心的约束的义务论所遇到的困难。因为按照谢夫勒的理论，只要行为者愿意，他就总是可以选择去促进最佳后果。因此，与后果主义理论和包含以行为者为中心的约束的义务论相比，谢夫勒认为自己的理论避免了其他两种理论的困难，显示出优越性。

第二，与对其他人利益的关注相比，以行为者为中心的特权允许行为者给予自己的利益更大分量的关注，这是特权观念的核心。"每一个行为者都有权向自己的计划和承诺投入精力和关注，这一精力和关注与他们从非个人观点所投入的精力和关注相比是不成比例的。"①按照谢夫勒的理解，后果主义理论要求行为者从非个人的、不偏不倚的角度来决定是否采取行动。如果某个选项可以产生最佳后果，那么即使这一行为没有给予行为者自己的利益更大的关注，而是与给予其他人利益的关注相同，行为者也必须选择这一选项。按照特权观念，行为者当然可以选择这一选项，但是也可以选择其他非最佳选项，从而给予自己的利益更大关注。后果主义理论也可以为行为者向自己的利益投入更大的精力和关注进行辩护，但是这一辩护与特权观念对关注个人利益的辩护是不同的。后果主义之所以同意行为者更多关注个人利益，只能是因为这样做能产生最佳后果。也就是说，对个人利益的关注仅仅是产生最佳后果的一种手段。特权观念之所以允许行为者对个人利益有更大关注，则是基于一种前面所提到的个人观点：每个人都有自己的观点，从这一观点出发，行为者实行规划，发展计划，观察事件，从而生活着。② 正是个人观点在道德上的独立性保证了行为者有权选择非最佳选项，对个人利益投入更多的精力和关注。

第三，如果谢夫勒的特权观念仅仅是"允许"行为者选择产生最佳后果或者实现个人利益的选项，那么他的理论尚未对行为者提出道德要求，也就谈不上道德要求的严苛与否了。因此，谢夫勒需要对行为者的选择进行限制。谢夫勒确实认为他所提出的特权是一种有限制的特权："以行为者为中心的特权会系统地允许人们在一定的限度内，向他们的计划和

---

①　Samuel Scheffler：*The Rejection of Consequentialism*，Oxford，Oxford University Press，1982，p. 14.

②　Samuel Scheffler：*The Rejection of Consequentialism*，Oxford，Oxford University Press，1982，p. 36.

承诺投入精力和关注，并且这样做可能从整体上促进最好的总后果。"①
既然行为者既可以促进最佳后果，也可以对个人利益投入更大的关注和
精力，那么从这两个方面进行限制也就构成了对行为者可能的道德要求。
但是，谢夫勒显然反对对行为者促进最佳后果的选项进行限制，因为行
为者总是可以促进最佳后果。因此，提出道德要求的唯一可能就是：限
制行为者的特权，即限制行为者对个人利益的追求。事实上，对行为者
追求个人利益进行限制，完全是有必要的。如果所有的行为者都按照后
果主义的原则来行动，他们之间是不可能有道德冲突的，因为他们的目
标是一致的：产生最佳后果。不同行为者基于特权的选项却有可能发生
冲突，至少包含两个方面：当有的行为者选择促进最佳后果，有的行为
者选择追求个人利益时，如果这两个选项不可能同时实行，冲突就可能
发生；当不同的行为者都追求个人利益时，如果他们的个人利益不一致，
而且不可能同时实现，冲突也有可能发生。这样，谢夫勒就需要为解决
这些冲突提供有效的方案。在上述引文中，谢夫勒已经通过限制行为者
对个人利益的追求而对行为者提出了要求。

我们可以通过一个例子来理解谢夫勒的理论对行为者提出了什么样
的要求。假设行为者可以给予自己利益的分量是给予其他人分量的 M
倍，面临两个选项。选项 A 是产生最佳后果的选项，选项 B 是实现行为
者个人利益的选项(产生非最佳后果的选项)。行为者选择 B 给其他人带
来的损失是选择 A 给行为者带来的损失的 M 倍以上。在这种情况下，如
果行为者除此之外再没有其他选项，那么行为者不仅总是可以选择产生
最佳结果的选项，而且必须选择产生最佳结果的选项。也就是说，如果
行为者的非最佳选项带给其他人的损失超过行为者的最佳选项带给行为
者自己的损失一定倍数，那么行为者必须选择最佳选项。

谢夫勒指出了在某些情形下，行为者必须选择最佳选项，这就是他
对行为者提出的道德要求。这一要求是通过限制行为者的特权，使其对
个人利益的关注保持在一定限度内而提出来的。通过限制行为者的特权，
谢夫勒避免了自己的理论蜕变为利己主义：行为者在某些情形下不许选
择实现个人利益的选项，而是必须牺牲自己的利益来促进最佳后果。但
是这一限制并没有有效地解决不同利益之间的冲突问题。首先，这一限
制没有消除不同行为者利益之间的冲突。例如，某个非最佳选项带给其

① Samuel Scheffler: *The Rejection of Consequentialism*, Oxford, Oxford University Press, 1982, p. 17.

他人的损失少于行为者促进最佳后果带给自己的损失某个规定倍数，行为者就可以基于特权选择这一选项，从而实现个人利益。现在有两个行为者基于各自的特权都可以选择这一选项，但是两个行为者不可能同时选择这一选项，这样他们之间的利益就会发生冲突。谢夫勒对特权的限制并没有指出如何消除这一冲突。其次，这一限制没有消除行为者个人利益和最佳后果之间的冲突。如果某个行为者在特权范围之内选择某个选项可以实现个人利益，而另外一个行为者选择这个选项可以实现最佳后果，当这两个行为者分别希望实现个人利益和最佳后果，并且这两个选项又只能由一个人实行时，他们之间也会发生冲突。谢夫勒对特权的限制同样没有办法消除这一冲突。这表明，在《拒斥后果主义》中，谢夫勒通过限制特权所提出的要求不足以消除不同个人利益之间、个人利益和最佳后果之间的冲突。

在《没有约束的特权》一文中，谢夫勒提出了特权的第二种形式，即"非伤害"(no-harm)形式。非伤害形式的特权仍然允许行为者促进最佳后果，允许行为者给予其个人利益更大的关注，但是当行为者追求非最佳后果时，不被允许实行伤害别人的行为。谢夫勒称这种伤害为"非最佳伤害"(non-optimal harming)。这表明，谢夫勒并不是一般地反对伤害行为。如果伤害行为能够产生最佳后果，那么伤害仍然可被允许；如果伤害行为只能产生非最佳后果，那么伤害行为就是不被允许的。

谢夫勒之所以要提出非伤害形式的特权，是因为他提出的净成本形式的特权面临着来自谢利·卡根的批评。卡根认为："这样一个特权不仅允许行为者放任伤害，还允许行为者在追求他们的计划时实施伤害（谢夫勒欣然允许最佳的伤害）。因为这一特权只对其他人损失的数量敏感，而对这一损失是否是由这一行为者的行为引起的不敏感。"[①]假设行为者可以给予自己利益的分量是给予其他人分量的 M 倍，而行为者实行伤害其他人的非最佳行为带给其他人的损失少于行为者实行最佳行为带给自己的损失 M 倍，那么基于净成本形式的特权，行为者仍然可以实行伤害其他人的非最佳行为。

对于伤害行为，后果主义的态度是：是否应当实行伤害行为，这取决于伤害行为是否产生了最佳后果。如果伤害行为没有产生最佳后果，那么行为者就不应当实行伤害行为。包含以行为者为中心的约束的义务

---

① Shelly Kagan："Does Consequentialism Demand too Much?"，*Philosophy and Public Affairs*，1984(13).

论的态度是：禁止伤害行为，即使伤害行为会产生最佳后果。按照非伤害形式的特权，谢夫勒的态度是：如果伤害行为产生了最佳后果，那么伤害就是允许的；如果伤害行为产生了非最佳后果，只要这一伤害行为未使其他人的损失超过行为者实行最佳行为给自己带来的损失的规定倍数（假设是 M 倍），那么伤害也是允许的。反之，则不允许行为者实行伤害行为。按照净成本形式的特权，在伤害问题上，与后果主义理论和包含以行为者为中心的约束的义务论相比，谢夫勒的理论对行为者的要求是最低的，因为他的理论允许非最佳伤害，而其他两种理论都禁止非最佳伤害。

谢夫勒并没有停留在这一观点上，他希望表明伤害和放任伤害之间存在着巨大的差别，这种差别使他可以修正自己的理论，允许行为者在促进非最佳后果时放任伤害而禁止行为者实行伤害。我们来考虑这样两个选项：一个选项是杀死行为者富有的叔叔以继承一万元，另一个选项是拒绝为了阻止一个人杀死行为者的叔叔而支付一万元。① 卡根认为，谢夫勒净成本形式的特权没有办法对这两个选项做出区分，因为这两个选项的后果是一样的：行为者拥有的一万元以及行为者叔叔的死亡。如果谢夫勒允许行为者放任伤害行为，而且行为者选择放任伤害所产生的非最佳后果（如果这一放任伤害的选项是产生最佳后果的选项，谢夫勒当然允许行为者选择这一选项；如果这一选项是产生非最佳后果的选项，那么按照净成本形式的特权，只要这一非最佳选项给其他人带来的损失没有超过最佳选项给行为者带来损失的某个倍数，这一放任伤害的非最佳选项就是可允许的），他就必须允许行为者实行产生同样非最佳后果的伤害行为。也就是说，净成本形式的特权没有在产生同样非最佳后果的两个选项（伤害和放任伤害）之间做出区分。

谢夫勒认为，卡根的批评存在令人误解的地方。在其他条件相同的情况下，杀死一个人和放任一个人死亡所产生的结果是不一样的。这表现在两个方面。第一，行为者杀死一个人和放任一个人死亡所付出的成本（cost）是不一样的。行为者杀死一个人，不只是得到一万元，他所承受的还包括"各种各样的东西，从来自担心、恐惧、羞愧、耻辱、厌恶、自暴自弃、良心的惩罚性攻击，到被社会排斥的危险、被异化的爱、监禁和经济上的破产，再到人格的和过一种实现个人抱负的生活的能力的

---

① Samuel Scheffler："Prerogatives Without Restrictions"，*Philosophical Perspectives*，1992(6).

完全扭曲"①。在放任一个人死亡的情形中，为了保有一万元，一个道德上敏感的人可能会基于愧疚而产生痛苦，但是这种痛苦非常不同于行为者在第一种情形中所遭受的各种严厉的惩罚。也就是说，为了这一万元，行为者在后一种情形中付出的成本远大于在前一种情形中所付出的成本。因此，"和卡根所认为的相反，以行为者为中心的特权似乎允许行为者保有第一个一万元，而不允许行为者杀死叔叔以便继承第二个一万元"②。第二，其他人因为行为者杀死一个人和放任一个人死亡所付出的成本是不一样的。我们可以通过区分直接后果和间接后果来理解这一点。即使杀死一个人和放任一个人所造成的直接后果是一样的，它们的间接后果也是很不一样的。如果每个人都被允许伤害其他人而不必遭受惩罚，那么所有人的人身安全都得不到保障。如谢夫勒所说："这样的杀害其不可避免的结果是产生恐惧、冲突和不信任，会破坏文明、公民秩序和社会和谐的脆弱结构。"③卡根的观点没有反映这两个方面，所以是令人误解的。

卡根的观点是否令人误解，这不是笔者所关注的。重要的是他指出了净成本形式的特权所面临的问题：这一形式的特权允许非最佳伤害，而无论是后果主义还是包含以行为者为中心的约束的义务论都反对这种非最佳伤害，因此净成本形式的特权会受到其他两种观点的批评。如果谢夫勒想要继续坚持净成本形式的特权，他就必须提出另外的理由来反驳后果主义和义务论的批评，而不是仅仅坚持净成本形式的特权允许非最佳伤害。谢夫勒采取了另外的策略：通过非伤害形式的特权来避免其他两种观点的批评。在谢夫勒看来，净成本形式的特权并不是特权的唯一形式，特权甚至可以采取利己主义的形式。所以，如果非伤害形式的特权可以比净成本形式的特权更好地解决问题，避免批评，那么特权当然可以采取非伤害这一形式。

在谢夫勒看来，与净成本形式的特权相比，非伤害形式的特权仍然允许行为者产生最佳结果，这就避免了包含以行为者为中心的约束的义务论所面临的困难：包含以行为者为中心的约束的义务论无法提出令人满意的理由来解释为什么行为者有时候不被允许产生最佳后果。同时，

---

① Samuel Scheffler："Prerogatives Without Restrictions"，*Philosophical Perspectives*，1992(6).

② Samuel Scheffler："Prerogatives Without Restrictions"，*Philosophical Perspectives*，1992(6).

③ Samuel Scheffler："Prerogatives Without Restrictions"，*Philosophical Perspectives*，1992(6).

非伤害形式的特权也避免了净成本形式的特权所面临的困难：净成本形式的特权有时候允许行为者实行非最佳伤害。

那么非伤害形式的特权是否比净成本形式的特权对行为者提出了更高的要求呢？显然不是。因为非伤害形式的特权并不是在净成本形式的特权的基础上对行为者的个人利益进行限制。按照净成本形式的特权，行为者之所以不被允许实行某个非最佳行为，是因为这个行为给其他人带来的损失超过了行为者实行最佳行为给行为者自己带来损失的某个倍数；如果没有超过这个倍数，即使这个行为伤害了其他人（非最佳伤害），也是被允许的。按照非伤害形式的特权，行为者之所以不被允许实行某个非最佳行为，是因为这个行为伤害了其他人（非最佳伤害）。即使这个行为给其他人带来的损失没有超过（甚至远低于）行为者实行最佳行为给自己带来损失的某个倍数，行为者也不被允许实行这个行为。由此可知，这两种形式的特权在外延上是交叉的，非伤害形式的特权提出的要求并不一定高于净成本形式的特权对行为者提出的要求。谢夫勒之所以要用非伤害形式的特权来代替净成本形式的特权，也并不是因为非伤害形式的特权对行为者提出了更高的要求。

在讨论净成本形式的特权时，笔者指出了它所面临的问题：净成本形式的特权无法解决不同行为者的利益之间、行为者个人利益和最佳后果之间的冲突问题。非伤害形式的特权也面临这一问题：不同的行为者按照非伤害形式的特权，可以选择某个选项来实现自己的利益。当行为者不可能同时选择这一选项时，行为者之间也可能发生冲突。如某个行为者选择某个选项（不是非最佳伤害的选项）可以实现非最佳后果，另外一个行为者选择这个选项可以实现最佳后果，当两个人分别希望实现非最佳后果和最佳后果，而又不可能同时选择这一选项时，他们之间也会发生冲突。

不仅如此，非伤害形式的特权还面临新的问题：假设行为者实行非最佳伤害的行为给其他人带来的损失非常小，而促进最佳后果给自己带来的损失非常大，那么行为者为什么不可以通过实行这一非最佳伤害，来避免自己的巨大损失呢？按照非伤害形式的特权，行为者是可以实行这一非最佳伤害的。在对待非最佳伤害的态度上，非伤害形式的特权表面上与后果主义是一致的。这两种理论都禁止行为者实行非最佳伤害。但后果主义理论之所以反对非最佳伤害，是因为这一理论禁止行为者实行所有的非最佳选项。非最佳伤害是非最佳选项中的一种，所以也被禁止实行。后果主义这一根据肯定是谢夫勒所不赞同的。谢夫勒之所以反对非最佳伤害，显然不是因为它产生了非最佳后果，而是因为谢夫勒允许产生非最佳后果的非伤害行为。所以，谢夫勒需要解释为什么非最佳伤害选项是不被允许的，而非最佳的非伤害选项是被允许的。这就意味着谢夫勒需要在非最佳伤害和非最佳的非伤害之间进行区分，并指出这一区分的根据。

通过分析非最佳伤害与非最佳的非伤害，我们可以将这个问题与道德理论中一个很重要的区分联系起来。这个区分就是伤害与放任伤害的区分。非最佳的非伤害可以分为两类。一类是只与行为者本人有关，行为者实行某个行为，行为者的这一选择并没有与其他人的利益发生冲突。例如，行为者选择在自己的房间里看书，这一情形下的选择没有与其他人的利益发生联系，所以不会产生冲突，也就不需要道德理论进行调节。另一类是行为者的选择不仅与行为者有关，而且直接关系到其他人的利益，并与其他人的利益发生冲突。例如，行为者选择在自己的房间里看书，房间外发生了伤害行为。如果行为者有能力到房间外救人却没有救人，而是继续选择看书，这时行为者的选择就可以被表述为"放任伤害"。这样，谢夫勒实际上需要在产生非最佳后果的伤害选项和放任伤害选项之间做出合理的区分。

谢夫勒提供了两个理由。第一个理由上文已经提及，即"与不去为了阻止伤害而付出代价相比，为了利益而伤害其他人通常既对行为者较为不利，而且其他人的损失更大"①。第二个理由是对伤害的禁止比对阻止伤害的要求（也就是不放任伤害）具有准实践（quasi-practical）的优势。"前者比后者更容易教导、内化和遵守。而且，对伤害的禁止有助于区分'道德责任'的概念。这一概念和我们的能动性与因果责任（causal responsibility）的自然概念平稳地结合在一起。"②

第一个理由显然是不充分的。行为者为了自己的个人利益而伤害其他人，会对受害者不利，但是对受害者以外的其他人未必不利。只要行为者和受害者以外的其他人的利益是一致的，行为者的伤害行为就对受害者以外的其他人有利。第二个理由也是不充分的。从人们更容易接受某个要求（禁止伤害），无法推出这一要求优先于人们不容易接受的其他要求（不允许放任伤害，或者救助的要求）。对于利己主义者来说，利己

---

①　Samuel Scheffler："Prerogatives Without Restrictions"，*Philosophical Perspectives*，1992(6).

②　Samuel Scheffler："Prerogatives Without Restrictions"，*Philosophical Perspectives*，1992(6).

主义理论似乎更容易接受和遵守，但这并不表明利己主义的要求优先于其他要求。

既然非伤害形式的特权禁止所有的非最佳伤害，而允许非最佳的放任伤害，这就表明按照非伤害形式的特权，非最佳的伤害与非最佳的放任伤害之间存在质的而非量的差别。即使非最佳伤害产生了比非最佳的放任伤害更好的后果，实行非最佳伤害也是不被允许的。因此，非最佳伤害并不是因为伤害行为的后果而是因为行为本身而被禁止的，这一原因是非后果主义的。但是，我们可以通过一个例子来表明，这一原因并非来自行为本身。也就是说，非最佳伤害行为并不是基于行为自身的原因而被禁止的。假设有三个选项，A 是产生最佳后果的选项，B 是产生非最佳后果的放任伤害选项，C 是产生非最佳后果的伤害选项，其中 C 选项要比 B 选项产生更好的后果。按照非伤害形式的特权，行为者可以选择 A，也可以选择 C，但是不被允许选择 B。现在，因为某种原因，A 选项已经不可能实行，行为者只可能在 B 和 C 之间进行选择。这样，C 就成为两个选项中的最佳选项，而 B 还是非最佳的放任伤害选项。按照非伤害形式的特权，行为者可以选择 C，因为 C 是最佳选项。这样一来，在一种情形中行为者可以选择 C，而在另一种情形中又被禁止选择 C。由此可知，非伤害形式的特权允许行为者实行伤害行为 C 并不是基于行为 C 自身。因此，非伤害形式的特权禁止非最佳伤害的原因无论具体内容是什么，其性质都是成问题的。

总之，非伤害形式的特权面临着和净成本形式的特权同样的问题，而且无法解释为什么禁止非最佳伤害，所以也不是令人满意的特权形式。

在对特权观念的不同论述中，谢夫勒并没有试图为某一种具体的特权形式进行辩护。例如，在解释为什么要采取非伤害形式的特权时，谢夫勒认为，这一问题仍然是开放的。[①] 在谢夫勒看来，如果能够表明一般意义上的特权是可以辩护的，那么对特权的具体形式的辩护就是一个次要问题了。即使特权的具体形式（无论是净成本形式的特权还是非伤害形式的特权）存在问题，谢夫勒仍然可以通过提出新的特权形式来解决这一问题。所以，我们需要看一下谢夫勒是否为特权做了充分的辩护。

我们知道，谢夫勒之所以要提出"特权"概念，一个主要目的是解决后果主义对行为者要求过于严苛，因而面临个人完整性异议这一问题。

---

① Samuel Scheffler："Prerogatives Without Restrictions"，*Philosophical Perspectives*，1992(6).

以行为者为中心的特权通过允许行为者给予其个人利益不成比例的关注和投入，"合理地限制个人的责任"①，因而降低了对行为者的要求。但"特权"概念并不是一个自我充分的概念，至少在后果主义者看来，行为者没有这样的特权。谢夫勒认为，行为者之所以具有这样的特权，是基于上文所提到与非个人观点相区别的个人观点："拥有一种个人观点通常包含关注个人的计划和承诺。这种关注与个人的计划和承诺在总体的、非个人的总数额中所占的分量相比，是不成比例的。"②这样一来，行为者看待问题就有两种不同的观点。基于非个人观点，行为者可以选择产生最佳后果的选项。这一策略被称为"最大化策略"（maximization strategy）。基于个人观点，个人可以拥有以行为者为中心的特权，这一特权允许行为者不必总是选择产生最佳后果的选项，允许向个人利益投入更大的精力和关注，从而将个人从后果主义的严苛要求中解放出来。谢夫勒称之为"解放策略"（liberation strategy）。这两个策略是相互独立的，一个策略并不依赖于另一个策略。但这两个策略并不总是一致的，对个人利益的追求和对最佳后果的追求总是可能发生冲突。面对这种冲突，后果主义理论可以通过优先追求最佳后果来解决，而利己主义理论可以通过优先考虑个人利益来解决。但是谢夫勒的特权却包含两个方面：既允许行为者促进最佳后果，也允许行为者促进个人利益。当这两个方面发生冲突时，任何一方都无法取得优势地位。虽然谢夫勒对行为者追求个人利益的行为进行了限制，但是前文的论述表明，这些限制并没有为行为者设置足够的要求，使行为者能够有效消除这一冲突。进一步而言，即使行为者产生最佳后果的选项和促进个人利益的非最佳选项没有冲突，那么当行为者需要在这两个选项之间做出选择时，行为者究竟基于什么动机选择了其中一个选项而不是另外一个选项，这也不是特权能够解释的。

特权面临的另外一个问题是无法为行为者的积极义务提供有效的辩护。按照后果主义的观点，行为者基于产生最佳后果这一目标所拥有的义务不仅包括消极义务（如不伤害别人的义务），也包括积极的救助（使别人免于伤害和损失）或者行善（捐助）义务。如本书前面所表明的，按照净成本形式的特权，如果行为者的非最佳选项带给其他人的损失超过行为

① Samuel Scheffler: *The Rejection of Consequentialism*, Oxford, Oxford University Press, 1982, p. 20.

② Samuel Scheffler: *The Rejection of Consequentialism*, Oxford, Oxford University Press, 1982, p. 62.

者实行最佳选项带给行为者自己损失的一定倍数，而且没有别的非最佳选项可以选择，那么行为者必须履行最佳选项。如果救助或行善属于这种情形下的最佳选项，那么救助或行善就是行为者必须履行的积极义务。按照非伤害形式的特权，如果救助和行善是最佳选项，非最佳选项是伤害行为，行为者又没有别的选项可选，在此情形下，救助和行善是行为者的积极义务。

有必要指出的是，谢夫勒通过限制特权为行为者设定的积极义务极其有限。以非伤害形式的特权为例，只有当行为者仅能在最佳的救助选项和非最佳的伤害选项之间做出选择时，行为者才有义务实行最佳救助行为。但通常在这两个选项之外还存在另外的选项：行为者不作为，既不救助，也不实行伤害行为。这样，救助就不是行为者的义务了。谢夫勒并没有明确指出行善这样的行为可以是行为者的积极义务，而是认为，当一个人愿意为了更大的善牺牲自己的个人目标时，这个人的行为就是职责以外的（supererogatory）。如果行为者将后果主义的目标视为自己的个人目标，那么行善这样的行为就成为实现个人目标的手段了。①

我们可以通过一个类似电车难题的例子来表明，按照谢夫勒的观点，行为者并没有行善或者救助这样的积极义务。在这个例子中，行为者面临两种选择，通过改变电车方向来伤害一个人而救活五个人，并且受害者受损轻微，如皮肤擦伤；或者不伤害这个人而放任五个人死去。按照后果主义理论，行为者应当实行最佳行为，即伤害一个人而救活五个人。按照谢夫勒的观点，行为者依然可以不选择伤害这个人（当然也可以伤害）。因此，行为者没有义务去救活五个人。我们甚至可以设想一个更为极端的例子。行为者不需要任何代价就可以改变电车方向，使其离开当前轨道，从而避免五个人被杀死，而电车改变轨道后驶向的另外一条轨道上没有任何人。行为者的另外一个选择是做他原来的事情，如看书，放任这五个人死去。在这两个选择中，第一个选择显然能产生最佳后果，第二个选择产生非最佳后果。按照谢夫勒的观点，无论按照哪一种形式的特权，行为者都是"可以"而不是"必须"去产生最佳后果的。如果行为者选择产生最佳后果，那不是因为行为者将此视为他的义务，而是因为他将此视为他的个人目标或者仅仅是分外善行。这样，在伤害和放任伤害这两种情形中，谢夫勒认为，行为者仅有的义务是不应当实行非最佳

---

① Samuel Scheffler：*The Rejection of Consequentialism*，Oxford，Oxford University Press，1982，p. 22.

伤害。对于最佳伤害，谢夫勒的态度是允许。对于放任伤害，谢夫勒的态度似乎也是允许。也就是说，谢夫勒并不认为行为者有义务阻止其他行为者的伤害行为。无论是净成本形式的特权还是非伤害形式的特权，它们都没有将积极的救助或者行善视为行为者的义务，也没有像后果主义那样具有一个准则，由这一准则来确定哪些救助行为是行为者的义务，哪些不是。但是正如墨菲所说："我们大多数人都相信，富有的人——或者至少他们的代表机构——必须做点事情。"①即使像康德这样的义务论者也认为行为者不仅具有完全义务，而且具有行善这样的不完全义务。因此，如果谢夫勒仅仅将积极的救助或者行善当作分外善行，那么他就必须面对如下的尴尬局面：当行为者没有对他轻而易举就可以施救的人进行救助，而是放任其死亡时，谢夫勒的理论仍然允许行为者的这一选择。

　　基于以上两点，我们可以认为，谢夫勒对特权观念的辩护是不充分的，因为它没有为个人利益之间、个人利益和最佳后果之间的冲突提供有效的解决方法，而且没有为积极义务提供有效的辩护。

　　谢夫勒的特权观念与后果主义相比，确实降低了道德要求，但是却陷入了另外一个困境：特权观念设置了过低的道德要求。它赋予行为者极大的特权：行为者可以而不是必须产生最佳后果，可以给予自己的利益不成比例的关注（实行对自己而不是对其他人有利的行为）。谢夫勒通过限制特权而为行为者设置的义务仅仅是：按照第一种特权形式，如果行为者所有的非最佳选项都使其他人的损失不成比例地大于行为者的利益，那么行为者必须实行最佳选项。按照第二种特权形式，行为者在实行非最佳选项时不能伤害其他人。这两种要求都不足以解决行为者的个人利益之间、个人利益和最佳后果之间的冲突。谢夫勒的特权观念无法有效解决道德冲突问题，根源在于这一观念既允许行为者实现个人利益，又允许行为者促进最佳后果，而这两个方面有可能是冲突的。当冲突发生时，双方都没有压倒对方的优势。同时，特权观念也无法为行为者的积极义务提供有效的辩护。这表明不但谢夫勒为特权提出的两种形式不能令人满意，而且特权观念本身也是有问题的。谢夫勒要么需要对特权做进一步的修正，要么就得放弃这一观念。

---

　　① Liam Murphy：Moral *Demands in Nonideal Theory*，Oxford，Oxford University Press，2000，p. 5.

第三章　非后果主义的视角

第一节　非后果主义的约束

　　按照谢夫勒的混合理论，行为者具有以行为者为中心的特权。这一特权允许行为者给予自己的个人计划以不成比例的关注，使得行为者可以不必总是实行产生最好后果的行为。这样，混合理论就避免了后果主义对行为者提出的过于严苛的道德要求。但是，正如前文所述，谢夫勒通过限制特权为行为者设置义务的做法，并没有成功地指出，行为者在促进善上到底具有什么样的义务，这也就使得行为者促进善的行为完全成为分外善行。这显然完全背离了谢夫勒的本意，因为他提出适度的道德，是为了表明一方面行为者具有帮助别人的义务，另一方面行为者并不用必须实行产生最好后果的行为。但谢夫勒无法仅仅通过限制特权来为行为者设定促进善的义务。所以在这一章，我们需要考虑另外一种观点。这一观点认为，存在对后果主义道德要求的约束，且这一约束使行为者有时候不应当实行产生最好后果的行为。

　　义务论者是这一约束的拥护者。通常的义务论认为，有时候行为者实行产生最好后果的行为是错误的。谢夫勒将义务论的约束称为"以行为者为中心的约束"。"这些约束否认存在非与行为者有关的（non-agent-relative）原则，按照这一原则，将好事态从最好到最坏进行排列，使得产生按此顺序排列的最好的、可获得的好事态总是可允许的。"①同我们对以行为者为中心的特权的理解一样，我们也可以通过以行为者为中心的约束对后果主义的态度来理解这一概念。同以行为者为中心的特权一样，以行为者为中心的约束也反对后果主义关于行为正确性的标准，即以某个行为是否实现了最好后果来判断这个行为正确与否。不同的是，以行为者为中心的特权总是允许行为者实行产生最好的后果，以行为者为中心的约束则认为行为者有时候不被允许实行产生最好后果的行为。

---

　　① Samuel Scheffler：*The Rejection of Consequentialism*，Oxford，Oxford University Press，1982，p. 2.

　　以行为者为中心的约束与以行为者为中心的特权都否认了后果主义关于行为正确性标准：一个行为的正确性取决于实行这个行为所产生的后果。但是，以行为者为中心的特权通过否认后果主义的行为正确性标准所得出的结论是：行为者不必总是实行产生最好后果的行为。这意味着有时候行为者可以实行产生最好后果的行为以外的行为，如实现符合个人计划但不是产生最好后果的行为。以行为者为中心的约束通过否认后果主义的行为正确性标准得出的结论是：行为者有时候不应当实行产生最好后果的行为。这意味着行为正确性标准和行为的后果之间并没有必然的联系，行为者或者有时候应当实行产生最好后果的行为，或者有时候不应当实行产生最好后果的行为。

　　谢夫勒对这样一种以行为者为中心的约束提出了批评。在他看来，以行为者中心的约束与以行为者为中心的特权相比，存在诸多问题。一个主要问题就是，坚持以行为者为中心的约束有时候会导致行为者不被允许实施某些行为，"即使这意味着因此将会出现更多同等分量的行为或者令人反对的事"①。义务论所面临的这一问题被称为"义务论的矛盾"（paradox of deontology）。一方面，义务论的支持者认为，行为者不应当为了追求后果主义的最好后果（或者其他原因）而违反以行为者为中心的约束，这表明了以行为者为中心的约束的绝对性；另一方面，如果违反以行为者为中心的约束是错误的，那么最低限度地减少对以行为者为中心的约束的违反似乎就是正确的。但是这两个方面有可能是矛盾的，因为有时候要实现最低限度地减少对以行为者为中心的约束的违反这一目的，需要行为者违反一项以行为者为中心的约束。如果义务论者坚持以行为者为中心的约束的绝对性，就不会允许通过违反一项以行为者为中心的约束以便最低限度地减少对以行为者为中心的约束的违反；如果义务论者允许行为者以最低限度地减少对约束的违反为目的，那么他就会允许行为者通过实施违反一项以行为者为中心的约束的行为来实现这一目的。所以，如果义务论者同时赞同这两个方面，就会陷入矛盾之中。那么，行为者是否被允许通过实行一个违反约束的行为以便最低限度地减少违反约束的类似行为？一般来说，义务论者倾向于认为，行为者不应当违反一项约束，即使对这项约束的一个违反可以最低限度地减少对此项约束更多数量的违反。谢夫勒设想了三种可能的理由，并认为这三

---

　　① Samuel Scheffler: *The Rejection of Consequentialism*, Oxford, Oxford University Press, 1982, p. 82.

种理由都是不充分的。

第一，义务论者可能会认为，行为者之所以不能通过对约束的一个违反来最低限度地减少对约束更多数量的违反，是因为对约束的违反会产生负价值（disvalue）。在谢夫勒所举的例子中，如果行为者 A1 没有通过伤害一个无辜者 P1 违反一项约束，那么行为者 A2、A3、A4、A5、A6 将会分别通过伤害和 P1 同样的无辜者（P2、P3、P4、P5、P6）违反这一约束。如果义务论者以违反一项约束 R（假设这一约束是不应当伤害别人）会产生非常高的负价值为理由，禁止 A1 伤害 P1，那么这至多解释了行为者为什么不能违反一项约束（因为这样做会产生负价值），而并没有解释 A1 为什么不能通过伤害 P1 来避免 P2、P3、P4、P5、P6 受到 A2、A3、A4、A5、A6 的伤害，因为 A2、A3、A4、A5、A6 伤害 P2、P3、P4、P5、P6 同样产生了非常高的负价值。所以，谢夫勒认为："诉诸对约束 R 的违反所产生的负价值无力解释为什么当行为者违反约束 R 将会阻止五个同样的对约束 R 的违反时，行为者违反约束 R 的行为是错误的。"[①]基于同样的理由，谢夫勒认为，以"人是不可违背的"或"人是自身目的（end-in-itself）"而不是手段"等为理由，也都是不充分的。这种对价值的诉诸"只能为后果主义的假设或者后果主义的安排提供动机支持"[②]。

第二，义务论者可能会以个人观点的独立性为理由：既然个人观点的独立性可以为以行为者为中心的特权提供动机上的理由，那么它也可以为以行为者为中心的约束提供动机上的理由，因为它们都以行为者为中心。但谢夫勒认为，尽管以行为者为中心的特权和以行为者为中心的约束都以行为者为中心，但是为以行为者为中心的特权提供动机支持的个人观点的独立性并不能为以行为者为中心的约束提供动机支持。基于个人观点独立性的以行为者为中心的特权使得行为者可以不必总是实行产生最好后果的行为，这就使行为者可以给予自己的个人计划以不成比例的关注。谢夫勒认为，既然以行为者为中心的特权已经足以使行为者从后果主义的道德要求中摆脱出来，给予自己的个人计划以足够的分量，那么行为者就不需要越过"解放策略"再去接受以行为者为中心的约束。按照谢夫勒的理解，个人观点的独立性仅仅要求道德理论允许行为者实

---

① Samuel Scheffler: *The Rejection of Consequentialism*, Oxford, Oxford University Press, 1982, p. 87.

② Samuel Scheffler: *The Rejection of Consequentialism*, Oxford, Oxford University Press, 1982, p. 90.

行产生非最佳后果的行为,这一行为给予个人计划以较大分量。但是个人观点并不会禁止行为者去实行产生最好后果的行为。而按照以行为者为中心的约束,行为者有时候不被允许实行产生最好后果的行为。因此,个人观点的独立性并不能为以行为者为中心的约束提供动机上的支持。而且,个人观点的独立性并没有排除这样的可能性:个人观点和非个人观点有时候是一致的,如行为者将行善作为自己的个人计划,那么在这种情形下,后果主义所要求的最好后果也就是行为者本人所要实现的个人计划,以行为者为中心的特权当然不会禁止行为者实行这样的行善行为。但是如果这一行为违反了某个义务论的约束,以行为者为中心的约束却有可能禁止行为者实行这样的行为。

　　第三,义务论者可能会提出这样的理由:行为者之所以不能通过违背一项约束以便最低限度地减少对同一约束更多数量的违反,是因为伤害和放任伤害、意欲伤害和预见伤害这些不同类型的行为之间存在道德上重要的差异。这一道德上重要的差异不允许行为者通过违背一项约束以便最低限度地减少对同一约束更多数量的违反。假设义务论的约束是不应当伤害别人,行为者现在面临两个选项。选项一:行为者通过实施伤害行为(违反一项约束),从而最低限度地减少更多数量的同类伤害行为(最低限度地减少对同一约束更多数量的违反)。选项二:行为者没有实施伤害行为(没有违反约束),从而放任了更多数量的同类伤害行为的发生(没有最低限度地减少对同类约束的违反)。义务论者认为,行为者应当选择第二个选项,因为实施伤害要比放任伤害具有更显著的道德重要性。这样,义务论者就将义务论的矛盾转化为这样一个问题:为什么行为者在违反约束(从而减少对同一约束更多数量的违反)和放任更多对同一约束更多数量的违反(不违反约束)之间应当选择放任对约束的违反而不是违反约束。在谢夫勒看来,这基于一个义务论的观点:"人们常说,行为者特别要对自己的行为负责任,其次才对自己没有阻止别人的行为负责任(如果有责任的话)。"①这一观点对于解决义务论的矛盾并没有帮助。当义务论者不允许行为者通过实施伤害以最低限度地减少更多数量的同类伤害时,实际上就是认为行为者的个人责任(不实施伤害)比更大的善(这一善是通过最低限度地减少更多数量的同类伤害而得到的)更重要,所以义务论者仍然需要解释为什么行为者的个人责任比行为者

---

① Samuel Scheffler: *The Rejection of Consequentialism*, Oxford, Oxford University Press, 1982, p. 102.

放弃这一个人责任而避免更多的伤害更重要。

可以看出，谢夫勒对义务论约束的反对是基于后果主义立场的反对。谢夫勒认为，义务论没有办法合理解释为什么行为者不能通过违反一项约束来最低限度地减少对同类约束的违反。义务论的约束至多只能解释为什么我们不应当违反一项约束，即或者因为违反这一约束产生了负价值；或者因为对约束的违反伤害了被害人，侵犯了被害人的权利；或者因为没有将被害人当作目的，而仅仅当作手段。谢夫勒认为，义务论者虽然可能会提出各种理由来为义务论的约束进行辩护，但在解决后果主义理论要求过于严苛这一问题上，他所提出的以行为者为中心的特权还是优于义务论的约束的。也即是说，以行为者为中心的特权允许行为者给予自己的个人计划以较大分量的关注，这就使得行为者不必总是实行产生最好后果的行为，即使这一行为可能会不利于行为者的个人计划。这样，一方面义务论的约束缺少动机上的支持，另一方面义务论的约束对行为者所提出的道德要求并不一定低于后果主义的道德要求。如果行为者违反了义务论的约束，那么有可能要付出比后果主义要求更高的牺牲。基于这两个方面的原因，以行为者为中心的特权在限制后果主义的道德要求上优于义务论的约束。

如果谢夫勒所提出的以行为者为中心的特权可以得到合理辩护，能够向行为者提出适度的道德要求，从而有效地回应后果主义要求的严苛性问题，那么我们就有理由认为，特权观念确实优于义务论的约束。但是，谢夫勒的特权理论并没有实现他的目的，因为他并没有为行为者设立一种适度的道德：一方面行为者不必总是实行产生最好后果的行为，另一方面行为者具有适度的义务。也即是说，特权理论不足以为行为者设置行善或者救助这样的积极义务。这样，通过特权理论所提出的要求就可能走向另外一个方向：它为行为者设定了一个过低的道德要求，以至于在处理不同行为者个人计划之间的冲突时无能为力。所以，尽管义务论的约束向行为者提出的道德要求有可能高于后果主义的道德要求，因而显得更为严苛，但我们还是需要考察它向行为者提出的约束是否合理。首先，我们需要分析义务论和后果主义对"价值"概念的不同理解。正是基于对"价值"概念的不同理解，义务论者才会不认可后果主义将实现最好后果作为行为正确性的唯一标准。其次，我们需要分析义务论所认为的不同行为之间的有差异的道德重要性。如果确实存在这样的差异，这些差异就构成了对后果主义行为正确性的约束，使后果主义的道德要求成为不合理的要求，也使义务论者可以据此反对关于义务论的要求过

于严苛的指责。最后，我们需要分析另外一种类型的义务论。这种理论
区别于谢夫勒所提出的以行为者为中心的义务论观点，而是一种被称作
"聚焦于受害者"（victim-focused）的观点。这一观点认为，行为者的义务
应当是聚焦于受害者的，而不是以行为者为中心的。通过对这些观点的
考察，笔者希望表明，基于义务论的理由，义务论在行为者的积极义务
方面有可能提出比后果主义更加严苛的要求；如果缺少义务论的理由，
义务论者向行为者提出的要求又过低，甚至行为者是否具有救助或者行
善的义务都会成为问题。所以，义务论者不应当以后果主义提出过于严
苛的要求为理由来反对后果主义。

第二节　两类不同的道德要求

后果主义认为，一个行为正确与否取决于实行这个行为是否能够实现
最好后果。我们可以将后果主义的这个要求称为"促进善的要求"。例如，
佩蒂特在谈到后果主义理论时认为："后果主义是这样一种观点，无论个人
或者制度上的行为者（institutional agent）接受的价值是什么，对这些价值的
合适的回应就是促进这些价值。"①以和平这一价值为例，如果行为者认为
和平是一种有价值的东西，那么从后果主义的角度来看，对待和平的适
当方式就是最大限度地促进这一价值。佩蒂特以罗素为例说明了后果主
义的这一观点。罗素是一位和平主义者，因在第一次世界大战中反对英
国卷入战争而被捕入狱。但是在第二次世界大战中，他却支持英国参战，
因为"热爱和平（他认为英国人应当是热爱和平的）意味着去做和平所要求
的一切事情，尽管热爱和平也意味着避免对和平的目标毫无帮助的战
争——大多数战争确实无助于和平，但它也包含着要进行那些对长远的
和平前景有必要的战争，尽管进行这些战争也是不情愿的"②。

在义务论者看来，后果主义的这一要求不足以为行为者提供行动的
全部道德理由。义务论者认为，如果行为者确定了一种价值，那么对这
一价值的合理回应并不一定就是促进这一价值，而是存在许多其他的回
应方式。例如，巴龙就认为，对价值的合理回应方式有可能是例示这些
价值；其他价值可能要求行为者尽可能多地产生价值；还有一些价值可

---

①　Peter Singer: *A Companion to Ethics*, Oxford, Basil Blackwell, 1991, p. 231.

②　Marcia Baron, Philip Pettit and Michael Slote: *Three Methods of Ethics: A Debate*, *Great Debates in Philosophy*, New Jersey, Wiley-Blackwell, 1997, p. 126.

能通过限制行为者实行某些违背这些价值的行为来使行为者尊重这些价值。① 尽管可能存在许多回应方式，但是对于义务论者来说，最为重要的方式应当是对价值的尊重。如果我们认为某个事物有价值，而且是一种非工具意义上的价值，那么按照义务论的观点，行为者应当尊重这一价值，而不是去违背这一价值。我们可以将义务论对行为者的这一要求称为"基于尊重（honor）的要求"。如果将"促进"和"尊重"看作行为者实现道德目的的两种方式，那么"促进"强调的是行为者要通过积极行动去实现道德目的，"尊重"则要求行为者不能实行损害被尊重的对象的行动。

前面的论述已经表明，从适度的道德的立场来看，后果主义向行为者提出了过于严苛的要求。虽然这种批评并没有合理的辩护，但是至少从直觉上看，后果主义确实会向行为者提出非常严苛的要求。同样，我们需要分析义务论是否也会向行为者提出严苛的要求。如果义务论也向行为者提出了严苛的要求，那么我们需要分析义务论为这一要求所做的辩护。如果这一辩护是不合理的，那么义务论不但不能以后果主义的要求过于严苛为理由来批评后果主义，而且还会因为自己提出了过于严苛的不合理的要求而受到批评。

事实上，无论是促进善的要求还是基于尊重的要求，都有可能要求行为者付出一定的代价：或者放弃自己的个人计划，或者牺牲自己的个人利益。义务论者需要解决的问题是，行为者是否在任何情形下都必须忍受巨大的损失来尊重义务论对行为者干涉其他人所做出的约束。义务论者对这一问题的回答并不一定是肯定的，他们可能认为，如果行为者确实具有另外的义务论理由来避免自己的牺牲，那么就会被允许采取一定的行动来避免巨大的损失，而这一行动可能会违反某个义务论的约束。义务论者至少需要承认，行为者有时候必须忍受巨大的损失来避免违背义务论的约束。例如，假设行为者是一个白血病患者，通过骨髓库找到了可以为自己移植骨髓的志愿者。但是当他找到这个志愿者，希望他捐献骨髓时，志愿者以自己的生命可能受到伤害为理由拒绝了行为者的要求。在此情形下，即使行为者知道，捐献骨髓对于捐献者来说损失不大，更不会危及捐献者的生命，而行为者如果不进行骨髓移植，生命就会受到威胁，行为者也不应当采取某种措施，强迫志愿者捐献骨髓，甚至不应当指责对方的拒绝。

---

① Marcia Baron, Philip Pettit and Michael Slote, *Three Methods of Ethics*: *A Debate*, *Great Debates in Philosophy*, New Jersey, Wiley-Blackwell, 1997, p. 23.

　　后果主义可以通过诉诸行为的后果来解释行为者为什么不应当采取强制措施，因为这样做会产生更坏的后果。行为者采取强制措施强迫别人捐献骨髓所产生的后果并不仅仅是骨髓捐献者的身体受到了很小的伤害，还包括捐献者因为被强迫所受到的心理伤害，这一强迫行为对其他人产生的负面影响，等等。如果这一强迫行为是被允许的，那就意味着类似的强迫行为甚至更为严重的行为都是允许的，会对其他人产生相应的负面影响。但是后果主义者并不认为，如果遵守这一义务论的约束可以避免自己较大的牺牲，行为者不可以为了自己的个人计划违反义务论的约束。我们以许诺为例。假设行为者答应去看望生病的朋友，但是在要履行承诺而前去探望的时候接到通知，需要先完成一件事情。这件事情对他非常重要，如果行为者执意履行自己的承诺，那么很可能会丢掉自己的工作。在此情形下，按照后果主义的观点，行为者的正确选择是放弃自己的承诺而去完成需要完成的那件事情。

　　和后果主义的理由不同，义务论者认为，行为者之所以有时候不应当为了自己的个人计划而违背义务论的约束，并不是因为这一行为产生了坏的后果，而是因为这一行为违背了作为自身目的的人的不可违背性（inviolability）。我们至少可以从两个方面来理解这一观点。首先，我们不应当违背"不伤害人"这样的约束，因为无论是行为者还是作为行为接受者的被害者都具有不可违背性这样一种特性。这种不可违背性是人的一种资格，是人之为人的价值的体现，而且这种不可违背性似乎应当是一种非后果主义的价值，我们不应当像后果主义比较两个不同后果那样来比较人的不可违背性。例如，我们不能够说一个人的不可违背性小于两个人的不可违背性，也不能说一个人某个器官的不可违背性小于另外一个人的生命的不可违背性。同样，我们不能像促进后果主义的最好后果那样促进人的不可违背性，只能通过不违反义务论的约束来尊重这种不可违背性。因此，卡姆认为："如果我们在某种意义上是不可违背的，我们就是比可被侵犯的生命更重要的生命；这样一种更高的地位本身对我们有益。作为人，我们的权益（福利这样一些普通利益的容纳者）更值得被满足。这个世界在某种意义上是一个更好的地方，因为有更为重要的生命存在其中。"①

　　其次，对于如何才能实现这样一种不可违背性，卡姆认为，这需要

---

　　①　F. M. Kamm: "Non-Consequentialism, the Person as an End-in-Itself, and the Significance of Status", *Philosophy and Public Affairs*, 1992, 21(4).

行为者遵守义务论的约束，不违背其他人的权利，尽管这种违背有利于实现行为者的个人计划，或者有利于实现后果主义的最好后果。在卡姆看来，相对于后果主义促进善的要求来说，人的不可违背性是一个更基础的概念，人基于不可违背性所具有的价值是一种比后果主义价值更根本的价值。"这一价值已经存在于人所拥有的不可违背的身份中。确保这一价值就提供了一个背景，在这一背景下我们可以寻求人们的福利或追求其他价值。"①人的不可违背性也解释了行为者为什么不被允许违背一个人的权利（一项义务论的约束）以便最低限度地减少对更多人的权利的违背。卡姆认为，这是因为当行为者在违背一个人的权利时，不仅仅是这一个人的权利受到了侵损，而是包括行为者本人在内的所有人的权利都受到了侵损，或者说他们的不可违背性被降低了。"如果一个人得到了违背别人的合法自由权利，这个人也就失去了不可违背性，他在重要性的层次上下降了（就像狮子在重要性程度上比人低）。（此处我们并没有包含对违背的可允许性，理由是重要性程度的降低并不表示这一生命是较不重要类型的生命，如这一生命应受惩罚。）一个人自由地违背他人的权利，并不会使他在地位方面得到任何东西，反倒会失去不可违背性。"②也即是说，如果行为者实行某个违背受害者权利的行动可以得到辩护，那就意味着包括行为者在内的其他人的权利可以被随意地违背。因此，卡姆得出结论，在不可违背性的基础上，我们可以认为"一个人不但必须以产生最好的事态为代价，而且必须以自身为代价遵守这些约束，即使自身避免这样的代价是有权选择不促进总体善的充分理由"③。

尽管"不可违背性"是一个极为重要的概念，但是卡姆并不认为这是一个绝对的概念，而是一个非绝对的概念。卡姆认为，人的不可违背性不必是绝对的，这至少表现在两个方面：其一，某人可能在一个方面（生命）而不是在另一个方面（头发）是不可违背的；其二，不可违背性的程度或维度是可变的。不可违背性的程度可以通过如下标准进行衡量：在我们超过一项权利之前，其他人必定处于多么糟糕的命运之中，或者可能有多少人将遭受糟糕的命运（命运的糟糕程度或者处于糟糕命运

① F. M. Kamm："Non-Consequentialism, the Person as an End-in-Itself, and the Significance of Status", *Philosophy and Public Affairs*, 1992, 21(4).

② F. M. Kamm："Non-Consequentialism, the Person as an End-in-Itself, and the Significance of Status", *Philosophy and Public Affairs*, 1992, 21(4).

③ F. M. Kamm："Non-Consequentialism, the Person as an End-in-Itself, and the Significance of Status", *Philosophy and Public Affairs*, 1992, 21(4).

中的人数）。①

　　现在我们需要比较后果主义和义务论对行为者的要求，以便确定义务论者是否会以后果主义提出过于严苛的要求来反对后果主义理论。虽然后果主义要求行为者实行产生最好后果的行为，义务论要求行为者遵守义务论的约束，但是这两种要求都有可能要求行为者为了各自的要求而承受巨大的损失（或者放弃自己的个人计划，或者牺牲自己的个人利益），因而都有可能是严苛的要求。所以，义务论者并不会一般地以后果主义要求过于严苛为由来反对后果主义理论。我们需要区分不同的情况。

　　第一种情况是，义务论的要求和后果主义的要求是一样的。也即是说，遵守义务论的要求同样产生了最好后果。在这种情况下，两种理论都不会以对方要求过于严苛来指责对方，同样也都会要求行为者为了遵守道德要求做出牺牲。

　　第二种情况是，义务论的要求要比后果主义的要求更为严苛。也即是说，义务论要求行为者做出更为巨大的牺牲。我们来考虑一个关于承诺的例子。假设行为者向某个慈善机构承诺，要向该机构捐助一笔款项。但是在做出这个承诺之后，因为某个行为者无法左右的原因，他在经济上出现困难。如果继续履行原来的承诺，行为者自己的生活质量将会低于一般人的水准，甚至继续恶化。在这种情况下，如果履行承诺是一个绝对的义务论原则，那么行为者就应当将承诺的款项捐助给慈善机构，虽然这会使他在经济上变得困难。但是，按照后果主义的要求，比如按照辛格的要求，行为者虽然有捐助的义务，但是这个义务不应当使行为者本人的生活质量低于一般的水准。也即是说，行为者并不需要继续履行原来的全部承诺，而是可能应当继续履行原来承诺的一部分，因为这样做在后果主义者看来会产生最好后果。在这一情况下，虽然义务论者可以继续批评后果主义理论，但是不应当以后果主义的要求过于严苛为理由。

　　第三种情况是，义务论的要求低于后果主义的要求。这是义务论者乐于指出的情形。例如，在谈到道德理论的严苛性时，巴龙认为，义务论可以避免严苛性异议：

　　　　因为我们在道德上并不需要最大限度地实现人类的幸福，只是

———————
　　① F. M. Kamm: *Intricate Ethics*: *Rights*, *Responsibilities*, *and Permissible Harm*, Oxford, Oxford University Press, 2007, p. 255.

需要认真对待，将其视为向我们提出了一个规范的要求，试图（以某种方式）促进这一幸福。承诺促进其他人的福利可以通过许多方式得到表达。一个昆虫学家会允许自己对昆虫的入迷影响自己的职业选择，而不是仅仅根据最能促进人类福利这一理由来选择工作。康德的伦理学允许我们在遵守完全义务和不完全义务的前提下实行自己的个人计划。①

　　一方面，义务论者要求行为者至少在某些情形下不应当实行那些产生后果主义的最好后果的行为，因为这些行为违反了义务论的约束；另一方面，义务论者认为，在没有违反义务论约束的前提下，行为者有权利（谢夫勒称之为"特权"）实行有利于实现个人计划的行为。因此，如果义务论者想表明自己向行为者所提出的要求是合理的要求，需要做两个方面的工作。第一，义务论者需要表明当义务论提出比后果主义理论更为严苛的要求时，义务论的要求仍旧是合理的。也即是说，"为什么与最大限度地实现善所承受的损失相比，我们必须忍受更大的损失以避免违反约束"②。义务论者是通过对两种不同类型的行为的区分来证明这一点的。如果他们能够成功地表明杀死和放任死亡、意欲伤害和预见伤害等不同的类型之间确实存在道德上重要的差异，那么义务论的约束确实优先于促进善的要求。第二，义务论者承认行为者具有谢夫勒所说的"特权"，也就是说，在实现个人计划和促进善之间，行为者有权给予自己的个人计划以更大分量的关注和投入。但是正如个人计划的实现和义务论的约束之间存在冲突，个人计划的实现和促进善之间也存在冲突的可能。和谢夫勒的理论一样，如果义务论者仅仅赋予行为者特权，那就意味着如果行为者放弃个人计划而促进善时，仅仅是出于个人的意愿，因为行为者也可以出于个人的意愿选择实现个人计划而放弃促进善。如果义务论者认为在没有违反义务论约束的情形下，行为者没有义务去促进善，那么促进善的行为就是行为者的分外善行。如果义务论者认可这一观点，那么义务论就同谢夫勒的混合理论那样陷入了新的困境：在促进善上，它为行为者设置了过低的道德要求，使行为者没有任何义务去实施救助或者行善这样的行为。除非行为者不实行这样的行为会违反义务论的约

①　Marcia Baron, Philip Pettit and Michael Slote: *Three Methods of Ethics: A Debate*, *Great Debates in Philosophy*, New Jersey, Wiley-Blackwell, 1997, p. 20.

②　F. M. Kamm: *Intricate Ethics: Rights, Responsibilities, and Permissible Harm*, Oxford, Oxford University Press, 2007, p. 17.

束，如行为者承诺过要实行救助或者行善，否则所有的救助和行善行为
就都是分外善行。所以，接下来我们需要分析两个问题。一个问题是不
同类型的行为之间是否存在道德上重要的差异，另一个问题是义务论是
否会为行为者有义务实行救助或者行善的行为提供合理的理由。

第三节   道德重要性上的差异

义务论者需要表明对后果主义的要求存在约束。一个策略是，表明
两类选择之间存在道德重要性上的差异，这种差异使行为者在面临这两
类选择时不能以选择的后果来决定实行哪一个选择所规定的行为（或者不
作为）。如果存在这样的约束，那么当行为者面临这样两个选择，即一个
选择是遵守约束而没有促进善，另一个选择是违反约束而促进善，义务
论者就可以以这两个选项之间存在道德重要性上的差异为理由，要求行
为者遵守约束而不去促进善。如果这两个选择同时要求行为者承担巨大
的损失，义务论者可以以义务论的约束具有更大的道德重要性为理由，
要求行为者选择遵守义务论的约束而不去促进善。

我们先来分析一个雷切尔斯所举的关于杀死和放任死亡的例子。这
个例子有两种情形。在第一个情形中，史密斯会因为六岁的表弟出事而
获利。一天晚上，当表弟在洗澡时，史密斯潜入浴室淹死了他，并且处
理了现场，使表弟的死看上去像是一场意外事故。在第二个情形中，和
史密斯一样，琼斯也会因为六岁的表弟出事而获利。一天晚上，琼斯潜
入浴室，计划在表弟洗澡时将其淹死。然而，琼斯进入浴室后，看到表
弟因滑倒而撞伤了头，并落入水中。琼斯很高兴，准备在必要的时候将
表弟的头按入水中。但事实上，他的表弟很快就自己淹死了。琼斯目睹
了这一切，没有采取任何措施。①

雷切尔斯认为，第一个例子属于"杀死"，第二个例子属于"放任死
亡"。那么，这两种情形存在道德重要性上的差异吗？或者说，杀死的情
形比放任死亡的情形更糟糕吗？雷切尔斯认为不是，第二个例子中的琼
斯并不应当比第一个例子中的史密斯承担较少的责任。在这两个例子中，
琼斯和史密斯都是基于同样的动机和个人私利而行动的，并且都是基于
同样的目的而行动的。如果我们从史密斯的行动中推论出他是一个坏人，

---

① James Rachels: "Active and Passive Euthanasia", Steinbock, Bonnie, Norcross, Alastair
(eds.), *Killing and Letting Die*, New York, Fordham University Press, 1994, p. 115.

那么从琼斯的行动中也可以得出同样的结论。

雷切尔斯的理由并不令人满意，因为在这两种情形中，雷切尔斯首先假定了斯密斯和琼斯具有相同的利己动机。如果行为者在采取行动时基于其他动机，那么情形是否会有所不同？雷切尔斯又考虑了一个安乐死的例子。在安乐死的情形中，一个病人因为一种无法治疗的喉癌而即将死去。这种癌症给病人带来了可怕的痛苦，而且这种痛苦不可能得到有效的缓解。病人必定会在几天之内死去，即使目前治疗仍在继续。因为痛苦难以忍受，病人不想再继续活下去。他请求医生结束自己的生命，并且他的家人也提出了这一请求。在安乐死的情形中，医生面临两个选择：一个选择是"杀死"病人，另一个选择是放任病人死去。医生无论做出哪一个选择，都不是为了自己，而是基于人道的理由。雷切尔斯认为，在安乐死的情形中，医生选择杀死病人和选择放任病人死亡这两者之间并不存在道德重要性上的差异。如果医生基于人道理由而放任病人死亡，那么他所处的道德处境和他基于人道理由为病人提供致命的注射剂时所处的道德处境是一样的。①

通过以上例子，我们可以看出，后果主义者认为杀死和放任死亡本身并不存在道德重要性上的差异。我们可以将这一观点称为"等价观点"（Equivalence Thesis）②。卡姆认为，后果主义的这一等价观点是错误的。杀死和放任死亡之间，或者伤害（harming）和不帮助（not aiding）之间存在道德重要性上的差异：杀死的道德重要性比放任死亡的道德重要性大。也就是说，行为者杀死一个人要比放任这个人死亡负有更大的道德责任。卡姆认为，后果主义的等价观点违反了人们的道德直观。为了表明这一观点是错误的，义务论者必须找出杀死和放任死亡之间的道德差异，以表明等价观点的错误。卡姆改动了雷切尔斯的一个例子，区分了两种不同情形（"澡盆案例"）③：

B1：我将一个小孩推入澡盆中，淹死他，以便获得遗产。（杀死）

B2：一个小孩滑入澡盆。我可以轻易将他救起，但是我没有这样做，因为我想要继承遗产。（放任死亡）

① James Rachels："Active and Passive Euthanasia"，Steinbock，Bonnie，Norcross，Alastair（eds.），*Killing and Letting Die*，New York，Fordham University Press，1994，p. 116.

② F. M Kamm：*Intricate Ethics：Rights，Responsibilities，and Permissible Harm*，Oxford，Oxford University Press，2007，p. 17.

③ F. M Kamm：Morality，*Mortality，Vol. Ⅱ：Rights，Duties，and Status*，New York，Oxford University Press，1996，p. 18.

卡姆认为，我们可以通过一个检测来区分这两种情形的道德重要性。假设行为者在这两种情形中的行为在道德上都是错误的，那么我们显然可以采取行动来阻止行为者这样做。但是假设道德上允许杀死 B1 中的行为者，使他落入水中，从而救出小孩，那道德上显然不允许杀死 B2 中的行为者，使他落入水中，从而救出小孩。我们为了阻止两种情形中的行为者的行动（作为或不作为）所被允许采取的行动是不一样的。这就表明，这两种情形中行为者的行动在道德重要性上是不一样的。

在卡姆看来，这个检测仅仅表明了杀死和放任死亡之间确实存在道德重要性上的差异，但是并没有解释为什么这两类情形是不一样的。卡姆的策略是追问在这两类情形中，作为受害人的小孩失去了什么。在杀死的情形中，受害人失去的是独立于行为者而存在的生命；在放任死亡的情形中，受害人失去的是依赖于行为者的救助行为而存在的生命（如果行为者不救助，小孩就会死去）。失去独立于行为者而存在的生命比失去依赖于行为者的救助而存在的生命在道德评价上更为严重。在杀死的情形中，是行为者通过积极的作为使受害人失去了独立于行为者而存在的生命，行为者的做法违背了受害人的不可违背性。卡姆认为，不可违背性是人之为人的一种身份或地位，而人之所以具有不可违背性，是因为人是自身目的：即使没有引起更大的善，人也是有意义的。行为者不被允许为了实现更大的善（为了救助更多的人而杀死一个人）而违背人的不可违背性，也不被允许通过违背一项权利将对权利的总的违背降到最低限度。当行为者违背一个人的权利时，意味着其他人的权利都有可能被违背，这也就降低了其他人的不可违背性。

谢夫勒在批评以行为者为中心的约束时，认为这一约束与以行为者为中心的特权相比，没有动机上的支持，因为后者基于个人观点的独立性，允许行为者给予个人计划以较大分量的支持。这既为行为者提供了行动的理由，又限制了后果主义的道德要求。因此，以行为者为中心的特权足以达到限制后果主义要求和给予个人计划以较大关注的目的，而以行为者为中心的约束在实现这一目的上就显得多余。但是，我们可以看出，义务论者使用义务论约束对后果主义的道德要求进行限制时，并不是想以此给予行为者自己的个人计划以较大关注，而是要表明，当行为者按照后果主义的道德要求采取行动时，行为者的行动不能侵犯与这一行动无关的其他人的权利。卡姆认为，当我们强调其他人权利的不可违背性时，义务论约束所关心的中心已经从行为者本人转移到权利受到侵犯的被害人上。据此，卡姆将自己的理论称为"聚焦于受害者"的理论：

"我所给出的关于杀死和放任死亡之间差异的这一解释，严格地说是聚焦于受害者的。也即是说，它要看受害者是否只是失去了本来可以经由杀死他或者放任他死亡的人的帮助而拥有的东西。这和另外一种方法形成了对比，这一方法聚焦于行为者行动还是不行动。"①如果义务论者将义务论的约束理解为聚焦于行为者的约束，那么在解释为什么杀死要比放任死亡具有更大的道德重要性时会认为，在杀死的情形中，行为者通过自己的能动性（agency）使得这一行为发生，因此应当为自己的行为负责；在放任死亡的情形中，行为者并没有通过自己的能动性使得死亡的情形发生，也就是说，该行为是由其他人引起的，所以应当是引起行为的人而不是行为者本人对行为负责。当面临两个选项（一个是由行为者自己负责的选项，另一个是由其他人负责的选项）时，行为者应当选择那个由自己负责的选项。在杀死和放任死亡的情形中，这两个选项是：不杀死一个人而放任更多人的死亡；杀死一个人而避免更多人的死亡。这种聚焦于行为者的解释面临的问题是：是否行为者在所有的情形下都应当首先选择那个自己应当负责的选项而不是并非由自己负责的选项。一个很明显的例子是：行为者向生病的朋友承诺去看望他，路上看到一个小孩被推入水中。实施这一行为的人并没有救助，而且没有其他人可以对小孩实施救助。按照聚焦于行为者的观点，小孩落水这一事件不是由行为者引起的，所以并不应当对这一行为负责，而是对由自己引起的承诺负有责任。因此，行为者应当去履行承诺而不是去救助小孩。

卡姆认为自己聚焦于受害者的约束优于以行为者为中心的约束（卡姆将这一约束称为"聚焦于行为者的约束"，因为这一约束关心的是行为者本人的行动或者不行动）。这表现在两个方面。一方面，聚焦于受害者的观点将关注的中心转移到受害者而不是强调行为者本身的能动性。这样，如果在某些情形中，行为的接受者并不是人，而是其他对象，如一件艺术品，那么行为者完全可以通过损害艺术品以减少对更多同类艺术品的损害（对更多同类物品的损害不是由行为者本人引起的）。按照聚焦于行为者的观点，行为者应当对自己的行为负责，因此不应损害一本书，即使这样做能减少对更多同类艺术品的损害。聚焦于受害者的观点则避免了这一问题，因为这一情形中并没有作为受害者的人，所以反对者用"义务论的矛盾"来指责义务论是不成立的。

---

① F. M. Kamm：*Intricate Ethics：Rights, Responsibilities, and Permissible Harm*，Oxford，Oxford University Press，2007，p. 20.

　　另一方面，聚焦于受害者的约束可以化解义务论的矛盾。义务论的反对者认为，既然违反义务论约束是一件坏事，那么最低限度地减少对这一约束的违反当然是一件好事，但是义务论者并不允许行为者违反一项义务论约束以最低限度地减少对同类约束更多数量的违反。如前文所述，卡姆认为，行为者之所以不能这样做，是因为当行为者违反一项约束时，他违背的不仅仅是一个人的不可违背性（对权利的违背），而是所有人的不可违背性。如果行为者的行为是可允许的，那么所有人都将被允许受到违背。因此，在分析为什么不能杀死一个人以使五个人免于被杀时，卡姆的解释是："是他的权利，而不是我的能动性构成了道德约束，其他五个人具有相同的权利，这一事实并没有降低对我遇到的这一个人的权利的违背所施加的约束。"①

　　卡姆认为自己的理论成功地表明了杀死和放任死亡之间存在道德重要性上的差异。这一差异既能通过一定的检测方法检测出来，又能通过聚焦于受害者的理论得到证明。这一道德重要性上的差异使行为者应当遵守约束，不应当通过杀死一个人来救活更多的人，也使行为者在面临巨大损失时，虽然仍然应当遵守义务论的约束，但是可以不实施促进善的行为从而避免遭受损失。

　　我们知道，义务论者区分杀死和放任死亡这两类情形在道德重要性上的差异，是为了表明后果主义的道德要求存在约束。但是义务论者在分析后果主义者对这两类情形的态度时却采取了简单而令人误解的理解方式。在义务论者看来，后果主义者会将杀死一个人和放任一个人死亡所产生的后果视为相同的：都是一个人的死亡。义务论者认为，基于这一观点，后果主义者有可能赞同下述荒谬做法：医生可以摘取健康人的器官（这个人会因此被杀死），分别移植到五个病人身上从而救活他们。因为按照后果主义的观点，杀死和放任死亡没有区别。如果医生这样做了，结果是一个人死去而五个人活下来（医生杀死一个人而救活五个人，折算为四个人活下来）；如果医生不这样做，结果是一个人活着而另外五个人死去（折算为四个人死去）。按照后果主义的计算，杀死一个人以救活五个人当然会比不杀死一个人来救活五个人产生更好的后果，所以医生应当杀死一个健康人以救活五个病人。义务论者的这一理解方式，显然不是后果主义者所能认同的。后果主义者虽然认为杀死和放任死亡之

━━━━━━━━━

① F. M. Kamm: *Intricate Ethics*: *Rights*, *Responsibilities*, *and Permissible Harm*, Oxford, Oxford University Press, 2007, p. 29.

间并没有道德重要性上的差异——这一差异使行为者应当在两者发生冲突的时候选择不杀死的行为，但是后果主义并不会认为杀死一个人和放任一个人死亡所产生的后果是一致的。

卡姆对道德重要性的差异的检测也不足以说明杀死和放任死亡之间存在道德重要性上的差异，它们之间的差异取决于它们所要实现的目的或者产生的后果。我们可以考虑雷切尔斯所举的安乐死的例子。医生基于人道的理由，出于对病人的尊重而对病人实施积极的安乐死。与放任病人死亡相比，积极的安乐死至少减少了病人的痛苦。卡姆的检测显然并不适用于安乐死的情形。而且，卡姆不能以要求安乐死的病人已经同意医生"杀死"自己，所以就不是真正的"杀死"行为为理由，拒绝将这一行为归入"杀死"行为。

卡姆关于道德重要性之差异的区分是否实现了对杀死和放任死亡进行区分的目的，这也是成问题的。卡姆对这两者进行区分，是要表明义务论约束对促进善的行为的优先性。这一优先性不仅表现在当行为者面临两个不同选择时应当遵守义务论的约束，而不是选择促进善，而且表现在当义务论的约束和行为者自己的个人计划发生冲突时，行为者应当放弃个人计划而遵守约束，而当行为者的个人计划和促进善的选择发生冲突时，行为者并不是必须放弃个人计划。

在卡姆看来，当在杀死一个人（而不放任更多的人死亡）和（不杀死一个人而）放任死亡之间进行选择时，行为者应当选择放任死亡，因为行为者如果实行杀死行为，就违背了受害人的不可违背性，进而违背了所有人的不可违背性。我们可以将杀死而不放任死亡的情形理解为救助的情形：行为者通过实施杀死行为而救助更多的人。那么，在这一情形中，行为者救助更多人的行为是什么性质的行为？如果我们排除行为者为了自己的利益而实施救助行为（这一行为也不可能是一个错误行为），那么行为者的救助行为或者是行为者的义务，或者是行为者的分外善行。如果救助行为是行为者的义务，那么行为者面临的两个选择就都是行为者的义务：一个选择是不实施伤害而遵守义务论的约束，另一个选择是（通过实施伤害而）救助更多的人。如果说不实施伤害的义务超过了救助更多人的义务，按照卡姆的观点，这只能是因为行为者一旦实施伤害就会违背受害人的权利，进而违背所有人的不可违背性，而基于不可违背性的义务论约束优于救助更多人的促进善的义务。这至少预设了两个方面的观点。一个观点是义务论约束的绝对性。也就是说，当义务论的约束与促进善的义务发生冲突时，义务论的约束始终优先于促进善的义务。但是，前面的论述已经表明，卡姆本人并不认为不可违背性是绝对的。如果义务论的约束没有这种绝对性，那么至少在某些情形中，促进善的义务要取代遵守义务论约束的义务。如果是这样的话，卡姆就需要为在这些情形下，为什么促进善的义务要超过遵守义务论约束的义务提供一个非后果主义的解释。另一个观点是预设了促进善的义务。如果行为者具有救助这样的促进善的义务，那么义务论者如何给予这样的促进善的义务一个义务论的而不是后果主义的解释？

如果实施救助行为并不是行为者的义务而是分外善行，那么遵守义务论约束的义务对救助行为的优先性就是义务对分外善行的优先性。是否所有的义务论约束都优先于分外善行？卡姆否定了这一点。卡姆认为，义务并不是绝对的，分外善行有时候会超过义务。"在实行一个分外善行的行为时，我们可以不去履行我们的义务……如果我希望救一个人，那么我可以故意违背我的义务，不经过别人允许而开走他的车，作为救人的一个手段，即使这样做会使我冒在一个暴风雨的晚上开车的风险，并且救这个人的生命并不是我的义务。"①

这样，义务论者就面临着两难的处境：如果承认了义务论约束的绝对性，那么他们就难以解释为什么一个人应当放弃看望朋友的承诺而去实施救人这样的行为。如果不承认义务论约束的绝对性，那么他们就必须解释，在什么样的情形下义务论的约束优于促进善的行为，在什么样的情形下促进善的行为可以超过义务论的约束；而且还必须解释，为什么义务论的约束与促进善的行为相比可以超过后者或者被后者超过。

我们再来看义务论约束对促进善行为优先性的第二个方面。卡姆试图表明，与行为者为促进善而承受的损失相比，行为者应当承受更大的损失来遵守义务论的约束。如果这一点是成立的，那么行为者就不应当抱怨自己为了遵守义务论的约束而承受更大的损失。道德理论也不应当要求行为者为了促进善而承受和遵守义务论的约束同样大的损失。也即是说，行为者在损失相同的情况下，应当遵守义务论的约束，可以不去实行促进善的行为。例如，当一个人的生命受到威胁时，他不应当通过威胁其他人的生命来解除自己的生命所受的威胁，但是一个人可以不去通过使自己的生命受到威胁而解除对其他人生命的威胁，因为后者是分外善行。如果道德理论将后者理解为义务，那么行为者就可以认为这个

---

① F. M. Kamm: *Morality, Mortality, Vol. Ⅱ: Rights, Duties, and Status*, New York, Oxford University Press, 1996, p. 315.

理论向自己提出了过于严苛的要求。因此，通过义务论者对后果主义的这一批评，我们可以看出，当义务论者批评后果主义理论过于严苛时，他们是在批评后果主义将原本属于分外善行的行为视为行为者的义务。在讨论谢夫勒的适度的道德时，我们看到，谢夫勒希望通过限制行为者的特权来为行为者设置义务，但是这一限制并不成功。在义务论这里，义务论是通过义务论的约束来限制行为者的特权的。也即是说，行为者在实行实现个人计划的行为时不应当违反义务论的约束。

但是义务论者如何表明行为者具有救助或者行善这样的促进善的义务呢？我们需要对这一问题进行分析。如果义务论确实能够表明行为者具有促进善的义务，而且这一义务是一个适度的义务，那么它就确实显示出了相对于适度的道德或者后果主义理论的优越性。但是如果义务论者没有表明这一点，那么它就陷入了和谢夫勒的理论同样的困境：行为者根本就没有促进善的义务。如果义务论者认为行为者没有促进善的义务，那么所有的救助和行善行为都会成为分外善行。谢夫勒不肯承认这一点，卡姆这样的义务论者也不肯承认这一点。

第四节　促进善的义务的证明

义务论者认为，一般情况下我们不应当通过伤害一个人来避免更多的人受到伤害，因为对一个人的伤害违背了他的不可违背性，进而违背了所有人的不可违背性。如果我们可以不必通过伤害某个人来避免其他人受到伤害，那么行为者是否有义务这样做？如果行为者有义务这样做，道德理论要求行为者这样做的依据又是什么？在后果主义者看来，行为者之所以具有救助或者行善的义务，是因为行为者这样做有助于实现最佳后果，或者促进善，但是这并不是说行为者在任何情况下都有义务去实行救助或者行善的行为。如果行为者这样做对实现自己的个人计划造成了过分损害，后果主义理论会对行为者的个人计划和其他人的利益进行权衡，使得行为者不需要为了其他人的利益而过分损害或者完全放弃自己的个人利益（当然，如果行为者自己的个人计划就是实现其他人的利益，那么行为者和其他人之间也就没有冲突了）。义务论者反对将后果主义的最好后果作为行为正确性的标准，那么就需要为促进善的义务找到合理的根据。如果义务论者找不到这样的根据，就只能将促进善的行为都归入分外善行的范围。如果任何促进善的行为都不是行为者的义务，那么不仅是后果主义理论，就是适度的道德也会被这样的义务论者归为提出严苛要求的道德理论，因为适度的道德同样认为行为者具有一定的促进善的义务，只不过这种义务被限制在一定的范围之内。

卡姆认为，义务论者会从两个方面寻找理论上的精神来源。一个方面是康德的伦理学，另一个方面是罗斯的伦理学。在康德的伦理学那里：

> 有些非后果主义者为康德的绝对命令的第二个公式所吸引。这一公式规定我们应当总是将自己和其他人的合理人性（rational humanity）视为自身目的，而绝不只是手段。有些非后果主义者则被康德完全义务和不完全义务的区分吸引。人被认为具有一种特殊的无条件的价值——这一价值独立于服务任何人（包括他们自己）的目的，独立于他们所处的特殊情境——这一价值使得他们值得被尊重。仅仅计算每一个人在一种后果主义的总体善中的利益，虽然能从字面意义上将人与机械工具相区分，但是并不足以保证我们将某个人视为康德意义上的自身目的。相反，人们认为，在康德的意义上，如果我是自身目的，那么这一事实能够约束甚至控制通过自身目的来最大限度地实现总体善。①

我们可以看到，义务论者在证明"不伤害"这样的义务论约束时，利用了康德"人是目的"这一思想。如果将人当作目的，而不仅仅是手段，那么我们不会通过实施伤害这样的违背"人是目的"这一思想的行为来达到其他目的。但是，"人是目的"这一论点可以支持义务论的约束，却对促进善的义务的证明没有帮助。当义务论者诉诸"人是目的"这一论点时，他们要证明的恰恰是当义务论的约束和促进善的行为发生冲突时，行为者应当首先遵守义务论的约束，即使行为者这样做会使自己遭受更大的损失。如果义务论者也用"人是目的"来证明行为者具有促进善的义务，那么就意味着义务论的约束和促进善的行为的依据都是"人是目的"这一论点，义务论者也就不能以"人是目的"来表明义务论约束对促进善的行为的优先性了。例如，在杀死和放任死亡的情形中，如果不伤害和救助更多的人都可以通过"人是目的"这一论点得到证明，那么行为者就不能以"人是目的"这一论点来证明行为者不应当通过实施杀害行为来救助更多的人。所以，如果义务论者想要从康德的理论中找到促进善的义务的

---

① F. M. Kamm: *Morality*, *Mortality*, *Vol. II*: *Rights*, *Duties*, *and Status*, New York, Oxford University Press, 1996, p. 12.

依据，他们就只能求助于康德关于完全义务和不完全义务的区分。在《伦理学讲稿》中，康德对完全义务和不完全义务的界定如下：

> 义务（duty）是出于责任（out of obligation）的行动的必然。完全义务就是遵守意志原则的义务，完全义务的反面不可能成为普遍的法则；不完全义务就是那些由原则（principium）产生的行为，这一原则是，我们应当能够意愿我们行动的准则成为普遍的法则。所有的完全义务和不完全义务都既内在于我，又外在于我。对于完全义务，我会问它们的准则是否将善作为普遍的法则。对于不完全义务，我会问我是否也意愿这样一个法则应当成为一个普遍的法则。①
>
> 完全义务是这样的义务，与它们相反的不可能成为普遍的法则。不完全义务是这样的义务，与它们相反的是可能的，但是我不可能意愿它们成为这样一个普遍的法则。②

在康德看来，一个行为是否具有道德价值取决于这个行为是否是"按照义务的动机去履行的行动"（actions done from the motive of duties），而不是取决于这个行为是否是"符合义务的行动"（actions conforming to duties）。也就是说，行为者的行为要具有道德价值，这个行为必须是基于义务的动机做出的，而不是基于行为者的倾向（inclination）。行为者的倾向，如欲望、情感、冲动，与人的理性相比都是可变的。如果行为者依据自己的倾向行动，那么行为者既有可能做出符合道德要求的行为，也有可能做出不符合道德要求的行为。因此，即使行为者基于自己的个人倾向做出了符合道德要求的行为，他的行为也仅仅是符合义务的行动（这一行动不考虑行为者的动机是否出于义务的动机），而不是按照义务的动机去履行的行动。基于这一理解，不论是完全义务还是不完全义务，它们得到的价值都取决于它们是否是按照义务的动机去履行的行动。以行善这一不完全义务为例。如果一个富人不是基于义务的动机，而是为了博取好名声或者自己事业的发展而实行了行善的行为，那么我们并不能说他履行了不完全义务。如果我们这样理解康德的不完全义务，不完全义务似乎和"分外善行"这一概念就并不是一致的。巴龙认为："分外善

---

① Immanuel Kant：*Lectures on Ethics*，edited by Peter Heath and J. B. Schneewind，translated by Peter Heath，New York，Cambridge University Press，1997，p. 232.

② Immanuel Kant：*Lectures on Ethics*，edited by Peter Heath and J. B. Schneewind，translated by Peter Heath，New York，Cambridge University Press，1997，p. 233.

行的支持者相信，存在遵循如下标准的行为：这些行为超出义务，并且是道德上好的和值得赞扬的行为。它们超出义务，因为正如海德所说，'履行了超过要求的东西，在行为者被要求或者被期望做的行为之上'，因此是可选择的(optional)。"①尽管不完全义务和分外善行可能具有相同之处，如都是道德上值得赞扬的，并且都不是行为者必须实行的行为，但是我们并不能因此将二者等同起来。巴龙甚至认为："分外善行这一范畴所能做的所有(有意义的)理论工作都能够用康德哲学的基本框架得到处理，甚至可以做得更好。"②因此，康德并不需要分外善行这个特殊范畴。

即使我们认可义务论者可以从康德对不完全义务的说明中找到根据，他们还必须面对这样一个棘手的问题："不完全义务"本身就是一个非常有争议的概念。斯图尔曼在一篇文章中指出，人们对不完全义务还没有提出令人满意的定义。③ 通过这一定义，人们可以清楚地区分完全义务和不完全义务。不仅如此，义务论者还需要对完全义务和不完全义务的关系给出合理的说明。也即是说，当这两种义务发生冲突时，行为者是需要坚持完全义务的绝对性，认为许诺的义务必然要超过行善的义务，还是需要对两者进行权衡？如果行为者坚持认为二者发生冲突的时候，完全义务具有绝对的优先性，那么当一个人对朋友的承诺和救一个人之间发生冲突时，他就应当去履行那个承诺而不是去救人。这不仅在后果主义理论看来，而且在日常道德看来也是难以接受的。如果义务论者认为行为者应当在两者之间进行权衡，而不是简单地承认完全义务的优先性，那么就需要为为什么行为者有时候应当选择完全义务，有时候应当选择不完全义务提供合理的解释。于是，罗斯的直觉主义的义务论就成为解决义务之间冲突的另外一个选择。

一些义务论者认为，义务论要想有效地反对后果主义理论，就必须摆脱后果主义的辩护方式，即对行为的后果所具有的价值进行比较。戴维·迈克诺顿和皮尔斯·罗林认为："只要我们坚持认为，正当的行为是由我们的行为将要产生的中立于行为者的价值数量决定的，那么后果主义就是唯一符合这一观点的描述。许多哲学家没有看到这一观点的力量。

---

① Marcia Baron："Kantian Ethics and Supererogation", *The Journal of Philosophy*, 1987, 84(5).

② Marcia Baron："Kantian Ethics and Supererogation", *The Journal of Philosophy*, 1987, 84(5).

③ Daniel Statman："Who Needs Imperfect Duties?", *American Philosophical Quarterly*, April, 1996.

他们认为义务论可以通过指出后果主义所忽视的某个价值，在基本的后果主义体系内得到辩护。"①义务论者必须寻找不同于后果主义理论的可辩护的结构，也就是说，不能像后果主义那样陷入对不同行为的价值比较上，而是必须找到义务论辩护和后果主义辩护在结构上的差异："罗斯在批评摩尔的理想功利主义（本质上是一种多元主义的功利主义）时，在后果主义和直觉主义之间识别出一种结构上的差异。这一差异使得直觉主义能够容纳与行为者相关的理由。尽管后果主义认为正当是被善决定的，但直觉主义认为正当至少部分地独立于善。哪一个行为是正当的，并不只是取决于与事态有关的价值。其他考虑也发挥着作用。"②

在罗斯看来，既然人与人之间的关系并不仅仅是价值关系，那么后果主义理论仅仅以价值来决定正当，这一点是令人难以接受的。人与人之间还存在家庭、朋友这样的特殊关系，这些特殊关系所产生的义务是难以用价值关系来表示的："（后果主义说）事实上，我和邻居在道德上唯一重要的关系就是他是我的行为的可能受益人。他们确实和我具有这种关系，这种关系在道德上是重要的。但是他们和我也具有受约人和立约人、债权人和债务人、妻子和丈夫、孩子和父母、同乡和同乡之类的关系。这些关系中的每一种都是初步义务的基础。"③

基于种种不同的关系，也就产生了种种不同的义务。罗斯认为，这些义务和行善的义务一样都是初步义务，其他的初步义务还包括不伤害的义务、正义的义务等。既然这些义务是通过直觉获得的，而并不是根据唯一的原则推论出来，这些初步义务之间就不可避免地会发生冲突。在义务论者看来，当这些义务发生冲突时，"我们没有单一的标准来衡量它们，或者单一的原则来指挥它们，以便决定我们的实际义务是什么。在这一意义上，这些义务是不可通约的，但这并不意味着义务之间的冲突不可能通过判断的实践来正确地决定"④。

那么，如果初步义务之间发生冲突，行为者应当如何做决定呢？唯一可行的办法似乎是通过直觉。直觉主义的义务论者认为，不同的初步义务不可能从别的初步义务中推出，因此不存在由一个道德原则来决定

---

① David McNaughton and Piers Rawling："On Defending Deontology", *Ratio*（new series）XI 1，April 1998.

② David McNaughton and Piers Rawling："On Defending Deontology", *Ratio*（new series）XI 1，April 1998.

③ W. D. Ross：*The Right and the Good*，Oxford，Oxford University Press，2002，p. 19.

④ F. M. Kamm：*Intricate Ethics：Rights，Responsibilities，and Permissible Harm*，Oxford，Oxford University Press，2007，p. 14.

哪一个初步义务应当成为实际的义务。而且后果主义不应当以此来批评义务论，因为"辩护必须在某处停住，并且直觉主义者的止步点（stopping place）比后果主义的止步点较少可辩护，这一点并不清楚。其他人对我们有直接的道德理由，这些理由无法用中立于行为者的价值进行说明。这种想法在日常的道德思考中很常见。直觉主义完全接受了这一想法，因此拒绝了后果主义的观点"①。这样，直觉主义的义务论者在两个方面使用了直觉：依赖直觉确定行为者具有什么样的初步义务；依赖直觉确定行为者在不同的初步义务发生冲突时选择什么样的义务。但是，这两个方面都是有问题的。如果我们可以确定所有人对于某一行为都具有相同的直觉，那么我们似乎有理由使用这一直觉。但事实上，对于同一行为，人们的直觉往往是不一样的。例如，当我们询问人们在堕胎这一问题上的直觉时（如果有的话），回答并不是一致的。有的人反对这一行为，有的人则赞同。如果仅仅依赖直觉的话，我们对这个问题的讨论就只能停留于此，不能再前进一步。但是，直觉主义的义务论者显然不满足于此。卡姆这样的义务论者采取了另外一种方法。卡姆不是诉诸所有人的直觉，而是诉诸作为哲学家的自己的直觉，通过这一直觉对某一问题或者行为做出道德判断，然后再为这一道德判断进行辩护。

在谈到道德要求的严苛性时，卡姆认为，道德理论提出的要求非常严苛。这并不是人们反对这一道德理论的理由。"对于那些相信在通常情形中，杀死和放任死亡之间存在道德重要性上的差异的人来说，他们并不认为正确的道德从来不会是严苛的。他们提出非常高的要求来避免对消极义务的违背，而并没有提出那么高的要求来避免放任死亡，即使被救助是一项积极义务。对于他们来说，问题似乎并不是道德要求是否非常严苛，而是道德要求为了什么而严苛。在他们看来，严苛性问题实质上包含一个二元谓项：为了目的 y 而要求 x。"②按照卡姆的观点，不杀人这样的要求可以是非常严苛的，行为者可能要承受非常大的损失来避免伤害别人，但是行为者并不是必须承受同样大的损失来实行救助或者行善行为。这样，义务论的约束就显示出对后果主义促进善的要求的优先性。虽然我们对义务论的约束进行了一些讨论，但是卡姆这样的义务论者所持有的这一观点始终是令人疑惑的。如果我们要承认杀死比放任死亡具有更大的道德重要性，而这一更大的重要性基于人的不可违背性，

---

① David McNaughton and Piers Rawling："On Defending Deontology"，*Ratio*（new series）XI 1，April，1998.

② Samuel Scheffler，*Human Morality*，New York，Oxford University Press，1992，p. 109.

那么我们就需要承认人的不可违背性的绝对性。如果不可违背性不是绝对的，那么就意味着有时候不可违背性可以被促进善这样的选项超过。但是作为一个义务论者，卡姆不肯承认不可违背性的绝对性。在卡姆看来，这会得出许多背离日常道德的行为。例如，行为者做了某一个承诺（看望朋友），那么当行为者履行这一承诺会冒生命危险时，道德理论还要求行为者履行这一承诺，这显然令人难以接受。如果不可违背性不是绝对的，那就意味着不可违背性可以被其他选项超过，这些选项包括促进善的行为。因此，义务论者以不可违背性为根据来解释义务论的约束对促进善的行为的优先性，会陷入两难的困境。为了避免这一困境，卡姆这样的义务论者试图做出某些改变。一方面，他们承认不可违背性的非绝对性，这样就承认了某些伤害甚至是杀死行为的可允许性，这就使得行为者在某些情形下可以通过"杀死"一个人来避免更多的人被杀死；另一方面，他们又为行为者这一可被允许的伤害提供了一个非后果主义的辩护。我们可以通过分析电车案例来理解卡姆是如何为可被允许的伤害进行辩护的（这是卡姆的《复杂的伦理学》一书的主要任务）。

在电车案例中，行为者面临两个选择。一个选择是改变电车的方向，使其驶向一个人所在的轨道，杀死这一个人从而避免杀死五个人；另一个选择是不改变电车的方向，任凭电车按照原来的方向驶向五个人所在的轨道，杀死五个人。卡姆认为，根据我们的直觉，行为者可以改变电车方向杀死一个人，从而救活五个人。但是在旁观者案例（行为者也面临两个选择。一个选择是放任轨道上的五个人被电车杀死，另一个选择是将一个无辜的旁观者推入轨道，杀死旁观者，阻止电车前进，从而挽救轨道上的五个人）中，行为者却不被允许将旁观者推入电车轨道，阻止电车前进，从而拯救轨道上的五个人。

按照传统的双重效果学说（Doctrine of Double Effect）[1]，在旁观者案例中，行为者不应当将无辜者推入轨道，因为行为者意欲无辜者死去；在电车案例中，行为者可以改变电车方向，因为行为者只是预见了这一个人的死亡。但是，双重效果学说无法解释环道案例[2]这样的情况：行为者改变电车方向使其驶向另一条轨道，但电车如果不碾过另一条轨道

---

[1]　这个学说认为，行为者不被允许意欲恶，即使这个恶是实现一个较大善的手段；但如果是为了欲求较大善，即使行为者预见自己的行为会产生坏的边际效果，其行为也是被允许的。

[2]　汤姆森最初讨论了这个案例，参见 Judith Jarvis Thomson："The Trolley Problem"，*Yale Law Journal*，1985。卡姆在讨论允许的伤害时使用了这一个案例，参见 F. M. Kamm：*Intricate Ethics: Rights, Responsibilities, and Permissible Harm*，New York，Oxford University Press，2007，p. 25。

上的一个人就会向后倒，会再驶回原先的轨道，并杀死五个人。这时，我们很难确定行为者是否意欲碾死那一个人。卡姆认为，在环道案例中，行为者改变电车方向是可允许的。在卡姆看来，行为者意欲救活一条轨道上的五个人，并不意味着同样意欲杀死另外一条轨道上的一个人，虽然这一个人死去是救活五个人的必要条件。在这里，卡姆区分了"做某件事情是因为（because）某个结果"和"做某件事是为了（for the sake of）或者意欲某个结果"。也即是说，除了意欲和预见之外，一个行为和其产生的结果之间还存在第三种关系：做某事是因为而不是为了某个结果。这就是卡姆所提出的"三重效果学说"（Doctrine of Treble Effect）①。

　　卡姆对"因为"和"意欲"之间的区分很难说是富有成效的。当卡姆说，行为者之所以改变电车方向，是因为他相信那个人将会被撞击时，我们依旧可以问：行为者是否意欲那个人被撞击？如果我们面临两个选择，这两个选择都不是我们愿意的，如伤害一个人和伤害五个人，但又只能通过伤害一个人来避免五个人受到伤害，那么我们真的没有意欲让那个人受到伤害吗？通常一个人不意欲做某事，他就不会去做某事。所以更为可取的方法似乎是对意欲进行分析，而不是在意欲和预见之外寻找另外的因素。卡姆通过对电车案例的分析，认为行为者至少在某些情形下可以实施伤害行为，避免了那种严格禁止伤害行为的非后果主义理论所产生的尴尬：有时候根据道德直觉，我们确实觉得行为者可以实施伤害行为。卡姆通过非后果主义的策略得出了符合道德直觉的结论。

　　诉诸直觉，这是卡姆的理论的一个显著特点。卡姆不认为道德理论

---

　　① F. M. Kamm：*Intricate Ethics：Rights，Responsibilities，and Permissible Harm*，New York，Oxford University Press，2007，p. 23. 卡姆讨论的第二种情形是与坏人合作的情形。在讨论电车案例时，我们并不考虑是谁制造了这一情形。但是，在某些情形下，这种两难选择是人为造成的。卡姆主要讨论了伯纳德·威廉斯提出的吉姆案例（参见本书第一章）。在这个案例中，吉姆面临两个选择。一个选择是杀死一个印第安人，救活其余印第安人；另一个选择是拒绝杀死一个印第安人，放任所有的印第安人死亡。卡姆对这一类型情况的讨论相当复杂，认为吉姆可以杀死一个印第安人，从而救活其他印第安人。这个结论和后果主义的结论是类似的（后果主义要求行为者这样做，因为能促进较大的善；卡姆则认为行为者可以这样做，也可以不这样做）。卡姆显然不想按照后果主义理论得出"吉姆可以杀死一个印第安人以救活其他印第安人"这一结论。那么，是什么原因使得吉姆可以杀死一个印第安人而不必承担负面责任？卡姆认为，在这个例子中，一个印第安人被杀死，这产生了一个负面责任；其他印第安人得救，这是一个正面责任。吉姆并不是单独参与整个活动的，他和作为坏人的头领共同参与这一事件，因此这一事件的所有责任不应当由吉姆单独承担。吉姆所承担的是这一事件的正面责任，即其余印第安人获救，头领则应当为一个印第安人的死亡承担负面责任。参见 F. M. Kamm：*Intricate Ethics：Rights，Responsibilities，and Permissible Harm*，New York，Oxford University Press，2007，pp. 305-344。

存在唯一正确的标准，即所有伦理行为都可以用这一标准进行衡量。相反，卡姆采取了一种以案例为基础的方法，即在面对每一个案例时，首先通过道德直觉来确定行为者应当或者可以怎么做，然后再为自己的这一判断寻找根据。"寻找一个可允许伤害的原则（如果有的话），部分像是一项严格的科学或技术事业。它包含非常复杂的伦理学。我认为，这一原则不仅可以大致进行描述，而且在描述这一原则时，我们应当（如果能够的话）依靠或许非常复杂的直觉。"卡姆对直觉的重视受到了其他人的批评。因为如果我们仅仅依靠个人直觉就能确定自己应当如何行动，那么再去寻找道德原则就是多此一举了。义务论者之所以要选择一种直觉的方法，可能是出于对各种寻找唯一道德原则的努力的失望。迄今为止，还没有哪一种伦理理论可以宣称自己找到了唯一正确的并且令所有人满意的道德原则。但是，如果基于这一想法而认为我们只有诉诸直觉才能确定行为者的义务，才能使行为者在不同的选择之间发生冲突时找到消除冲突的合理根据，这既过高估计了直觉的作用，又过低估计了人类理性在解决道德冲突问题时所发挥的作用。

第四章　美德伦理学的视角

第一节　美德论对后果主义的批评

科尔斯戈德在《规范性的来源》一书中指出，伦理标准具有规范性。这意味着"伦理标准不只是在描述我们实际调节行为的方式。它们还向我们提出了要求，能够命令我们、强迫我们，或建议我们、引导我们。或者最起码，我们在使用这些标准的时候，是在相互提出要求"[①]。按照这一理解，不仅"你应当做某事"或者"你必须做某事"这样的道德判断向行为者明确提出了道德上的要求，而且"知识、美、意义，以及德性、正义这类概念，都具有规范性的含义，因为它们告诉我们：应该想些什么，应该喜欢什么，应该说些什么、做些什么，以及应该成为一个什么样的人"[②]。这些概念都具有规范性的力量，都向行为者提出了一定的道德要求。

美德论者如果要以严苛性为理由批评后果主义理论，需要具备两个前提条件。第一个条件是美德论确实和后果主义理论以及义务论一样对行为者提出了一定的道德要求。也即是说，在美德论的框架下，行为者能够确定自己的义务是什么，或者说应当如何行动。如果按照一定的美德理论，行为者无法确定自己的义务，或者美德论自身并不以确定行为者的义务为己任，那么美德论者就失去了以严苛性为理由批评后果主义理论的前提条件。第二个条件是在假定美德论能够对行为者提出一定道德要求的前提下，美德论者向行为者提出的道德要求比后果主义理论的道德要求更加温和，不具备后果主义道德要求所具有的"严苛性"。传统的美德论者认为，美德伦理学关注的重点是行为者而非行为，是应该成为什么样的人而非行为者应当如何行动。如果这样理解美德论，美德论很容易受到来自后果主义和义务论的批评。在现代社会，一种道德理论

---

① 〔美〕克里斯蒂娜·科尔斯戈德：《规范性的来源》，杨顺利译，上海，上海译文出版社，2010，第9页。

② 〔美〕克里斯蒂娜·科尔斯戈德：《规范性的来源》，杨顺利译，上海，上海译文出版社，2010，第9页。

如果能够在行为者应当如何行动方面提出相应的建议，这可以被视为该理论的一个优点。当代美德论者希望能够在行为者应当如何行动或者正确的行为是什么等问题上提出可以和其他道德理论相抗衡的见解，以表明美德理论的优越性。

当代西方的一些伦理学家（如阿拉斯代尔·麦金太尔、苏珊·沃尔夫）出于对 18 世纪启蒙运动以来的规范伦理学的不满，提出以复兴亚里士多德美德理论为内容的美德伦理学（简称美德论），希望以此取代规范伦理学中两种最主要的理论：功利主义和义务论。

美德论的倡导者认为，作为占统治地位的伦理学理论，功利主义和义务论面临两个方面的问题。首先，这两种伦理学理论没有正确回答伦理学的基本问题。尽管功利主义和义务论的基本观点截然不同，但是这两种理论都要回答"行为者应当如何行动"这一问题。功利主义者认为，行为者应当实行那个实现最大化福利的行为，义务论者则认为，行为者应当实行那个遵守义务论约束的行为。在美德论的倡导者看来，伦理学的基本问题并不是"行为者的义务是什么"或者"行为者应当如何行动"，而是"行为者应当成为什么样的人或者过一种什么样的生活"。伯纳德·威廉斯在《伦理学与哲学的限度》一书中指出，道德哲学最好从苏格拉底的问题开始，即"一个人应当如何生活"，而不是从"我们的义务是什么"或者"我们如何才能幸福"这样的问题开始。[1] 美德论者认为，功利主义或者义务论仅仅关注行动本身，并希望通过提出一套规则来规定行为者应当采取的行为，以便一劳永逸地解决伦理生活中的各种问题。这是一种失败的做法。麦金太尔在《追寻美德：伦理理论研究》一书中指出，具体的理论只能是特定时代的产物。"康德所谓的人类心灵的普遍和必然的原则，事实上只是人类活动与探索的某些特定的时代、地点与阶段所特有的原则……康德视之为道德本身的原则与预设原来只是一种相当具体的道德——为现代自由个人主义提供了许多特许权之一的世俗化了的新教道德——的原则与预设。"[2] 既然规则只是一定时代与地区的产物，这就需要我们将人理解为生活在一定时代和区域中的人，而不是独自生活的原子式的个体。也就是说，人们都生活在一定的共同体之中。这就需要人们培养维系共同体所需要的美德，如对共同体的忠诚、勇敢、团结等。因此，伦理学首先需要关注的是将行为者培养成为有美德的人。一

---

① Bernard Williams: *Ethics and the Limits of Philosophy*, London, Fontana, 1985, pp. 1-4.

② 〔美〕A. 麦金太尔：《追寻美德：伦理理论研究》，宋继杰译，南京，译林出版社，2003，第 338～339 页。

个人只有具有了稳定的美德，才能以一种整体的观点来把握自己的道德生活。但是一个人仅仅出于遵守规则而实行了某个合乎美德的行为，在另外的情形下却有可能违反规则，因为外在的规则缺乏美德所具有的恒定性和内驱力。

其次，功利主义和义务论都采取了一种不偏不倚的立场来看待伦理生活，这在美德论者看来也是不能成立的。美德论者认为，承诺一种不偏不倚的立场，就意味着功利主义和义务论"把道德行为者从他们的个人生活计划中'异化出来'——这是一种异化，因为个人的生活计划不仅对于一个人的幸福来说具有重要的意义，而且也是一个人理解其生活的意义和价值的关键"①。威廉斯对功利主义和义务论进行了相当严厉的批评。以对功利主义的批评为例，威廉斯认为，功利主义要求行为者必须实行产生最大化福利的行为，如果这一行为同行为者为实现个人利益而实行的其他行为发生冲突，那么行为者就必须放弃自己的个人利益。功利主义的这一要求使得行为者必须承担消极责任，即如果行为者这样做能够产生最佳后果就要为那些并非由自己引起的事情负责。而要求行为者承担消极责任的一个后果，这无疑破坏了个人的完整性。

尽管威廉斯没有明确表示自己是美德论者，但是他的这一观点确实成为美德论者批评功利主义和义务论的有力的论据。其后，美德论者迈克尔·斯洛特通过对功利主义、义务论和日常道德的研究，提出了一个"自我—他人的对称性"论点。这种观点认为，义务论的缺陷在于"有一个内在的不连贯性，其主要的特征就是在自我和他人之间造成了一种不对称性——那些理论都强调我们要尊重和关心他人的利益，但对行动者自己的利益并没有予以充分的关注"②。也即是说，这些学说都不重视行为者自己的个人幸福，从而使得行为者自己的个人生活同他人的生活存在内在的张力。

基于上述两个方面的考虑，美德论者认为，无论是功利主义者还是义务论者，他们都是启蒙运动那个特殊时代的产物。今天，这些理论所赖以存在的条件都已丧失，所以在伦理实践中无法行得通，这就需要我们考虑另外一条路径，也就是美德论者所提供的路径，即复兴亚里士多德的美德论，将伦理学的关注中心从"应当怎样行动"转移到"应当成为一个什么样的人或过一种什么样的生活"上来。

---

① 徐向东：《自我、他人与道德》，北京，商务印书馆，2007，第 612 页。
② 徐向东：《自我、他人与道德》，北京，商务印书馆，2007，第 614 页。

在《尼各马可伦理学》中，亚里士多德回答了这一问题。在他看来，对人而言，最好的生活就是过一种幸福的生活，而幸福是"灵魂的一种合于圆满德性的实现活动"①。因此，人们应当过一种合乎美德的生活。要理解美德论的观点，首先需要知道美德在亚里士多德伦理学中的含义，其次需要了解美德的具体范畴。

在古希腊，美德具有和今天不一样的含义。按照麦金太尔的解读，"严格地讲，美德是这样一些品质：拥有它们就会使一个人获得幸福（eudaimonia），缺少它们则会妨碍他趋向于这个目的"②。"美德"（virtue）一词在古希腊语中是"aretê"。这个词不仅包含我们今天所说的伦理美德，如公正、诚实、仁慈等，而且包括明智、宏大、愉快等不属于伦理范畴的禀赋（excellence）。在《荷马史诗》中，"aretê"表示所有种类的禀赋。"儿子可以因为任何种类的 aretê——如作为运动员、作为士兵以及因为心智能力——而胜过其父亲。"③亚里士多德发展了这种美德观点，将美德区分为两种：理智美德和伦理美德。"理智的美德大凡都是经过教育而产生和增长的，故而需要经验和时间。道德的美德产生于习惯，故而称之为'道德的'。"④因此，与今天相关的实际上是伦理美德。

在亚里士多德的美德论中，伦理美德包含公正、善良、慷慨、诚实、同情、勇敢、节制等。伦理美德又可以区分出两种不同类型的美德。一种是具有偏倚关系的美德，如勇敢和节制。这样的美德不可能是从功利主义或者义务论不偏不倚的原则中获取的。一个人是否具有勇敢的美德并不是由功利主义的福利最大化原则决定的，也不可能从康德式的义务论原则中推出。

> 一个人是否具有"勇敢"这个美德，取决于他是否能够强化他的个人声誉，是否能够对他所生活的社会的荣誉作出贡献……勇敢的行为就是我自己的荣誉所要求的东西，就是与我具有特殊联系的那些人能够对我合理期望的东西。按照这种理解，"勇敢"这种美德既

---

① 〔古希腊〕亚里士多德：《尼各马可伦理学》，廖申白译，北京，商务印书馆，2003，第32页。

② 〔美〕A. 麦金太尔，《追寻美德：伦理理论研究》，宋继杰译，南京，译林出版社，2003，第187页。

③ 〔美〕A. 麦金太尔，《追寻美德：伦理理论研究》，宋继杰译，南京，译林出版社，2003，第154页。

④ 〔美〕汤姆·L. 彼彻姆：《哲学的伦理学》，雷克勤等译，北京，中国社会科学出版社，1990，第239～240页。

有利于他的拥有者，又有利于那个人所生活的共同体。①

当然，亚里士多德的美德并不都是勇敢和节制这种具有偏倚关系的伦理美德。公正就属于不偏不倚的美德，即另一种美德。这样的美德保证了亚里士多德的伦理学不会成为一种利己主义的伦理学。

在美德论者看来，他们所要复兴的这种美德伦理学与功利主义和义务论相比，至少具有两个依据。一个依据是我们并不能仅仅根据某个人的某些行为就对他做出道德上的评判。例如，我们并不能因为一个人做了一件善事就认为他是一个具有仁慈心的人。"我们不太赞赏仅仅根据义务而宽容别人的人，我们更赞赏的是那些不靠义务的推动，出于圆满地形成的美德而自发地这样做的人。"②另一个依据是"即使我们是通过认识人们的行为而对他们作出评价的，但是我们并不只是通过累计他们的全部行为来评价他们的道德价值或善性。相反，我们总是考虑他们的全部美德（也就是品质特征）"③。因此，如果说美德论和功利主义、义务论存在着差别，它们的差别就在于：美德论立足于美德，并将此作为人们道德生活的基础；功利主义和义务论则希望通过诉诸原则来为人们的道德行为进行辩护。

在亚里士多德的伦理学中，人并不是相互孤立的原子式的个人，而是生活在一定的共同体，即城邦之中的社会成员。在美德论者看来，人类活动是一种极其复杂的实践活动，远比游戏活动复杂。在游戏中，人们可以通过制定一些简单的规则，并通过对游戏规则的遵守，实现游戏所规定的目标。人类活动的复杂性决定了人们不可能仅通过遵守一些现成的规则来实现这一活动的目的。这是由于社会活动与游戏不一样，是一种开放而非封闭的活动。作为一种封闭的活动，游戏的规则相对简单和确定。但是在社会活动中，利益相关者构成了一个规模庞大的实践网络。这个网络中的社会成员之间的关系也是错综复杂的，而且会随着时间和区域的不同而发生变化。与功利主义和义务论相比，美德论强调的不是行为的规则，而是行为者的品德。在美德论者看来，美德论至少在两个方面优于功利主义和义务论这样的基于规则的道德理论。

---

① 徐向东：《自我、他人与道德》，北京，商务印书馆，2007，第623页。

② 〔美〕汤姆·L.彼彻姆：《哲学的伦理学》，雷克勤等译，北京，中国社会科学出版社，1990，第246页。

③ 〔美〕汤姆·L.彼彻姆：《哲学的伦理学》，雷克勤等译，北京，中国社会科学出版社，1990，第247页。

首先，美德论将责任放到具体的实践语境中进行讨论，而不是抽象地讨论责任。行为者对其他利益相关者负有社会责任，因为其活动本身是复杂的实践活动，所以我们不可能通过一个单一的标准和一些简单的规则来确定社会成员需要负什么样的社会责任，而且这些责任之间有可能存在不一致甚至冲突。要想解决这些冲突，实现社会成员之间的和谐相处，也不是诉诸某个标准或某几个原则就能做到的。美德论的优点就在于它不是试图诉诸标准或者规则，而是诉诸美德。在美德论者那里，美德并不是像义务论者或者功利主义者所理解的那样。伦理不会也不应该包含一套禁止的原则条文。美德论不会像功利主义或者义务论那样通过制定一套标准或准则，以此确定社会责任，然后要求社会成员通过遵守这些准则来履行社会责任。与功利主义和义务论相比，美德论将对责任的讨论放到具体的实践中，而且将责任作为社会成员的内在需求。

其次，美德论使社会成员能够更为稳定地实践责任。美德论者认为，如果一个社会成员具有诚信、友善、公正这样的美德，那么他就能够以一种稳定的方式来履行责任。美德论者关注的是某个人成为一个有美德的人，而不是这个人应当遵循什么样的原则。一个具有诚信美德和声誉的人实行的行为一般而言应当是符合诚信要求的行为，但是一个偶尔履行诚信行为的人未必是一个具有诚信美德的人。美德与遵循规则而做出的行动相比具有稳定性。"人类的禀赋或者美德就是人类固有的气质。人类通过认真培养使人类生活美好的能力来发展这些气质。既然我们并非天生具有道德的美德，所以必须经受训练，以便使美德的活动形成习惯。"①而且，当我们对一个人进行考察时，如果对他没有充分的了解，就不会因为这个人做出了一个符合美德要求的行动，就草率地对其做出积极的道德评价。我们希望的是这个人能够在生活过程中，自始至终都承担起自身应负的责任。

在对后果主义的批评中，菲力帕·福特的观点比较有代表性。福特认为，行为者在道德生活中可以具有不同的道德追求，既包括对行善这样的美德的追求，也有包括对公正、友爱等美德的追求，而后果主义理论在对这些美德的适用上是有局限的。福特首先肯定了后果主义理论在仁慈或行善这样的美德上是适用的。"一个仁慈的人必须致力于其他人的利益。"②因此，如果行为者面临两个道德选择，而这两个选择都是与仁

---

① 〔美〕汤姆·L.彼彻姆：《哲学的伦理学》，雷克勤等译，北京，中国社会科学出版社，1990，第235页。

② 徐向东：《后果主义与义务论》，杭州，浙江大学出版社，2011，第210页。

慈相关的，那么行为者应当去实行那个能够产生更好后果的行为。假设行为者需要向两个贫困者捐助，如果其中一个贫困者的生活更为艰难，行为者无疑应当选择向更贫困者进行捐助。但是，仁慈或者行善并不是美德的全部，即使在仁慈或者行善的界限内，后果主义理论是适用的，也并不表明超出仁慈的界限，后果主义仍能适用。在福特看来，"因为仁慈只是诸美德之一，所以在对特定情形下的好行为和坏行为发表意见之前，我们必须考察其他美德。于是我们就可以看到，我们没有理由认为，为了促进其他大多数人的幸福这一目标而做的任何事情都是道德上被要求的，或者甚至是道德上可容许的"①。除了仁慈的美德之外，还存在友爱、公正以及其他美德，而这些美德是不适用后果主义理论的。

第二节　当代美德论者的批评

与经典美德论的观点不同，当代西方美德伦理学的主流学者开始放弃"美德伦理学应当只关注行为者而不是行为"这一观点，试图在"何为正确的行为"这一问题上提出与后果主义以及义务论相竞争的观点。罗莎琳德·赫斯特豪斯、迈克尔·斯洛特和克里斯廷·斯旺顿等学者都从各自的美德论观点出发，对正确的行为进行了界定。在考察他们的观点时，我们需要关注的问题依旧是：这些美德论者对行为者提出了何种道德要求？与这些道德要求相比，后果主义的道德要求是否过于严苛？

第一种观点是罗莎琳德·赫斯特豪斯的美德观。赫斯特豪斯在《美德伦理学》一书中明确提出，美德伦理学与功利主义和义务论这两种以行为为中心的伦理学理论一样能够对行为的正确性进行规定："美德伦理学可以提供行为的指南。我们可以通过将它所提供的行为指南与某些功利主义和义务论所提供的指南进行比较，完全用相似的方式加以陈列，从而最有裨益地展示美德伦理学是怎样提供行动指南的。"②

按照赫斯特豪斯的观点，行为功利主义在提供行为指南时分两步走。第一步是以后果来确定行为的正确性："前提1：一个行为是正确的，当且仅当，它增进了最好的后果。"③在此基础上，第二步是对何为最好的

---

① 徐向东：《后果主义与义务论》，杭州，浙江大学出版社，2011，第211页。
② 〔新西兰〕罗莎琳德·赫斯特豪斯：《美德伦理学》，李义天译，南京，译林出版社，2016，第28页。
③ 〔新西兰〕罗莎琳德·赫斯特豪斯：《美德伦理学》，李义天译，南京，译林出版社，2016，第28页。

后果进一步做出界定："前提2：最好的后果就是使幸福最大化的结果——它在最好的结果与幸福之间构造出人们所熟知的功利主义联系。"①

赫斯特豪斯认为，如果说功利主义可以通过这种方式来界定正确的行为，那么美德伦理学也可以采取类似的方式对何为正确的行为进行界定：

前提1：一个行为是正确的，当且仅当，它是一位有美德的行为者在这种环境中将会采取的典型行为（即，出于品质而采取的行为）。②

在此基础上，再分别对有美德的行为者和美德做出界定：

前提1a：一位有美德的行为者，就是一位拥有并践行某些特定品质特征（即，美德）的人。
前提2：美德是一种……的品质特征。③

通过上述界定，赫斯特豪斯认为，美德伦理学对正确的行为进行了明确的界定。虽然美德伦理学仍然可以被理解为以行为者为中心，但是不能因此断定美德伦理学就不是以行为为中心的，因为美德伦理学同功利主义和义务论一样，也对行为者应当如何行动做出了回答。由此，赫斯特豪斯指出，美德伦理学不仅能够对何为正确行为做出回答，而且能以此来解决道德冲突问题，只不过这回答不是像功利主义和义务论那样通过绝对的规则或原则来直接确定行为的正确性，而是依赖于对"有美德的行为者"这一概念的理解，以及借助一定的实践智慧。

当我们回到严苛性问题上时，会发现赫斯特豪斯对道德冲突问题的论述同严苛性问题并没有直接的关系。在赫斯特豪斯的理论框架中，道德冲突在美德伦理学的语境中表现为不同美德之间的冲突：不同的美德会向行为者提出不同的要求。"仁慈要求我应当杀死那个（真的）最好接受

① 〔新西兰〕罗莎琳德·赫斯特豪斯：《美德伦理学》，李义天译，南京，译林出版社，2016，第29页。
② 〔新西兰〕罗莎琳德·赫斯特豪斯：《美德伦理学》，李义天译，南京，译林出版社，2016，第31页。
③ 〔新西兰〕罗莎琳德·赫斯特豪斯：《美德伦理学》，李义天译，南京，译林出版社，2016，第32页。

死亡的人，而公正却禁止我这么做；所以，安乐死是对还是错，美德伦理学并未给我提供指南。"①在赫斯特豪斯这里，道德冲突问题表面上看是行为者基于不同的美德要求而面对的选择上的冲突，实际上是行为者的行为对象之间存在利益上的冲突，由此导致行为者在选择上面临困难。这种冲突并不涉及行为者本人与行为对象之间的利益冲突。但是，既然严苛性问题涉及的是行为者与行为接受者之间的利益冲突，所以我们需要考察赫斯特豪斯的美德伦理学是否对此做出过论述。

在讨论合理性问题时，赫斯特豪斯涉及了行为者个人利益与行为接受者利益之间的冲突问题。她论述了美德伦理学者通常认可的一个观点："美德有利于其拥有者。"通常我们认为，美德的实行有利于行为的接受者，如行为者通过践行慈善这样的美德而让慈善行为的接受者得到物质上的利益，摆脱经济上的困境。但是人们在美德是否有利于行为者自身这一点上存在争议，至少并不是所有人都认可行为者实行美德总是会令其获益。例如，有的践行美德的行为会要求行为者做出巨大的牺牲，包括付出自己的生命。在此情形下，如果美德伦理学依然将牺牲生命作为践行美德的表现而要求行为者这样做，这在常识道德看来显然是一个严苛的要求。赫斯特豪斯在此问题上坚持一种新亚里士多德主义的观点，对美德做出了界定："美德就是人为了实现幸福、兴旺繁荣或过得好而需要的品质特征。"②这一界定可以展开为三个命题。

(1)美德有利于其拥有者。(它们使其拥有者兴旺繁荣，过上一种幸福的生活。)

(2)美德使拥有者成为好的人。(为了生活得好，享有作为人的兴旺繁荣，过上一种典型的善的和幸福的人类生活，人需要美德。)

(3)美德的上述两种特征是彼此关联的。③

与严苛性问题相关的是第一个命题。这个命题涉及美德与行为者之间的关系问题，即是否一个拥有美德的人必然能够过上一种幸福或繁荣的生活。按照这一命题，在一般意义上，过一种有美德的生活通常有利

---

① 〔新西兰〕罗莎琳德·赫斯特豪斯：《美德伦理学》，李义天译，南京，译林出版社，2016，第48页。

② 〔新西兰〕罗莎琳德·赫斯特豪斯：《美德伦理学》，李义天译，南京，译林出版社，2016，第188页。

③ 〔新西兰〕罗莎琳德·赫斯特豪斯：《美德伦理学》，李义天译，南京，译林出版社，2016，第188～189页。

于美德的拥有者，即行为者自身，而人们通常也不可能通过实践一些邪恶的品质而过上幸福的生活。赫斯特豪斯认为，尽管我们不能绝对地说一个人践行美德必然能够过上一种幸福的生活，也不能绝对地说幸福的生活必然需要美德，因为"人们常常会发现，邪恶之徒会像茂盛的月桂树一样兴旺发达"①，但这并不能对"美德有利于其拥有者"这一命题构成反驳，因为这一命题所要表达的并不是认为美德与个人繁荣之间存在充分必要关系：有美德必有幸福，有幸福必有美德。美德与个人幸福之间的关系就如同戒烟与健康长寿之间的关系：戒烟并不能绝对保障健康长寿，也不是所有健康长寿的人都戒烟，但是这并不能否定戒烟有利于健康这一命题的有效性。"美德有利于其拥有者"这一命题并没有说"具有美德就确保一个人繁荣兴旺。它说的是，美德是唯一可靠的赌注——即便人们都说我倒霉，即便恰好是我的美德让我英年早逝或者让我的生活一塌糊涂"②。这一命题是在强调，与不实行美德的生活相比，实行美德的生活是一种更能够实现个人幸福的方式。因此，邪恶之徒反倒过得兴旺繁荣这样的例子并不能构成有效反驳。

但是，即便我们承认美德在一般意义上有利于其拥有者，也必须承认如下事实：践行美德有时候确实会要求行为者付出某种程度的牺牲，包括付出自己的生命。在这种情况下，美德伦理学会对行为者提出什么样的要求？

菲利普斯和麦克道维尔这样的美德伦理学者认为："任何通过有悖于美德的行为而获得的东西都不是真正的优势或利益，任何因为美德而必然导致的牺牲也谈不上是损失。通过美德行为，一个人'实现了全部'，获得了'道德的利益'。"③这一观点继承了亚里士多德的美德观，将牺牲生命等行为视为对自己有利的行为，因此也就不存在行为者个人利益与其他人利益之间的冲突，因为行为者践行美德既满足了自己，也满足了行为接受者的利益。如果这样来理解美德和行为者自身的幸福，那么美德绝对是实现幸福的充分条件。赫斯特豪斯并不认同这一观点，而是认为人们不应当否认为了别人的利益而做出的牺牲。在理解何为牺牲等概念的问题上，赫斯特豪斯认为，美德伦理学者应当同一般人具有大致相

---

① 〔新西兰〕罗莎琳德·赫斯特豪斯：《美德伦理学》，李义天译，南京，译林出版社，2016，第193页。

② 〔新西兰〕罗莎琳德·赫斯特豪斯：《美德伦理学》，李义天译，南京，译林出版社，2016，第194页。

③ 〔新西兰〕罗莎琳德·赫斯特豪斯：《美德伦理学》，李义天译，南京，译林出版社，2016，第203～204页。

同的理解。"我不认为我们具有这样的幸福、利益、伤害、灾难等观念，以至于那些因美德而必然导致的牺牲都算不上一种损失。"①也即是说，如果行为者为了别人的利益而做出牺牲，令别人受益，也确实实践了美德，我们也不能否认他确实在个人利益上受到了损失。特别是在教育孩子的过程中，家长不应当一味地告知孩子践行美德带来的好处，也需要向他们指出其中的风险，并对其践行美德反而受到不公正待遇表示谴责。

　　在总结自己的观点时，赫斯特豪斯认为她提出了一种"开明的自我利益"（enlightened self-interest）的观点。"该观点是如此陌生，以至于它在当前情况下可能是对道德的一种危险的误导描述。"②赫斯特豪斯并没有详细阐述她的这种开明的自我利益观点，只是排除了那种基于中立的道德立场的开明自我利益观点，认为道德应当"从伦理视野内部出发而获得界定"③。按照通常的理解，开明的自我利益观点强调行为者促进其他人利益的行为，最终也会促进自己的个人利益。托克维尔在《论美国的民主》一书中讨论了这种开明的自我利益观点。"人们几乎绝口不谈德行是美的。他们只相信德行是有用的，而且每天都按此信念行事。美德的道德家们绝不劝他们的同胞为了表现自己伟大而去牺牲自己。但他们却敢于宣称，这种牺牲精神对于牺牲者本人和受益者都是同样必要的。"④按照这样一种对开明的自我利益观点的理解，社会成员对美德的践行需要与其对自我利益的考虑联系起来。脱离自我利益考虑的美德实践不会激发社会成员的行为动机。

　　赫斯特豪斯并没有明确指出，当行为者的个人非美德方面的利益（如物质财富以及身体健康方面的利益）与行为接受对象的利益之间存在冲突时，如果自身损失过于严重，行为者是否可以通过放弃或采取一定的行动来维护自己的利益，而不是其他人的利益。她只是认为，如果行为者在践行美德过程中遭受损失或者牺牲，是由于"充满了悲剧色彩的坏运气"⑤，那么不应当将其归结为对美德的践行。总体而言，赫斯特豪斯试

---

① 〔新西兰〕罗莎琳德·赫斯特豪斯：《美德伦理学》，李义天译，南京，译林出版社，2016，第208页。

② 〔新西兰〕罗莎琳德·赫斯特豪斯：《美德伦理学》，李义天译，南京，译林出版社，2016，第213页。

③ 〔新西兰〕罗莎琳德·赫斯特豪斯：《美德伦理学》，李义天译，南京，译林出版社，2016，第214页。

④ 〔法〕托克维尔：《论美国的民主》，董果良译，北京，商务印书馆，1991，第651~652页。

⑤ 〔新西兰〕罗莎琳德·赫斯特豪斯：《美德伦理学》，李义天译，南京，译林出版社，2016，第208页。

图摆脱传统美德伦理学对美德观念的苛刻性理解，反对一味地将对美德的践行与个人繁荣画等号，认为对美德的践行确实有利于行为者个人生活的幸福和繁荣。

第二种观点是迈克尔·斯洛特的常识主义美德伦理学。这种常识主义美德伦理学认为，我们不应当将美德仅仅限定在常识道德或者义务论所限定的伦理美德范围之内。在后两者看来，我们称之为美德的品质都能够对他人有所增益，但对我们自身并没有什么益处。那些能够对我们自身有所增益的品质不被常识道德或义务论观点认为是美德。这种对美德的理解和我们的日常直觉并不相符。"一个对行为者本人而言有用或有益的行为也许因此不能算作道德上好的或拥有道德长处或有价值的，但我们仍然赞赏这样的行为，把它看作值得赞赏的，并把它视为某种涉己美德的范例。"①在日常直觉中，我们对那些能够对个人带来益处的品质给予充分的赞扬，这种赞扬表明了对我们自身有所增益的品质的积极意义。显然将其称为美德并没有不合理之处。义务论或者常识道德如果不将这些品质也归为美德，显然是其不足之处。因此，在界定"美德"概念的时候，斯洛特所提出的常识主义美德伦理学认为，我们应当将那些对自己也有所增益的品质亦称为美德。美德既包括涉他的，也应当包括涉己的。这是常识主义美德伦理学与常识道德和义务论对美德理解的不同之处。

斯洛特认为，常识道德一方面存在一种"偏爱行动者许可"，即"授予行动者以道德许可，允许他们以并非最优的，并不产生利益的最大总体结余的方式去追求清白的计划和关切"②。这样一种许可就是谢夫勒在混合理论中提出的给予行为者的特权。这一特权允许行为者在行动时给予自己的利益以较大分量的考虑。与常识道德相比，后果主义理论并不给予行为者这样的特权或者许可，因此受到了严苛性的批评。

尽管常识道德授予行为者上述特权或许可，但针对行为者所做行为的道德评价也存在另外一类许可：牺牲行动者许可。这一许可"允许那些对行动者自己的利益或关切也没有用的非最优行动"③。当行为者做出伤害其他人的行动时，他的这一行动不会得到常识道德的许可；但是如果行为者做出对自己有所伤害的行动，常识道德往往会做出相应的许可，

---

① 〔美〕迈克尔·斯洛特：《从道德到美德》，周亮译，南京，译林出版社，2017，引言第5页。

② 〔美〕迈克尔·斯洛特：《从道德到美德》，周亮译，南京，译林出版社，2017，第5页。

③ 〔美〕迈克尔·斯洛特：《从道德到美德》，周亮译，南京，译林出版社，2017，第5页。

特别是当这些行动有利于其他人的时候。

按照斯洛特对常识道德的这种不对称性的批评，如果没有产生符合功利主义或后果主义要求的最佳后果，功利主义或者后果主义并不会允许行为者采取牺牲自己个人利益的行动。但是常识道德允许行为者牺牲自己的个人利益来满足其他人的利益，即使这一行动并没有产生功利主义或后果主义所要求的最佳后果。"一方面，它鼓励这样一种看法：一个人距离行动者的距离越远，义务的强度就越小；另一方面，它假定行动者没有任何（除非是间接地）让自己得益的义务。如果不考虑行动者自己，那么行动者的义务的变化就与行动者的关切的理由成正比。然而行动者在自然而然地最有理由去关切的地方没有任何直接的义务。"①正是因为常识道德以及义务论具有这种牺牲行为者许可的不对称性，斯洛特认为，这两种道德都贬低了行为者的道德价值，使行为者自己的价值与其他人的价值相比在道德评价中处于较低的地位。

斯洛特认为，与常识道德和义务论不同，常识主义美德伦理学与功利主义一样不存在自我—他人的不对称问题。常识道德与义务论都认为："未能帮助他人可能是错误的，然而以同样的方式未能帮助自己似乎直观上并非错误；而且，一个人的一个行为可能因为它给其他人带来了更多的幸福而比另一个行为在道德上更好，然而，一个行为并不因为它给行为者自身带来更多的幸福就在道德上更好。"②而美德伦理学则与功利主义一样，肯定了行为者的自我利益。"它既将那些对行动者的益处和害处视为是与行为的道德评估紧密关联的，也将对他人的益处和害处视为是与行为的道德评估紧密关联的。"③在构建美德伦理学理论的过程中，斯洛特认为一种诉诸常识观点的常识主义美德伦理学既能避免不对称性的批评（优于常识道德和义务论），又能与常识相符（优于功利主义）。

但是，尽管功利主义或后果主义与常识主义美德伦理学都在自我—他人的对称性问题上避免了常识道德或者义务论理论所存在的不对称性问题，这也并不意味着功利主义和美德伦理学处于相同的地位。功利主义方法存在一些自身难以克服的问题，使其在道德实践中面临困难。

首先，功利主义所采取的还原主义策略并不符合常识。功利主义作

---

① 〔美〕迈克尔·斯洛特：《从道德到美德》，周亮译，南京，译林出版社，2017，第49页。
② 〔美〕迈克尔·斯洛特：《从道德到美德》，周亮译，南京，译林出版社，2017，引言第4页。
③ 〔美〕迈克尔·斯洛特：《从道德到美德》，周亮译，南京，译林出版社，2017，引言第4页。

为一种道德理论，在确定行为者应当如何行动时将行为所产生的后果作为唯一的标准，"为正当性、过错性、义务、可允许性、理性、审慎和正义提供了一种还原主义解释。（在非梯度性功利主义中）义务性被还原为（导向）对快乐（或幸福、偏好的满足）的最大化生产，而后者又被等同于好的结果或效果的最大化"①。这种还原主义的策略虽然能够保持功利主义理论自身的一致性，但是在斯洛特看来，这一策略使功利主义理论与我们的日常直觉在很多问题上产生了分歧。"根深蒂固的直觉与功利主义观点之间的鸿沟是巨大的，而且尚未被弥合或削弱。这一点实际上使我青睐我们的美德伦理学所体现出的那种较少的统一性与较多的直觉性的联合，而不愿接受一种概念上和伦理上更统一的功利主义，这种功利主义用一些理论的和方法论的理由要我们去拒绝我们在广泛范围内关于价值问题的直觉，这些价值问题不仅包括道德问题，也包括关于个人可赞赏性的问题。"②常识主义美德伦理学则采取了排除主义的策略，"排除了所有专门的道德概念/词语，而只使用可赞赏性这样的广义上的伦理词语"③。

其次，尽管功利主义与常识主义美德伦理学都具有常识道德和义务论所不具有的对称性，但是，斯洛特认为，前两种理论所具有的对称性含义并不相同。在功利主义的自我—他人对称性中，"功利主义以一种为每个个体赋予相同权重的标准来进行评价；他们在彼此分离的个体的意义上是自我—他人对称的。美德伦理学在集合体的意义上是自我—他人对称的，这意味着，它赋予了自我/行动者/特质的拥有者与作为一个种类或类别的其他人相同的权重"④。功利主义总是把社会总体福利的提升作为行为的评价标准和依据。在评价过程中，基于不偏不倚的立场，每个个体都与其他社会成员具有相同的道德地位，因此无法在功利主义的框架内获得像谢夫勒所说的特权，无法给予自己的个人利益以较大的考虑。

我们看到，斯洛特希望通过重新界定后果，用令人足够满意的后果来取代最佳后果，从而使后果主义理论能够回应严苛性异议。在《从道德到美德》一书中，尽管斯洛特已经转向美德伦理学，但是他仍然认为后果

① 〔美〕迈克尔·斯洛特：《从道德到美德》，周亮译，南京，译林出版社，2017，第210页。
② 〔美〕迈克尔·斯洛特：《从道德到美德》，周亮译，南京，译林出版社，2017，第283页。
③ 〔美〕迈克尔·斯洛特：《从道德到美德》，周亮译，南京，译林出版社，2017，第220页。
④ 〔美〕迈克尔·斯洛特：《从道德到美德》，周亮译，南京，译林出版社，2017，第278～279页。

主义理论所界定的后果并不必然就是行为的最佳后果。如果常识道德和义务论以严苛性为理由批评后果主义理论，那么后果主义理论仍然可以采取一种梯度性的后果主义观点来回应这一异议。但是，斯洛特也指出，这种梯度性的功利主义或后果主义观点虽然没有要求行为者做出过多的牺牲，因此可以在一定程度上免受严苛性异议，但原因在于"梯度性的功利主义实际上没有针对个体提出任何关于正当行动的要求，也没有提出任何关于正当行动的条件"①。这意味着，这种功利主义很难对行为者应当承担何种道德责任做出明确的界定。在斯洛特看来，即使这种梯度性的功利主义能够通过改进最佳后果而免受严苛性异议，仍然面临着贬低行为者个人价值的指控。斯洛特认为，他所提出的常识主义美德伦理学能够更多地考虑行为者本人的特殊性并肯定其在道德评价中的独立性。"常识主义美德伦理学允许个体卓越性具有一些独立于个体对群体、对整个人类的（可能）贡献的因素，所以看起来与功利主义相比，美德伦理学为个体赋予了更多价值，也更重视个体的优秀品质。在某种意义上，功利主义令每个个体在评价方面都被亿万人类的海洋淹没或吞噬。相反，而美德伦理学一方面在评价任何给定的人的时候都会为人类的更大关切赋予相当的权重，另一方面也接受、鼓励和尊重那些更加个体主义的卓越性。由此美德伦理学没有贬低或反对个体的价值，而功利主义却贬低和反对了个体的价值。"②

　　斯洛特认为，自己的理论并没有将美德限定在常识道德或义务论所限定的道德范围内，而是将那些涉己的美德也纳入其中，从而以"美德"取代"道德"，免除常识道德、义务论甚至功利主义理论在伦理考量中对行为者个体价值的贬低。这可以被看作常识主义美德伦理学对严苛性问题的回应。为了使美德伦理学免于严苛性异议，斯洛特肯定了涉己美德与涉他美德具有同等的地位，肯定了一个人追求自己个人利益的正当性。"美德伦理学允许，当一个给定的行动或特质（潜在地）增进了行动者自己的利益的时候，这种增进也会使得这个行动或特质得到比较有利的美德伦理学评价。"③斯洛特还认为，康德关于完全义务和不完全义务的区分也可以给美德伦理学以启示，美德伦理学可以遵循这一思路提出自己的行为规则。例如，既然康德可以将"不说谎"作为行为者的完全义务，美

①　〔美〕迈克尔·斯洛特：《从道德到美德》，周亮译，南京，译林出版社，2017，第287页。
②　〔美〕迈克尔·斯洛特：《从道德到美德》，周亮译，南京，译林出版社，2017，第287页。
③　〔美〕迈克尔·斯洛特：《从道德到美德》，周亮译，南京，译林出版社，2017，第138～139页。

德伦理学也可以提出相应的规则，对某些行为表示赞扬，对某些行为表示谴责。"原则上并没有任何理由认为，美德伦理学不能像康德主义或常识道德中的完全义务那样把某个种类的行动或特质的所有事例都视为错误的或应该受责备的那样，把某个种类的行动或特质的所有事例都视为是糟糕可鄙的。"①

严苛性问题的出现是因为人们认为后果主义理论在解决行为者自身利益与其他社会成员利益之间的冲突问题时，让行为者做出了超出自身承受能力的牺牲或损失。对后果主义进行批评的前提是，其他理论应当明确行为者在伦理实践中的义务而不是权利。常识主义美德伦理学与功利主义理论一样都具有自我—他人的对称性，但其"对称"的含义并不相同。功利主义强调的是作为行为者的个体成员与其他个体成员之间的不偏不倚性，常识主义美德伦理学强调的是作为行为者的个体或团体与行为者之外的作为另一个整体的其他个体或团体之间的不偏不倚性。这使常识主义美德伦理学没能清楚地界定自身与利己主义之间的界限。这种美德伦理学明确表示，当行为者个人利益与功利主义所规定的目标发生严重冲突的时候，行为者没有义务牺牲自己的个人利益而实现功利主义的目标。"我们对诸如正直、慷慨、审慎、仁爱和勇气等（主要）美德的通常理解中，从不要求我们假定，在任何与其自身利益严重冲突的时候，拥有这些美德的人始终最为大多数人的最大利益而行动。而且，进一步地，某个品格特质能帮其拥有者促进他自己的福利这一事实，并不被视为与对这个特质的正面评价无关的。"②如果行为者在个人利益与他人或社会整体福利严重冲突的情况下没有功利主义所界定的义务，那么在这种利益冲突不严重的情况下，行为者是否仍然没有牺牲自己的个人利益而促进他人或社会利益的义务？传统的美德伦理学如果要求行为者做出这种牺牲，理由是这样做是对美德的践行，而维护自己的个人利益和美德的践行无关。因此，亚里士多德才会赞赏行为者牺牲个人生命而救助他人的行为，因为这样做践行了美德。按照常识主义美德伦理的观点，既然行为者实现个人利益的行为和实现他人利益的行为都是符合美德要求的行为，那么在肯定涉己美德与涉他美德具有相同地位的情况下，常识主义美德伦理学能够提供什么样的动机理由来激发行为者放弃实践涉己美德而去践行涉他美德？而且，常识主义美德伦理学对自我—他人对

---

① 〔美〕迈克尔·斯洛特：《从道德到美德》，周亮译，南京，译林出版社，2017，第138页。
② 〔美〕迈克尔·斯洛特：《从道德到美德》，周亮译，南京，译林出版社，2017，第19页。

称性的理解也存在问题。功利主义具有的对称性要求对所有人等同视之，每一个人都是独立的个体。常识主义美德伦理学否认这种对称的合理性，认为这一观点贬低了行为者的价值。那么，如何理解美德伦理学的这种对称性呢？斯洛特似乎认为，应当将行为者作为一个比较的对象，而将行为者之外受行为影响的其他人都视为一个整体，并与行为者在利益得失上进行比较。这样，行为者促进自己利益的行为涉及涉己美德，行为者促进其他人利益的行为涉及涉他美德。这两种美德具有相同的地位，行为者与作为整体的其他社会成员也具有相同的地位。这种考虑对称性的方式放大了行为者自身利益的重要性，使行为者自身利益在同其他社会成员利益的竞争过程中处于有利地位。这虽然增加了行为者促进自身利益的可能性，但也在客观上增加了其他社会成员利益损失的可能性，难以避免利己主义的嫌疑，同时也缺少合理的理由对后果主义提出严苛性异议。

第三种观点是克里斯廷·斯旺顿的多元主义美德伦理学。斯旺顿在《美德伦理学：多元论观点》一书中试图表明，在自己所理解的多元主义美德框架下，道德不是严苛的，而是适度的。如果斯旺顿能够表明多元主义美德伦理学的合理性，那么她就能够以严苛性为理由批评后果主义。

斯旺顿对"美德"的概念界定是："美德就是一种好的品格特质，更具体地说，是一种倾向。这种特质或倾向在一种卓越或足够好的意义上符合或者认可美德的某个领域或某些领域的人或事物。"[①]在界定"美德"概念的基础上，斯旺顿进一步提出了对行为正确性的理解。关于行为正确性，赫斯特豪斯和斯洛特都从美德伦理学的角度提出了各自见解。赫斯特豪斯的观点前文已经述及；斯洛特则从基于行为者的美德伦理学出发，认为正确的行为就是那个展示或者表述了有美德的、值得赞扬的动机的行为。斯旺顿基于自己以目标为中心的美德伦理学，解释了何为正确的行为：

（1）一个行动在 V 方面（如仁慈、慷慨）是有美德的，当且仅当它击中了美德 V（如仁慈、慷慨）这一目标或者实现了目的。

（2）一个行动是正确的，当且仅当它从总体上看是有美德的。[②]

---

① Christine Swanton：*Virtue Ethics*，*A Pluralistic View*，Oxford，Oxford University Press，2005，p. 19.

② Christine Swanton：*Virtue Ethics*，*A Pluralistic View*，Oxford，Oxford University Press，2005，p. 228.

　　斯旺顿认为，"美德目标"是一个复杂的概念。它有可能是外在的，也有可能是内在的；有可能是积极的，也有可能是消极的。达成美德目标的途径也是多样的。可见，斯旺顿坚持的是一种多元主义的美德伦理学。

　　针对严苛性这一议题，斯旺顿在《美德伦理学：多元论观点》一书中用了一章的篇幅进行讨论。她认为，道德要求应当是适度的。这意味着行为者不应当超越自己的能力去实践美德。但是，践行美德在一定程度上对行为者提出了一定的道德要求，由此涉及严苛性问题。

　　斯旺顿区分了对严苛性问题的两种理解。第一种是在后果主义的框架中讨论严苛性。后果主义者在讨论道德要求问题时采取了一种极端主义的形式。这种极端主义的形式具有不偏不倚性和行为者中立的特征，即采取一种客观的道德立场。按照后果主义的思路来理解道德要求，人们会发现："道德要求是严苛的，因为普通的行为者很难实现这样的道德要求。"[1]后果主义理论基于不偏不倚和非个人的客观立场，要求所有行为者都按照其提出的道德要求行动，而不考虑道德实践的诸多具体要求。例如，面对同样的道德要求，那些能力较弱的人可能会抱怨践行这样的道德要求忽视了个人利益；而能力较强的人可能并不认可这种抱怨，或者会将社会利益直接视为自己的利益诉求。这样的理论因为没有考虑具体因素，特别是和行为者有关的因素，受到严苛性的指责。在斯旺顿看来，人们以严苛性为理由批评后果主义理论时，存在三个方面的问题。其一，这一批评"假定了一种以价值为中心的伦理学路径。结果，适度的观点被认为是要求我们给予一个具有较少价值的行为以不成比例的权重"[2]。依据这样一种以价值为中心的路径，假设行为者面临两个选项：一个选项对自己（或亲人、朋友）有利，但是产生的价值较少；另一个选项对其他人有利，但是产生的价值较大。如果一种道德理论总是要求行为者选择后者，那么这种理论就会与我们的直觉相违背，显得过于严苛。因此，后果主义的批评者在批评后果主义的严苛性时，与后果主义者一样，都采取了以价值为中心的伦理学路径。实际上，我们的道德考虑不应当也不可能完全建立在价值分配的基础上。其二，将"个人立场"与"私人的"和"自我利益"相混淆，将"非个人立场"与"个人立场"的对比混淆为

---

　　[1]　Christine Swanton：*Virtue Ethics*，*A Pluralistic View*，Oxford，Oxford University Press，2005，p. 199.

　　[2]　Christine Swanton：*Virtue Ethics*，*A Pluralistic View*，Oxford，Oxford University Press，2005，p. 200.

"非个人立场"与"自我利益"之间的对比。个人立场不仅包括自己的个人利益，也包括与行为者关系密切的其他人的利益。其三，如果对个人立场采取一种宽泛的理解，行为者强调个人立场，基于个人立场追求包括亲人、朋友的利益在内的利益就不能被视为利己主义的表现。道德理论允许行为者给予自己或与自己关系密切的人以较大的权重，这是基于对不同关系的考虑。我们不能因为行为者选择了符合自我利益的行为就认为他自私自利，因为适度的道德不仅允许行为者关注个人利益，也允许关注与其有密切关系的其他人的利益。

从上述分析来看，斯旺顿并不是完全否认道德要求的严苛性。既然道德理论向行为者提出了一定的道德要求，甚至要求行为者做出某种程度的牺牲，我们就不能否认道德要求具有一定的严苛性。但是，斯旺顿反对在后果主义的语境中理解这一问题，认为应当考虑一种"更加与行为者相关的严苛性"①。也即是说，我们在理解严苛性时，一方面应当肯定道德确实对行为者有所要求，另一方面应当在这一要求中考虑与行为者相关的诸多因素，而不是仅仅考虑中立于行为者的因素。这是对严苛性的第二种理解，也是斯旺顿认可的观点。与以价值分配为基础不同，斯旺顿对严苛性的讨论建立在人与人之间的关系基础之上。在她看来，她所坚持的道德理论允许行为者选择那个产生价值较小，但是对自己（或亲人朋友）有利的行为。这样做并不是"自私自利或者不理性的价值分配的结果，或者发明一种在论证上有问题的行为者相对的价值分配的结果。相反，这种权重的分配建立在关系而不是价值的基础上，即一个人同他自己的关系（自爱）。这一关系的一个表现就是一个人同他的（有价值）计划和利益之间的密切关系"②。

斯旺顿认为，多元主义美德伦理学对严苛性问题的回应是：在美德伦理学范围内，对道德的理解应当是适度的。这种适度不仅表现在美德层面上，而且表现在行为层面上。③ 这一理解与尼采的观点相同：我们不应当超出自己的能力去践行美德。

这意味着对美德的践行与行为者的能力相关，与利益没有必然联系。它强调道德要求的适度性。如果行为者试图培养超出自己能力范围之内

---

① Christine Swanton：*Virtue Ethics*，*A Pluralistic View*，Oxford，Oxford University Press，2005，p. 199.

② Christine Swanton：*Virtue Ethics*，*A Pluralistic View*，Oxford，Oxford University Press，2005，p. 201.

③ Christine Swanton：*Virtue Ethics*，*A Pluralistic View*，Oxford，Oxford University Press，2005，p. 204.

的美德，进而行动，那么他所形成的可能不仅不是美德，反而是恶德
（vice）。适度性"并不意味着我们必然应当给予自我利益以更大的位
置"①，像谢夫勒所认为的那样，应当允许行为者给予自己的个人利益以
较大分量的考量。美德的要求既可能是涉己的，也可能是涉他的。当然，
"主张美德在某种意义上要与一个人的能力相符，并不必然意味着行为者
不应当追求更大的能力"②。

　　斯旺顿还讨论了作为一种美德的完善主义（perfectionism）。完善主
义往往会被理解为对要求极高的美德的追求。这种追求甚至会超出行为
者自身的能力。斯旺顿希望通过重新理解作为完善主义的美德，来调和
完善主义美德和道德要求适度性这一主张之间的张力。她认为，人们在
对完善主义的理解上存在薄的和厚的两种概念。如果仅仅将作为美德的
完善主义理解为"致力于模仿极有美德的行为者的行动的倾向"③，这是
有问题的。如果这样的完善主义是美德的话，那么"义务行为就是那些极
有美德的行为者实行的行为"。这样的话，一个人有能力去实行这样的行
为却没有去实行，就是不被允许的。显然，这种意义上的美德伦理学会
成为一种要求严苛的理论。斯旺顿反对这一理解，认为行为者有可能在
某个方面是不完善的。如果行为者对卓越的追求是一个动态的过程，直
接模仿极有美德的人可能会对他的自我发展构成伤害，而且，一个人的
生活有可能是普通人的生活，不同于极有美德的生活。"在追求卓越方面
有良好的意向，并不必然意味着模仿极有美德的行为者的行为。"④完善
主义并不必然意味一种美德，在决定追求完善是否是美德的标志这一问
题上，仅仅看行为者做了什么、实现了什么、得到了什么结果是不够
的。⑤美德也关涉个体的内在状态。"要决定完善主义的追求是否是一种
美德或恶德的标志，需要对个人自身的精神、其行为在具体情境中的事
实、他所处的社会环境以及他对社会的态度之间的关系有一个综合性的

---

　　① Christine Swanton：*Virtue Ethics，A Pluralistic View*，Oxford，Oxford University
Press，2005，p. 204.

　　② Christine Swanton：*Virtue Ethics，A Pluralistic View*，Oxford，Oxford University
Press，2005，p. 204.

　　③ Christine Swanton：*Virtue Ethics，A Pluralistic View*，Oxford，Oxford University
Press，2005，p. 204.

　　④ Christine Swanton：*Virtue Ethics，A Pluralistic View*，Oxford，Oxford University
Press，2005，p. 206.

　　⑤ Christine Swanton：*Virtue Ethics，A Pluralistic View*，Oxford，Oxford University
Press，2005，p. 207.

理解。"①因此，斯旺顿主张采取一种适度的态度来理解作为美德的完善主义。完善主义的追求是否应当被视为有美德的完善主义的标志，取决于诸多因素，包括动机的深度和意图、智慧的程度，包括对个人的能力和天资及对其他人影响的严重程度、对其他人的责任程度、行为者所要实现的目标的价值、行为者实现目标的可能性以及努力程度等诸多因素的自我认知。② 在此问题上，我们应当采取一种适当的理解。这一理解要将尼采"不要超越你的能力去践行美德"的告诫包括进去。这样一来，作为完善主义的美德就与"美德伦理可以是适度的"这一主张相容了。

综上所述，斯旺顿的美德伦理学在美德要求这一问题上坚持了一种适度的态度。一方面，尼采"不要超越你的能力去践行美德"之说并不是普遍的命令，而是对作为整体的道德的描述。"道德是适度的"这一主张也是对作为整体的道德的表述。另一方面，这种适度性并不意味着超出一个人的能力去践行美德永远不值得赞扬，在一定的情境中一个人永远不被要求去践行美德。因此，人们在主张作为整体的道德是适度的同时，也应该允许有时候实行非常严苛的行为在道德上是值得赞扬的，甚至是必需的。

斯旺顿的多元主义美德伦理学的适度观点与谢夫勒的适度的道德并不相同。这两种理论的适度性标准不一样。谢夫勒通过强调个人观点的独立性来降低过高的道德要求，即允许行为者给予自己的个人利益以较大分量的考虑，但是也允许行为者按照后果主义的道德要求行动。对于谢夫勒来说，适度的道德需要同利己主义理论划出界线，因为他的理论并没有明确界定行为者应当遵守的道德要求的限度。斯旺顿认为，适度性的标准是行为者的能力或者力量。如果斯旺顿坚持"不要超越你的能力去践行美德"这一主张，那么这一主张就是一个否定性的主张，它仅仅要求行为者在践行美德的时候不要超出自己的承受能力。如果超出自己的承受能力，一方面可能无法实现践行美德的目标，另一方面也会对自身构成伤害。如果一个人的能力是这个人践行美德的上限（我们不能要求一个人超出他的能力去践行美德），那么对美德的践行是否存在下限？对美德伦理学而言，正确的行为既不是遵守后果主义那样的原则，也不是遵守义务论的约束，而是实行符合美德要求的行为。对斯旺顿来说，实行有美德的行为就是实行实现美德目标的行动，而美德目标在斯旺顿的多

---

① Christine Swanton：*Virtue Ethics*, *A Pluralistic View*, Oxford, Oxford University Press, 2005, p. 208.

② Christine Swanton：*Virtue Ethics*, *A Pluralistic View*, Oxford, Oxford University Press, 2005, p. 209.

元主义美德理论框架内显然并不是一个容易确定的因素。如果一个人践行美德的能力是一定的，那么行为者是否可以实行低于美德能力要求的行为？谢夫勒适度的道德理论允许行为者这样做，只要这样做符合他所规定的有利于行为者的权重比例，或者不对其他人造成伤害。斯旺顿则没有给出明确的答复。在她的多元主义框架下，一个人在某种具体情境中需要实施的正确行为是否是唯一的呢？是否按照一种考虑，行为者具有一种能力，就应当践行一种行为，而在另外的考虑中，行为者的能力会发生变化，应当践行的行为也就发生了变化？尽管斯旺顿也强调美德的客观性，但是在多元主义的视角下，客观性是很难达成的目标。

斯旺顿的理论的另外一个问题是试图调和美德的严苛性与满足行为者能力的适度性，而这种调和很难说是成功的。在传统的美德伦理学中，特别是在亚里士多德的伦理学中，行为者应当以有美德的行为者为榜样，追求一种符合美德要求的生活。作为一种道德目标，对这种美德生活的追求是不能打折扣的，即使普通人很难实现这种目标。但是，斯旺顿一方面不想完全否定完善主义是一种美德，另一方面却又认为对完善主义美德的追求应当以不超出个人能力为前提。因此，这种有限制的完善主义是否还属于完善主义是值得商榷的。总体而言，斯旺顿对多元主义美德伦理学的适度性的强调不能成为对后果主义进行严苛性批评的理论根据。

第三节　后果主义者的回应

分析了美德论者对后果主义进行严苛性批评的可能理由，我们需要从后果主义的角度来分析美德论的观点。在对美德论的批评中，很重要的一点是，批评者认为美德伦理学与利己主义具有密切的联系，特别是在以幸福为目的的美德论中，一旦美德被界定为行为者为了自身的个人幸福而具有的品质，这种美德论就染上了利己主义的色彩。美德论者朱莉亚·安纳斯在反驳式的论文《美德伦理学与利己主义的指控》中指出了这一问题："我们都在乎拥有慷慨、勇敢和公平，这看起来好像是我们在乎其他人，因为我们所在意的是拥有一种帮助别人、尊重别人或者在别人受到威胁时进行干预的倾向。但是对别人的关心要经由我们自己的倾向展现出来，这是正确的吗？在乎美德就是过于聚焦我们自身吗？"[①]按

---

① Paul Bloomfield: *Morality and Self-interest*, Oxford, Oxford University Press, 2008, p.205.

照常识道德的观点，有美德的行动一般而言要对他人有利，这种有利于他人的行动甚至需要行为者付出较大的自我利益的损失。如果说美德论特别是幸福主义的美德论强调美德的行动是为了实现个人幸福这一最终目的，或者像朱莉亚·安纳斯所指出的，"许多美德伦理学家都遵从亚里士多德以及其他经典美德伦理学传统，认为美德有利于其拥有者"①，那么利己主义的批评者确实有理由提出如下批评："如果美德通过实现我的繁荣而有利于我，那么我获取或实践美德的理由似乎就是我对自己繁荣的追求。"②美德论的批评者托马斯·胡卡认为，美德论"从根本上是利己主义的"③，即使安纳斯试图通过对"繁荣"（flourish）一词的解释，论证一个人通过实践美德去追求个人繁荣时，这种有美德的行动即使"有利于美德的拥有者，也绝不是利己主义的"④，并且"我们在乎拥有慷慨、勇敢和公平时，非常直接地说，在乎的是其他人"⑤。美德论者强调实践美德对行为者自己的益处，而不是一味地强调行为者的美德具有利他的性质。一个很重要的原因可能是要为行为者实行美德提供相应的动机。如果美德总是仅仅有利于其他人而不是行为者，甚至总是有害于行为者，那么行为者很难有动机去实行有美德的行动。尽管安纳斯强调一个人只能自己亲自去过一种有美德的生活，从而实现自身的繁荣，无法代替别人实践美德，去实现别人的繁荣，但是这种对行为者自身繁荣的强调仍然使美德论的目的难以免受利己主义的批评。一旦美德论与利己主义具有某种联系，美德论的道德要求也就是一个成问题的概念了。

解决道德冲突问题时的无力，是美德论面临的另一个批评。仅仅依据美德，行为者是否能够正确处理不同道德责任之间的冲突？美德论者认为，一个具有美德的行为者能够正确处理各种责任之间的冲突，而有美德的人也能够在实践活动中正确处理不同选择之间的冲突。但是在形成这一信念之前，美德论者需要解决两个问题。第一个问题是：在美德论者那里，美德是多种多样的，而且多种多样的美德之间并不总是融洽

---

① Paul Bloomfield：*Morality and Self-interest*，Oxford，Oxford University Press，2008，p. 207.

② Paul Bloomfield：*Morality and Self-interest*，Oxford，Oxford University Press，2008，p. 207.

③ Paul Bloomfield：*Morality and Self-interest*，Oxford，Oxford University Press，2008，p. 232.

④ Paul Bloomfield：*Morality and Self-interest*，Oxford，Oxford University Press，2008，p. 220.

⑤ Paul Bloomfield：*Morality and Self-interest*，Oxford，Oxford University Press，2008，p. 221.

相处的。美德论者反对功利主义和义务论的一个重要论点是，无论是功利主义还是义务论，它们都预设了一个不偏不倚的立场，而在美德论者看来，美德是多元的，并不存在一个协调各种美德的最终的标准或准则。如果是这样的话，美德之间势必会发生冲突。如果行为者基于诚信的美德和行善的美德而形成了不同的决策，而行为者又不可能同时实行这两个决策，那么基于哪种美德的决策或者行动应当占据上风呢？美德论者除了宣称"诉诸美德"之外，不能再提供进一步的依据。第二个问题是：行为者的不同道德责任之间也并非总是一致的，而是经常发生冲突。当基于不同美德而产生的道德责任发生冲突的时候，行为者应当如何在相互冲突的责任中做出选择？美德论者坚持美德的多元性以及具体实践情境的复杂性，这就使他们没有办法消除责任之间的冲突。因此，"美德理论不是对伦理学的一种问题导向的探讨，因为它仅仅在一种引申的意义上讨论行动的规则和原则。它所引申出来的那些'应当'，对于尚未获得必需的道德见识和道德敏感性的人来说经常显得模糊、毫无帮助"[①]。

　　除此之外，美德论还需回应以下质疑：美德论是否能够作为一种独立于功利主义或者义务论这样以规则为中心的伦理学理论而存在？当美德论者为行为者的责任进行辩护时，美德论是一种独立的伦理学理论，还是对规则伦理学的一个补充？无论是功利主义还是义务论，它们都十分强调规则在道德实践中的重要作用，但是也都不否认美德的重要作用。这两种理论与美德论的重要区别在于：在这两种理论的倡导者看来，"美德的概念是一个引申性的概念——美德是从道德原则中引申出来的，或者是从严格地遵守和服从道德原则的倾向中引申出来的。美德具有重要性，仅仅是因为具有美德有助于我们履行正确的行动"[②]。因此，功利主义者和义务论者并没有忽视或否定美德在道德实践中的作用。或许美德论者同功利主义和义务论者一样，也认为美德应当作为某种规范伦理学理论的一个组成部分，而不是独立于这些伦理学理论。但是实际上，从美德论者对功利主义者和义务论者的严厉批评来看，他们并不倾向于仅仅将美德论作为某种伦理学理论的一个部分，而是认为，美德论是独立于功利主义和义务论的一种伦理学理论。这样的极端的美德论者面临的一个困境就是：如果美德没有相应的规则，那对美德的培养就只能成为空话。美德论者还可以提供进一步的理由，如行为者可以以那些已经具

---

①　徐向东：《自我、他人与道德》，北京，商务印书馆，2007，第 646 页。

②　徐向东：《自我、他人与道德》，北京，商务印书馆，2007，第 638～639 页。

备美德的行为者为榜样，向他们学习如何行动。但是，批评者也可以进一步追问：具有美德的行为者是如何培养出美德的？难道不是通过对具体的规则的遵守，从而慢慢形成稳定品质的吗？因此，如果美德论者不认为行为者必须通过制定并遵守规则的方式来培育美德，履行社会责任，而只需通过培育美德就可以实现目的，那么他们就必须说明培育美德究竟是通过何种途径实现的。

第五章　修正的后果主义

第一节　最佳与非最佳的后果

通过前面的论述，我们已经看到，谢夫勒的混合理论和义务论都对后果主义的道德要求提出了批评，认为后果主义过于严苛。

谢夫勒的理论认为，后果主义理论仅仅强调非个人的观点，忽视了行为者的个人观点的道德独立性，使得行为者在实行产生最佳后果的行为时忽视对个人计划的追求，而混合理论赋予行为者以行为者为中心的特权，使得行为者可以给予个人计划以不成比例的关注，从而使道德理论对行为者的要求没有后果主义理论那么严苛。但是，混合理论在促进善上没有为行为者设置足够的义务，特别是按照特权的第二种形式，只要行为者没有伤害别人，就可以不去实行产生最好后果的行为。这就使行为者没有义务救助处于危难中的人，即使不需要付出多大代价。在避免要求过于严苛的同时，谢夫勒的混合理论陷入了"允许"太多的困境。

义务论者则认为，行为的后果并不是决定行为正确性的（唯一）因素，后果主义的后果存在义务论的约束，这些约束使行为者不应当为了后果主义的（最佳）后果而实行某些行为，即使这些行为能够产生后果主义所要求的后果。义务论的约束使得义务论者并不是一概而论地批评后果主义要求过于严苛，因为它有可能要求行为者承担非常大的损失，如牺牲自己的个人利益或者放弃个人计划。在行为者没有违反义务论约束的前提下，义务论者认为行为者可以在实现最好后果的行为和有利于个人计划的行为之间做出选择。在此情形下，如果后果主义理论要求行为者只能选择那个产生最好后果的行为，那么义务论者认为，这一要求是严苛的。但是义务论在此面临着和混合理论相同的困难，即如果行为者没有违反义务论的约束，义务论允许行为者总是选择那个有利于实现个人计划的行为。也就是说，义务论取消了行为者帮助或者行善的义务，将一切促进善的行为都列为分外善行。义务论者不满足于此，又希望行为者有促进善的义务。他们试图求助于康德关于完全义务和不完全义务的区分和罗斯的直觉主义义务论，但是并不成功。

　　基于上述认识，可以认为，无论是混合理论还是义务论，它们都没有为它们对后果主义严苛性的批评提出充分的根据。尽管混合理论和义务论并没有对后果主义严苛性的批评提供充分的辩护，但是这并不表明后果主义者不需要对自身理论进行反思。当后果主义的批评者批评后果主义理论要求过于严苛时，他们实际上是在批评后果主义者的道德要求忽视了行为者的个人计划，从而将本来属于行为者分外善行的行为当作行为者的义务，对行为者提出了过于严苛的要求。如果后果主义理论可以通过修正，一方面坚持后果主义的基本要求，另一方面符合日常道德关于义务和分外善行的区分，确实会使后果主义理论赢得更多的支持。

　　我们知道，后果主义理论包含两个方面的基本要素。一个要素是由行为的后果来决定行为的正确性，另外一个要素是这一后果是从不偏不倚的非个人观点出发得出的。一些后果主义者认为，在坚持这两个基本要素的前提下，后果主义理论不会必然要求行为者去实行产生最佳后果的行为。这些后果主义者区分了两种不同类型的后果主义理论，一种被称作"最佳后果主义"(optimizing/maximizing consequentialism)，另外一种被称作"次最佳的后果主义"(sub-optimizing consequentialism)。最佳后果主义理论是通常意义上的后果主义。当混合理论和义务论的支持者反对后果主义理论时，他们所理解的后果主义就是这种最佳后果主义。次最佳的后果主义理论是对最佳后果主义理论的修正。斯洛特在谈到这两种后果主义的区别时认为：

　　　　一个行为的正确性完全取决于它的后果，如取决于它的后果(在非个人的意义上)有多好，这一观点与如下观点是分开的：一个行为的正确性取决于这一行为所具有的(在当时情形下可产生的)最佳后果。第二个观点蕴含着第一个观点，但并不是反之亦然。通常的后果主义概念蕴含了这两个观点。①

　　也就是说，通常的后果主义判断行为者是否应当实行某个行为，是看行为是否促进了后果主义的最佳后果。斯洛特则认为，后果主义理论本身并没有要求行为者实行产生最佳后果的行为，它对行为者的要求仅仅是：行为者是否实行某个行为，取决于这个行为所产生的不偏不倚的

---

　　①　Michael Slote & Philip Pettit："Satisficing Consequentialism"，*Proceedings of the Aristotelian Society*，1984(58).

后果。这个后果不一定是最好的后果。如果说谢夫勒的混合理论在反对后果主义理论时针对的是后果主义的不偏不倚性或者非个人性，进而强调个人观点的道德独立性，而义务论在反对后果主义理论时针对的是后果主义将后果作为评价行为正确性的唯一标准，进而认为义务论的约束对后果主义的后果构成了限制，那么斯洛特这样的修正的后果主义者在反对通常的后果主义理论时，并没有反对后果主义的不偏不倚性和将后果作为评价行为正确性的唯一标准，而是反对通常的后果主义将最佳后果作为评价行为正确性的唯一标准。如果我们将不同行为所产生的各种后果进行排列，无疑除了最佳后果之外，也会产生其他好的或者更好的后果。例如，行为者如果向慈善机构捐款，那么他捐 50 元会产生一个好的后果，捐 100 元可能会产生一个更好的后果，而按照通常的后果主义理论，存在一个最好的后果。如果我们将这些不同的好的后果进行排列，假设最好后果就是 100％的好后果，那么其他好后果可能是 10％、20％或者 40％的好后果。在斯洛特看来，后果主义理论本身并没有要求行为者必须去实行那个产生 100％好后果的行为，而是说可能存在一个足够好的后果。行为者只要得到了这个足够好的后果，就符合了后果主义的要求。因此，斯洛特认为存在这样的后果主义观点：

> 对于一个坚持正确性完全依赖于一个行为的后果有多么好的人来说，他不可以希望能坚持认为有时候少于最好就是足够好，换句话说，坚持认为一个行为可以通过具有足够好的后果而有资格在道德上是正确的吗，即使在当时的情形下这一行为可以产生更好的后果？[1]

斯洛特将这一观点称为"令人足够满意的后果主义"（satisficing consequentialism）[2]。这种后果主义理论一方面满足了后果主义的基本要求，另一方面又符合日常道德。它既承认行为者具有促进善的义务，又将分外善行包含在内，从而避免了对后果主义要求过于严苛的指责。

还有一种后果主义理论是墨菲的集体后果主义（collective consequentialism）理论。和斯洛特有所不同，墨菲并不认为严苛性问题对于后果主义理论来说是一个真正的挑战。在墨菲看来，如果我们要说某一种理论

---

[1]　Michael Slote & Philip Pettit："Satisficing Consequentialism"，*Proceedings of the Aristotelian Society*，1984(58).

[2]　"satisfice"是一个由"satisfy"和"suffice"合成的词。

所提出的要求过于严苛，那么首先必须有另外一个不同的道德要求作为参照。这一要求与后果主义的道德要求相比，对行为者提出了比后果主义要求低但是又可以得到合理辩护的要求，然后反对者才可以以此要求为基准来批评后果主义的道德要求。前文的论述已经表明，无论是谢夫勒的混合理论还是义务论，它们都没有办法为这样一种其道德要求低于后果主义要求的适度理论提供合理的辩护。所以，墨菲认为，严苛性问题对于后果主义理论来说并不是一个真正的挑战。但是，墨菲并不因此认为通常的后果主义理论是完全合理的。在《非理想理论的道德要求》一书中，墨菲致力于寻找一个合理的行善原则。他将功利主义传统的行善原则称为"最佳行善原则"（optimizing principle of beneficence）。这一原则要求每个人的行动要产生与他在任何其他可利用方式下的行动相比，同样巨大的可预期的总利益（假设有理由相信）。这一最佳原则会不断要求每个行为者，直到行为者的进一步努力带给行为者的负担和这一努力给其他人带来的利益一样多。[①] 墨菲认为，最佳行善原则的问题并不在于这一原则是一个过于严苛的原则。在一个人人都遵守最佳行善原则的社会中，对这一原则的遵守"会最好地促进总体上的好生活……我们可以假设在完全遵守的情况下，最佳行善原则对每个行为者的要求会彻底下降，并且这一要求会继续下降，因为这一行善的高标准减少了进一步行善的需要"[②]。也就是说，在一个社会中，如果所有人都遵守最佳行善原则，那么这个社会需要被救助的人的数量会不断降低，从而使整个社会保持一种良性循环的状态。但是我们所处的现实社会并不是这样一个完全遵守最佳行善原则的社会，而是一个部分遵守这一原则的社会。有些人遵守这一原则，有些人不遵守这一原则。在这种部分遵守的情况下，如果其他人不遵守这一原则，那么对于遵守这一原则的行为者来说，他们要想实现原先按照最佳行善原则所确定的目标，就必须不仅要完成自己原先的份额，而且必须完成原来应当由其他人完成而现在为了实现原来的目标需要由行为者本人来完成的份额。在墨菲看来，如果某个理论要求行为者超出自己的份额去履行需要由其他人履行的份额，那么这一理论就向行为者施加了极端的要求。与最佳行善原则不同，墨菲提出了另外一个行善原则：集体行善原则（collective principle of beneficence）。

---

① Liam Murphy: *Moral Demands in Nonideal Theory*, Oxford, Oxford University Press, 2000, pp. 10-11.

② Liam Murphy: *Moral Demands in Nonideal Theory*, Oxford, Oxford University Press, 2000, p. 12.

这一原则认为，行为者在部分遵守的情况下，只需要完成在完全遵守情况下行为者应当完成的份额。行为者并不需要为了实现完全遵守情况下的目标而必须超过这一份额，去完成本来应当由其他人完成的份额。[①]

斯洛特和墨菲都认为自己的理论达到了两个目的。第一，与最佳后果主义相比，无论是令人足够满意的后果主义还是集体后果主义，它们都在后果主义理论的框架内向行为者提出了低于最佳后果主义要求的要求。这就使得二人的理论不像最佳后果主义理论那么严苛，可以避免后果主义的反对者所提出的严苛性批评。第二，他们的理论通过对最佳后果主义的修正，都符合日常道德关于义务和分外善行的区分。在斯洛特那里，行为者只需要实行那个产生足够令人满意的后果的行为，而不需要去实行那个产生最佳后果的行为。按照墨菲的集体后果主义，行为者在其他人不遵守最佳后果主义的情况下，只需要实行完全遵守最佳后果主义所要求的份额，不需要去实行那个在不完全遵守情形下产生最佳后果的行为。为了弄清楚修正的后果主义理论是否真正实现了这两个目的，我们需要对斯洛特和墨菲的理论进行详细考察。笔者试图表明，无论是斯洛特令人足够满意的后果主义，还是墨菲的集体后果主义，它们都没有实现预定目标。斯洛特和墨菲在后果主义理论上的失败促使后果主义者思考两个方面的问题。第一，后果主义理论自身是否是一种足够合理的理论，这一理论的合理性使得后果主义理论并不需要对自身进行改变以便符合日常道德。第二，后果主义理论是否能够在坚持自身基本要求的前提下，通过某些方面的修正来符合日常道德的要求。如果后果主义者既能够表明后果主义理论自身的合理性，又能够表明后果主义理论不可能通过对自身的改变而符合日常道德，那么对后果主义理论的修正就显得既没有必要，也不可能成功。

第二节　次最佳的策略

斯洛特认为，通常的后果主义理论，也就是最佳后果主义，将行为的最佳后果作为决定行为正确性的标准。这是对后果主义理论的一种狭窄的理解。后果主义理论本身并没有要求行为者应当实行那个产生最佳后果的行为，只是要求行为者实行产生"足够好"的后果的行为。但最佳

---

① Liam Murphy：*Moral Demands in Nonideal Theory*，Oxford，Oxford University Press，2000，pp. 84-88.

后果主义认为，只有最佳的后果才是"足够好"的后果，这显然是不合理的。斯洛特从经济学文献中找到了一个概念"令人足够满意"（satisficing）。这一概念在经济学中可以表述如下观点：（理性的）经济人有时候可以选择足够好的东西，而不考虑他们选择的东西是否是在当时的情境中可得到的最好的东西（结果）。① 如果经济学上的这一观点合理的话，那么我们在伦理学中也应当考虑这一观点的合理性。

我们可以通过斯洛特所举的一个例子来理解令人足够满意的后果主义。一个人计划搬到另外一个地方居住，要卖掉自己的房子。他可能并没有打算在卖房上为了最大限度地获取利益，而对这栋房子标出一个当时最高的价格。相反，这个人可能只是希望得到一个在他看来好的或者令人满意的价格。决定价格是否令人满意的因素有很多，如这个人买房子的价格，这个人居住地的房子成本以及房子本身的状况。这个人虽然可能对房子的价格做出某种变动，但是他的这一变动仍然基于得到一个令人足够满意的价格，而不是得到一个更高的或者最好的价格。这个人之所以这样做，并不是出于对房子有可能卖不出去的担心，或者是要以一个更高的价格卖出这栋房子可能需要花费更高的成本，也不是因为这个人很有钱，以更高的价格卖出房子所得的钱对他来说意义不大。他这样做的原因仅仅在于：他是一个"足够满意的人"（satisficer），他的欲求和需要都是适度的。这样的人满足于"足够好"，并不去追求最大限度地实现自己的期望。②

斯洛特认为，在这个例子中，行为者的选择"很明显没有例示西季威克这样的功利主义者和罗尔斯这样的反功利主义者所提倡的最大化或者最佳的个人合理性的模式"③，因为行为者并没有以最大限度地获取利益作为行动的准则，而是选择了一种令人足够满意的行动准则。但是，在这个例子中，行为者的选择似乎也没有例示斯洛特所提倡的令人足够满意的合理性。如果行为者不是出于慈善目的而是要赚取利益，那么通常的想法是在同样的条件下尽可能得到更多的利益。对于行为者来说是如此，对于非个人的公司来说也是如此。例如，如果一个公司对外界宣称自己在某个时期的发展要保持一个适度的速度而不是一个非常高的速度，

---

① Michael Slote & Philip Pettit："Satisficing Consequentialism"，*Proceedings of the Aristotelian Society*，1984(58).

② Michael Slote & Philip Pettit："Satisficing Consequentialism"，*Proceedings of the Aristotelian Society*，1984(58).

③ Michael Slote & Philip Pettit："Satisficing Consequentialism"，*Proceedings of the Aristotelian Society*，1984(58).

那可能是因为这个公司的负责人认为，如果公司的规模膨胀过快，可能会产生相应的负面结果，而这一负面结果可能危及公司今后的发展。所以，这样一个适度的发展速度对这个公司来说是一个最佳的选择。但是，如果这个公司在某一个时期的发展速度已经不适于公司的发展需要，比如说，如果加快发展速度必定会使这个公司获得更好的发展，那么虽然保持原来的发展速度也会使公司获得一定的发展，但通常公司的负责人会做出加快发展的决定。"如果一个公司拥有其他可能的选择，而这一选择在其期望水平上或者超过期望水平，这个公司会在所知道的可能选项中选择最好的选项。"①

斯洛特意识到了这一点，又通过另外一个例子②表明，行为者选择一个次最佳的选项是合理的。在第二个例子中，行为者已经吃了一顿很好的午餐，并不饿，但是如果有一块糖果或者一杯可乐，行为者也愿意享用。现在行为者旁边的冰箱中就有公司免费提供的这些东西。在此情形下，斯洛特问，行为者是否必然会去享用这些东西？斯洛特的回答是否定的。在他看来，行为者有可能不去享用这些东西。这并不是因为行为者担心这样做会影响自己的晚餐，也不是因为行为者正在节食或者很忙，而是因为行为者是一个适度的人："我们并不是无限度地追求最佳或者最大限度的后果的人，有时候我们在欲求和需要上是（更加）适度的。这样的适当（modesty）或者适度（moderation）对我们来说并不就是不理性或者不合理的。"③

斯洛特力图表明个人实行次最佳行为的合理性，因为这一点对他的论证来说特别重要。我们知道，密尔这样的经典功利主义者在论证功利主义目标的合理性时，正是首先论证了个人应当最大限度地追求个人幸福，然后再论证行为者应当最大限度地追求普遍幸福。如果斯洛特能够证明个人实行产生次最佳后果的行为和实行产生最佳后果的行为一样是合理的，那么他就可以按照最佳后果主义的论证思路，首先表明个人实行次最佳行为是合理的，然后表明个人在实行促进善的行为时，实行产生次最佳后果的行为和实行产生最佳后果的行为一样是合理的。这就使他的理论至少具有两个方面的优点。一方面，次最佳的后果主义理论可

① Michael Slote & Philip Pettit："Satisficing Consequentialism"，*Proceedings of the Aristotelian Society*，1984(58).

② Michael Slote & Philip Pettit："Satisficing Consequentialism"，*Proceedings of the Aristotelian Society*，1984(58).

③ Michael Slote & Philip Pettit："Satisficing Consequentialism"，*Proceedings of the Aristotelian Society*，1984(58).

以避免最佳后果主义理论的批评，因为前者采取了和后者一样的论证思路。只要最佳后果主义者认为次最佳后果主义关于个人实行产生次最佳后果的行为是合理的，那么他们就必须接受次最佳后果主义的结论也是合理的，因为这一结论是通过与最佳后果主义一样的论证方式获得的。另一方面，次最佳后果主义避免了最佳后果主义面临的道德要求严苛性的批评，因为它所提出的是一种适度的要求。

斯洛特认为，如果行为者面临两个选项，这两个选项都是足够令人满意的选项（一个是产生最佳后果的选项，另一个是产生非最佳后果的选项），行为者没有选择前一个选项而是选择了后一个选项，行为者的选择仍然可以是合理的。这一合理性的依据在于"适度"这一特性的合理性。斯洛特给予适度这一特性以充分的重视。

> 适度并不是作为较大的总体满足的手段而发挥作用的，因此非常不同于享乐主义者所推荐的工具性美德。我所讨论的适度并不是为了其他任何东西，实际上也可能不是为了它自己，如果那意味着适度是某种值得称赞的特性或者美德。如果一个人习惯于不去尽力弥补从各种情形中获得的最后的满足，并且满足于某种低于他所能达到的最多或最好数量的合理数量，那么这个人在欲望和满足方面就具有一种适度或者适当的习惯，并且具有这一习惯可能不是不合理的，即使（一个人承认）最大限度地实现满足这一相反的习惯可能也不是不合理的。①

在表明了行为者在个人层面上实行次最佳行为同个人实行最佳行为一样是合理的之后，斯洛特又通过类似方式表明行为者在道德层面上实行次最佳行为同实行最佳行为一样也是合理的。在这里，我们需要将斯洛特次最佳的后果主义与谢夫勒提出的混合理论区分开来。虽然这两种理论都试图通过降低后果主义的道德要求来避免严苛性的指责，但是至少在两个方面是不一样的。首先，谢夫勒通过对特权的限制来为行为者设定促进善的义务，斯洛特则认为行为者促进善的义务是指行为者有义务去促进"次最佳"后果（并不是所有好的后果都可以被称为"次最佳的后果"）。因此，虽然令人足够满意的后果主义"与传统的最佳后果主义相

---

① Michael Slote & Philip Pettit: "Satisficing Consequentialism", *Proceedings of the Aristotelian Society*, 1984(58).

比，给个人偏好和计划留出较大的余地，然而与最具常识的观点相比，在允许行为者做什么上，它又提供了较小的余地。日常道德大概会允许（能够做得更好的）行为者追求那些对人类总体的好生活并没有多大贡献的计划，而令人足够满意的后果主义——除非它在什么是足够好上坚持一种非常弱的观点——会排除这样的计划"①。其次，这两种理论在为什么允许行为者实行非最佳的行为上也给出了不一样的理由。谢夫勒的理由是后果主义理论忽视了个人观点的道德独立性，而他的混合理论认为个人观点独立于非个人观点，具有道德上的独立性。所以，谢夫勒的理论是非后果主义的。斯洛特的理论仍然是一种后果主义理论。即使承认与最佳后果主义相比，令人足够满意的后果主义能够在道德上容纳更多的个人偏好和个人完整性，并且更接近于（但少于）日常道德所容纳的个人偏好和个人完整性，斯洛特的理论对个人完整性和个人偏好的容纳也仍然处在后果主义理论的框架内。既然斯洛特没有选择和谢夫勒一样通过论证个人观点的道德独立性，来为行为者实行非最佳行为的合理性进行辩护，而是通过诉诸适度这一特性来表明行为者实行次最佳行为的合理性，那么我们需要看一下斯洛特的论证是否是成功的。

假设行为者面临两个选项，一个选项可以产生最佳后果，另一个选项可以产生次最佳的令人足够满意的后果，行为者应当选择哪一个选项呢？支持选择最佳后果的理论需要表明为什么行为者应当选择那个产生最佳后果的选项，或者为什么这一选择是合理的；支持选择次最佳后果的理论也需要表明为什么行为者应当选择那个产生次最佳后果的行为。如果说最佳行为后果主义采取的策略是直接确定一个产生最佳后果的行为，然后认为行为者应当选择这个行为，使行为的正确性依赖于行为所产生的最佳后果，次最佳的后果主义理论则是希望找到那个次最佳的令人足够满意的后果，然后表明只要实行了产生次最佳后果的行为，行为者的选择就是正确的。我们需要问的是，次最佳的后果主义关于行为正确性的标准是什么？按照这一后果主义理论支持者的观点，行为者的行为是否正确取决于这个行为是否至少产生了次最佳的后果。也即是说，次最佳后果主义的行为正确性标准所产生的正确行为并不是一个，而是有一个范围，处在这个范围之内的行为都是正确的行为。

在这里，斯洛特所面临的第一个问题是，如何确定次最佳的后果。

---

① Michael Slote & Philip Pettit："Satisficing Consequentialism"，*Proceedings of the Aristotelian Society*，1984(58)．

和最佳后果主义不同，次最佳的后果主义确定的正确行为是一个包含不同行为的行为集合，而且这个行为集合内的行为所产生的后果是不一样的。在斯洛特看来，这个集合内的次最佳行为所产生的后果应当是"足够大或者充分接近行为者所能做的最好的，以便使否定这些行为的正确性是不合理的"①。但是，这一界定仍然无助于我们理解什么样的行为才算次最佳行为。正如我们在分析谢夫勒的理论时所指出的，试图在行为者的义务和分外善行之间划分界限，从而既降低道德理论对行为者的要求，同时使行为者在促进善上具有一定的义务，这一做法是不成功的。斯洛特也面临和谢夫勒一样的问题。斯洛特在表明非最佳行为的合理性时举了一个例子。② 在这个例子中，一个医生希望帮助其他人减轻痛苦。基于个人理由，他特别为印度人的困境所打动，希望到印度做一名志愿者。最佳后果主义者建议这个医生应当首先考虑印度居民的状况是否比其他国家居民的状况更为糟糕。如果医生到其他国家工作能够比他到印度工作产生更好的后果，那么最佳后果主义者会认为他到印度做志愿者是一个错误的决定。斯洛特认为，基于次最佳的后果主义，这个医生可以不考虑其他国家居民的状况，直接到印度去做志愿者，因为他这样做已经能减轻人们的苦难。这一结果是次最佳的，但却是令人足够满意的。从斯洛特的这个例子中，我们可以看出，医生选择的行为即使是次最佳的，也是一个救助别人的行为，而不是一个促进自己个人计划的行为。促进个人计划的行为是否可以是次最佳行为呢？斯洛特认为是可以的。既然令人足够满意的后果主义允许行为者实行次最佳行为而不是要求行为者实行最佳行为，这就使行为者至少在两个方面可以实现自己的个人计划。第一，行为者在实行次最佳行为的同时，也实现了自己的个人计划。例如，如果上例中的医生去印度的另外一个原因是为这个国家的宗教或者文化所吸引，并将此作为自己的个人计划，那么按照令人足够满意的后果主义，他可以去印度做志愿者。这一方面实现了次最佳的后果，另一方面又实现了医生的个人计划。第二，如果这个医生具有其他个人计划（如在实验室做研究），那么只要这个计划能够为人类产生足够大的利益，医生也可以不去印度做志愿者而留在实验室工作，因为后者同样是一个次最佳的行为。

---

① Michael Slote & Philip Pettit："Satisficing Consequentialism"，*Proceedings of the Aristotelian Society*，1984(58).

② Michael Slote & Philip Pettit："Satisficing Consequentialism"，*Proceedings of the Aristotelian Society*，1984(58).

　　尽管斯洛特一再强调他的令人足够满意的后果主义向行为者提出的道德要求高于日常道德的要求，但是对于到底什么样的行为才算次最佳的令人足够满意的行为，斯洛特的理论始终是不确定的。斯洛特本来的意图是将后果主义和日常道德尽可能地容纳进自己的理论，但是事实上，日常道德的支持者抱怨他的理论并没有为行为者的个人计划留下足够的余地，最佳后果主义的支持者则认为他的理论允许行为者以实现个人计划可以产生更大的次最佳后果为由拒绝实行促进善的最佳行为。

　　斯洛特面临的第二个问题是，适度这一特性是否能够为行为者实行次最佳行为提供动机上的支持。最佳后果主义将最佳后果作为行为正确性的标准。如果一个行为能够产生最佳后果，那么行为者就应当实行那个行为。按照斯洛特的理论，行为者通过次最佳的策略得到的是一个包含最佳后果和次最佳后果在内的行为集合，行为者既可以实行产生最佳后果的行为，也可以实行各种产生次最佳后果的行为。这样，斯洛特需要在两个方面解释为什么行为者会选择这个行为而不是那个行为。第一，当行为者需要在产生最佳后果的行为和产生次最佳后果的行为之间进行选择时，道德理论所能提供的理由是什么？在谢夫勒那里，行为者之所以能够在促进较大善的行为和促进较少善但是有利于实现个人计划的行为之间进行选择，是因为当行为者选择促进较大善的行为时基于最大限度的合理性这一原则，而当行为者选择促进较少善但是有利于实现个人计划的行为时基于个人观点的独立性所具有的特权，该特权使行为者可以给予自己的个人计划以较大分量的关注和投入。斯洛特和谢夫勒一样都认为行为者可以选择实现最佳后果的行为，也可以选择实现最佳后果的行为以外的行为（在谢夫勒那里是产生非最佳后果的行为，在斯洛特那里则是产生次最佳后果的行为）。如果行为者选择了实现最佳后果的行为，斯洛特和谢夫勒一样也可以认为这基于最大限度的合理性这一原则；如果行为者选择了实现次最佳后果的行为，斯洛特给出的回答是行为者具有适度的特性。这是因为斯洛特不是非后果主义者，不可能通过强调个人观点的独立性赋予行为者实行次最佳行为的特权。行为者基于适度的特性所选择的是产生次最佳后果的行为。但是，和谢夫勒的理论一样，斯洛特的理论没有办法解释为什么行为者在最佳行为和次最佳行为之间进行选择时，选择了最佳行为或者次最佳行为。如果行为者是一个乐于反思自己行为的人，而不是一个仅仅凭借个人偏好行动的人，那么他需要为自己的行动给出一致的理由，而不是在情形相同的前提下，在一个时刻选择产生最好后果的行为，在另一个时刻选择产生次最佳后果的行为，却没有为这两种不同的选择提供不同的理由。第二，如果斯洛特承认产生次最佳后果的行为并不是唯一的，那么行为者需要在产生次最佳后果的不同行为之间进行选择。有必要指出的是，斯洛特的次最佳行为集合既包含救助或者行善这样的促进善的行为，也有可能包含个人为实现个人计划而实行的行为，只要这一行为能产生令人足够满意的次最佳后果。促进善的行为和实现个人计划的行为有可能是不一致的，甚至是相互冲突的。在此情形下，我们需要考虑行为者选择促进善的行为的理由和选择实现个人计划的行为的理由是否是一样的。最佳后果主义可以给出一个一致的理由，即行为者无论选择促进善的行为还是选择实现个人计划的行为，都是因为那个被选择的行为是实现最好后果的行为。即使斯洛特可以用适度这一特性来解释为什么行为者可以不实行产生最佳后果的行为而实行产生次最佳后果的行为，他也不能再以此为理由来解释为什么行为者选择了这个而不是那个产生次最佳后果的行为。这就好像行为者以健康为理由来解释自己为什么吃绿色食品而不吃油炸食品，但是当其他人问行为者为什么选择了这种绿色食品而不是那种绿色食品时，行为者就不能再以健康作为理由，而是必须找出其他理由来解释两者之间的差异，如个人偏好。如果斯洛特承认产生非最佳后果的行为是一个集合而不是只有一个行为，除非他认为行为者在这一集合之内对行为的选择完全是任意的，那么他就必须再为行为者实行某一个产生次最佳后果的行为提供理由，而这个理由肯定不会是适度这一特性。

斯洛特的理论还忽视了这样一个问题，即行为者是否具有实行产生最佳后果的行为的义务。也就是说，某一个道德情境并不存在产生次最佳后果的行为，行为者没有其他选择，必须实行产生最佳后果的行为。在谢夫勒的混合理论中，他至少指出过，如果有利于实现行为者个人计划的行为给其他人带来的损失大于行为者实现这一行为的收益某个规定的倍数，而又没有其他可选择的行为，行为者必须实行产生最好后果的行为。斯洛特是否承认行为者必须实行产生最好后果的行为呢？我们可以设想这样一个例子。行为者来到一个荒岛，发现荒岛上有十个人由于没有食物而处于极度饥饿状态。行为者身上恰好有足够的食物可以提供给这十个人，保证他们在救援人员到来之前处于基本健康的状态（食物再少一点，他们的健康状况就会出问题）。在这个例子中，按照最佳后果主义，实现最佳后果的行为就是行为者将这些食物分配给这十个人，保证他们的身体健康。其他可能的行为是：行为者分配给这十个人的食物少于按照最佳分配方案分配的食物，无法阻止这些人健康状况恶化，但是并没有人会饿死；行为者仅仅分配给一部分人足够的食物，任凭其他人处于被饿死的境况；行为者根本就不分配食物给这些人，任凭所有人都处于被饿死的境况。如果说这个例子中并不存在斯洛特所说的产生次最佳后果的行为，那么令人足够满意的后果主义就无法应用到这个例子中。这也就表明，至少在类似的例子中，正确的选择是由最佳后果主义而不是由令人足够满意的后果主义确定的行为。

斯洛特在将自己的理论与传统的(功利主义)行为后果主义理论进行对比时认为："传统的(功利主义)行为后果主义一个主要的不合理之处在于不能够容纳道德上的分外善行。一个允许将少于最好的行为视为道德上可允许行为的令人足够满意的理论，能够将行为者与足以确保行为正确性的善的行为相比，其实行的更多好的行为被视为分外善行(并且是特别值得赞扬的)。"[1]如果斯洛特承认自己的理论是一种后果主义理论，那么他就需要首先从后果主义的角度来考虑问题，而不是首先承认分外善行的合理性，然后试图对后果主义理论做一些改变，以便将分外善行容纳进自己的理论。如果前文的分析是合理的，那就表明斯洛特对后果主义理论的改造并不成功。

第三节 集体行善原则

和斯洛特不同的是，墨菲将关注的重点放在行善这一行为上。在墨菲看来，行善这一类型的行为和遵守义务论约束的行为不同。遵守行善原则的行为采取的是中立于行为者的(agent-neutral)形式，遵守义务论约束的行为采取的是与行为者有关的(agent-relative)形式。[2] 这两种行为的区别在于，当行为者实行行善的行为时，他是否能够实现行善的目的，可能不仅取决于他自己。如果其他人没有实行行善的行为，那么行为者即使自己实行了，也有可能达不到行善的目的。例如，某个慈善机构宣布要筹集一笔资金建学校，行为者向这个慈善机构捐了一定数额的款项，以实现这一目的。但是由于其他人并没有像行为者这样向慈善机构捐款，结果慈善机构没有收到足够的捐款，因此建学校的目标就没有办法实现。遵守义务论约束的行为仅仅需要行为者自己遵守这一约束就可达到遵守

---

[1] Michael Slote & Philip Pettit: "Satisficing Consequentialism", *Proceedings of the Aristotelian Society*, 1984(58).

[2] Liam Murphy: *Moral Demands in Nonideal Theory*, Oxford, Oxford University Press, 2000, p. 75.

的目的，而不需要考虑其他人是否也遵守义务论的约束。因此，在墨菲看来，行善原则将行为者视为一个团体，其他道德原则将行为者视为一个个体。

在将行善这一行为解释为一个集体行为，即需要不止一个行为者才能实现行善的目的后，墨菲又指出了一个合理的行善原则面临的两个问题。"首先，为了促进共同的目标，应当如何在团体的成员之间进行责任分配。其次，当团体的其他成员逃避责任时，行为者的责任会受到什么样的影响。也就是说，一个团体在实现一个共同的目标时，存在责任分配和在部分遵守情形下遵守者负有什么样的责任这样两个问题。"①对第二个问题的回答先于对第一个问题的回答。如果我们已经知道了应当如何在团体的成员之间进行责任分配，那就意味着我们既知道了在团体成员遵守行善原则的情况下他们是怎样分配责任的，也知道了在团体成员部分遵守责任的情况下他们是如何进行责任分配的，否则就不能说我们已经知道了应当如何在团体成员之间进行责任分配。假如能够直接知道如何在团体成员之间进行责任上的合理分配，我们显然就不需要回答第二个问题了。例如，如果我是一个直觉主义者，那么当我说我已经知道如何在团体成员之间进行责任分配时，就意味着我已经知道了在完全遵守和部分遵守的情形下如何在团体成员之间进行责任分配，甚至会认为，完全遵守和部分遵守对于责任分配来说没有任何影响，因为我对每一次团体成员之间责任的分配都依据直觉，在完全遵守和部分遵守的情形下针对责任分配的决定有可能一样，也有可能不一样。与第一个问题相比，对第二个问题的回答并不能使我们知道一个合理的行善原则的具体内容。它会让我们明确，一个行为者在完全遵守的情形下和部分遵守的情形下所负的责任是否有区别。如果在这两种情形下行为者的责任没有必然的区别，或者在这两种情形下行为者的责任必然是有区别的，那么这两种观点各自的依据是什么？因此，对第二个问题的回答可以是一个形式上的回答。这个回答指出了在完全遵守和部分遵守的情形下行为者的责任之间的区别（如果我们像墨菲那样认为两者之间是有区别的），但是并没有指出行为者在这两种情形下的具体责任是什么。对第二个问题的回答对一个合理的行善原则来说是一个必要而非充分的条件，可以将那些不符合对第二个问题回答的行善原则排除出去。例如，假设某个行善原则

---

① Liam Murphy: *Moral Demands in Nonideal Theory*, Oxford, Oxford University Press, 2000, p. 75.

认为行为者在完全遵守和部分遵守的情形下所应当遵守的原则是一致的，并没有区分完全遵守和部分遵守。如果我们已经表明在完全遵守和部分遵守的情形下行为者的责任是不一样的，那么我们即使不知道那个合理行善原则的实质内容是什么，也可以通过完全遵守和部分遵守的情形下行为者责任的区分将这一原则排除在合理原则之外。

在墨菲那里，一个合理的行善原则是如何确立起来的呢？墨菲对这个问题的回答分为两个步骤，分别对应完全遵守情形和部分遵守情形下行为者负有什么样的责任，以及为了实现共同目标，团体成员之间应当如何进行责任分配。首先，墨菲通过对遵守条件的讨论，表明了行为者在部分遵守的情形下只需要承担和他在完全遵守情形下应当承认的责任相同的责任。其次，墨菲进一步表明行为者在完全遵守情形下应当遵守的行善原则是什么。这样，墨菲就提出了自己的行善原则。

在分析墨菲的行善原则之前，我们来看一下最佳后果主义的行善原则。最佳后果主义的行善原则和最佳后果主义的基本原则是一致的。这一原则要求行为者在行善的时候要从非个人的立场出发，去实行产生最佳后果的行为。和斯洛特不同，墨菲并不一概而论地认为这一最佳行善原则是不合理的，因此道德理论需要降低自己的道德要求，允许行为者实行次最佳行为。墨菲区分了两种不同情形。一种是完全遵守的情形，另一种是部分遵守的情形。在完全遵守的情形下，墨菲认为，最佳行善原则是完全合理的，因为如果行为者认同共同的行善目的，又认同为了行善所制定的分配方案，而其他人也认同并遵守这一分配方案，那么行为者就应当遵守这一行善原则，和其他行为者一同实现共同的行善目的。墨菲的行善原则与最佳行善原则在所有行为者共同遵守原则的情形下是没有区别的，而且对行为者所具有的行善义务的确定依赖于最佳行善原则。这样，墨菲对最佳行善原则的批评就不是基于他所说的责任分配问题，而是集中在部分遵守情形下行为者应当承担什么样的责任上。所以，我们需要首先分析墨菲关于行为者在完全遵守和部分遵守的情形下应当承担的责任之间的区分，其次分析墨菲对在遵守条件下确立的原则是否进行了充分的辩护。

墨菲提出了行善的遵守条件(compliance condition)。"如果其他行为者对一个中立于行为者的道德原则的预期遵守降低了，这一原则就不应当增加对行为者的要求。在部分遵守的情形下对行为者的要求不应当超过从现在开始(行为者所处情形的所有其他方面相同)完全遵守情形下对行为者的要求。"①据此，行为者在完全遵守条件下应负责任的评价标准和行为者在不完全条件遵守下应负责任的评价标准是不一样的，我们不应当用前一个标准来确定行为者在部分遵守条件下所应负的责任。为什么不应当这样做呢？墨菲认为，如果一种道德理论向行为者提出了这样的要求，用同一个标准来确定行为者在完全遵守和部分遵守条件下所负的责任，这种理论就是不合理的，因为这会使行为者在部分遵守的条件下所承担的责任高于行为者在完全遵守条件下所承担的责任。最佳行善原则之所以是不合理的，正是因为违反了遵守条件，向行为者提出了不公平的要求。② 也就是说，最佳行善行为要求行为者在任何情形下都要实行那个产生最佳后果的行善行为。在完全遵守的情形下，行为者应当这样做；在部分遵守的情形下，行为者也应当这样做，即使这意味着行为者要承担由于其他行为者的不遵守而增加的份额。假设在一个完全遵守的情形下，最佳行善原则确定每个行为者应当将收入的10％捐给慈善机构。如果每个行为者都能够履行自己的义务，这样就能实现一个最佳后果，如使穷人得到有效救助，10％的收入就是一个公平的数额。假设并不是所有的人都这样履行自己的义务，而是有的人履行，有的人没有履行，这就使原先的道德目的无法实现。如果想继续实现原先制定的目标，就需要作为遵守者的行为者承担高于个人收入10％的份额。但是对于那些已经履行义务的行为者来说，要求他们承担多于个人收入10％的份额是一个不公平的要求，因为"只要我们假设了在完全遵守的情形下对行为者所施加的要求总是合理的，行为者就不应当被要求履行'超出公平份额'的义务"③。

对于墨菲提出的遵守条件，我们可以提出两个方面的质疑。第一，墨菲需要解释，为什么当道德理论要求行为者在不完全履行的情形下超出其在完全履行的情形下所应当承担的责任时，这对行为者来说就是不合理的或者不公平的。墨菲的回答是，我们假设行为者在完全遵守的条件下所应当遵守的责任是一个公平的责任。如果道德理论要求行为者超出这一责任承担更多的责任，那么这一新的责任对行为者来说就是不公平的。如果假设行为者在完全遵守的条件下所应当承担的责任是一个公

---

① Liam Murphy: *Moral Demands in Nonideal Theory*, Oxford, Oxford University Press, 2000, p. 77.

② Liam Murphy: *Moral Demands in Nonideal Theory*, Oxford, Oxford University Press, 2000, p. 87.

③ Liam Murphy: *Moral Demands in Nonideal Theory*, Oxford, Oxford University Press, 2000, p. 77.

平的责任，那么我们至多只能推论出，在完全遵守的条件下要求行为者承担的超出他所应当承担责任的责任，是一个不公平的责任；我们并不能推论出，要求一个行为者在部分遵守的条件下承担的超出在完全遵守条件下所应承担的责任，对这个行为者来说是不公平的，因为后面的推论预设了这样一个前提：行为者在部分遵守情形下所应负的责任不应当超出其在完全遵守条件下所应当承担的责任。这个前提恰恰是墨菲需要进行证明的。这并不是一个自明的命题，而是后果主义理论要对其进行反驳的地方。如果墨菲再以这一前提要求行为者在部分遵守条件下承担的责任是不公平的作为理由，就陷入了循环论证的困境：当我们问为什么不应当要求行为者在部分遵守情形下承担超出完全遵守情形下所应承担的责任时，回答是因为这对行为者来说不公平时；当我们问为什么这对行为者来说不公平时，回答是因为一个公平的要求不应当要求行为者在部分遵守情形下承担超出完全遵守情形下所应承担的责任。在这个遵守条件中，虽然墨菲的意图是希望通过将遵守情形下的道德要求作为一个限度，进而将行为者在部分遵守的情形下所承担的责任限制在这个限度以下，从而降低行为者在部分遵守情形下的道德要求，但是他关于行为者在部分遵守情形下的责任论述仅仅是一个论断，缺乏相应的证明。

　　第二，墨菲的遵守条件仅仅为行为者在部分遵守条件下所应承担的责任设置了一个最高的限度，而没有为行为者的责任设置一个最低的限度。我们知道，其他道德理论在指责后果主义理论的时候所关注的，往往是后果主义理论向行为者设置了过于严苛的道德要求。但是，我们也必须认识到，反对者在反对后果主义理论的时候，必须确保不使自己的理论成为一种没有任何行善要求的道德理论。如果一种道德理论不是基于一定的行善要求来批评后果主义理论，而是基于行为者不应当有任何行善要求来指责后果主义，那么不仅是后果主义理论，谢夫勒和斯洛特等人的理论也都应当是被批评的理论。虽然墨菲明确指出过，行善不应当仅仅被理解为一种慈善行为，行为者具有行善的义务，但是在这个遵守条件中，我们并没有看到在部分遵守的情形下行为者所应当承担的责任是否有一个最低的限度。遵守条件仅仅是在说：一个合理的行善原则不应当要求行为者在部分遵守的情形下承担超过完全遵守条件下行为者所承担的责任。即使假设行为者确实具有行善的责任，按照墨菲的遵守条件，行为者在部分遵守的情形下所承担的责任也并不是唯一的，而是一个集合。在这个集合内，所有低于完全遵守情形下行为者所承担责任的责任都被包含在内，那么行为者应当承担哪一项责任呢？我们是否可以认为，行为者可以在这个集合内选择任何一项责任作为自己应当承担的责任呢？至少从墨菲对遵守条件的规定上，这一可能性是存在的。如果墨菲不能对行为者在部分遵守情形下的责任做出进一步的限制，而仅仅将其作为一个集合，那么行为者就可以在部分遵守的情形下仅仅履行一个极低的行善责任。此时，他的行为仍然是正确的。

分析了墨菲的遵守条件，我们需要进一步分析他所提出的行善原则。在前面的讨论中，我们已经指出，遵守条件仅仅是对行善原则的一个形式上的要求。如果一个行善原则不符合这一要求，那么它就不是一个合理的行善原则，就可以被排除掉。但是，我们并没有因此知道一个合理的行善原则的实质性内容是什么。墨菲需要提出一个具有实质内容的行善原则。墨菲将自己的行善原则称为"集体行善原则"。他对这个原则的具体表述如下。

> 每个人在可选择的行为中，除了部分遵守这个原则的情形之外，都必须履行在预期的、聚合的、加权的好生活方面是最佳的行为。在部分遵守的情形下，一个人必须牺牲的最大限度就是，这一最大限度会降低他的预期的好生活的水准。这一水准指在所有其他方面相同的情形下，从那一点开始完全遵守时的水准。在部分遵守的情形下，一个人或者必须履行某个行为——在那些要求不超过必须牺牲的最大限度的行为中——这一行为在预期的、聚合的、加权的好生活方面是最佳的行为，或者履行任何其他行为，这一行为至少在预期的、聚合的、加权的好生活方面一样好。[1]

对这一原则的一个简单表述是：一个人从来不必牺牲那么多，以至于他的好生活最后比从现在开始所有人完全遵守的情形下差。但是，在这一约束之内，他必须尽可能做得好。[2]

我们可以从三个方面理解墨菲的这一行善原则。首先，这一原则符合墨菲所说的遵守条件，或者说墨菲对这一原则的设计充分考虑了遵守条件。集体行善原则按照遵守条件区分了完全遵守和部分遵守两种情形。在这两种情形中，行为者所承担的责任是遵循不同的标准得出的。在完

---

① Liam Murphy: *Moral Demands in Nonideal Theory*, Oxford, Oxford University Press, 2000, p. 87.

② Liam Murphy: *Moral Demands in Nonideal Theory*, Oxford, Oxford University Press, 2000, p. 87.

全遵守的情形下，行为者所遵循的标准是由最佳行善原则确定的标准，即行为者应当实行产生最佳后果的行为。在部分遵守的情形下，行为者所承担的责任以行为者在完全遵守情形下所承担的责任作为最高限度。这就使行为者不会因为在部分遵守情形下，为了实现在完全遵守情形下所制定的目标，而必须承担高于在完全遵守情形下行为者所承担的责任。在墨菲看来，这就使行为者在部分遵守情形下所承担的责任不会像最佳行善原则所确定的责任那样，是一个不公平的责任。

其次，墨菲的集体行善原则并不是一个完全区别于最佳行善原则和规则功利主义行善原则的行善原则。相反，墨菲对最佳行善原则和规则功利主义行善原则的批评并不是完全否定这两个原则，而是认为这两个原则的适用都是有条件的。就最佳行善原则而言，墨菲认为，在完全遵守的情形下，行为者所承担的责任应当由最佳行善原则确定；在部分遵守的情形下，行为者所承担的责任不应当直接由最佳行善原则确定。所以，最佳行善原则是部分适用的。在规则功利主义方面，因为规则功利主义"通过诉诸每个人都遵守某一个规则所产生的后果来确定行为的正确性，即使很清楚并不是每个人都遵守这一规则"①，行为的正确性还是由这一规则确定的。这就使规则功利主义的行善原则和最佳行善原则犯了相同的错误：没有区分完全遵守和部分遵守，行为者在部分遵守的情形下需要和在完全遵守的情形下一样遵守这个规则。最佳行善原则不符合遵守条件，这是显而易见的。按照墨菲的观点，最佳行善原则要求行为者在完全遵守情形下实现最佳的后果，而在部分遵守情形下仍然实现完全遵守情形下的最佳后果。这就使行为者所承担的责任超过了在完全遵守条件下所应当承担的责任，违反了遵守条件。规则功利主义的行善原则违反遵守条件的情形则相对复杂一些。例如，假设有这样一条行善原则：富人应当将自己收入的10%捐助给慈善机构。在完全遵守的情形下，某个作为富人的行为者按照规则将自己收入的10%捐助给慈善机构。在部分遵守的情形下，行为者仍按照规则将自己收入的10%捐助给慈善机构。如果不考虑其他情形，那么这一行善原则确实符合遵守条件：这一规则在部分遵守情形下对行为者的要求确实没有超过完全遵守情形下对行为者的要求。但是，在完全遵守的情形下，行为者如果向慈善机构捐助了个人收入的10%，会使慈善机构有足够的资金救助穷人，从而

①　Liam Murphy: *Moral Demands in Nonideal Theory*, Oxford, Oxford University Press, 2000, p. 85.

降低社会犯罪率。这对作为富人的行为者来说是一个明显的收益。在部分遵守的情形下，由于并不是所有富人都将个人收入的10％捐给慈善机构，即使部分作为富人的行为者将个人收入的10％捐给慈善机构，慈善机构也没有足够的资金救助穷人，结果是社会犯罪率上升，使行为者生活在一个不安定的环境中。这对行为者来说是一个明显的损失。在这种不完全遵守的情形下，行善原则要求行为者承担的责任实际上是：个人收入的10％加上不安定的社会环境给行为者带来的损失。这一要求显然高于行善原则在完全遵守条件下对行为者的要求。所以，规则功利主义的行善原则并不一定符合遵守条件。在墨菲看来，他提出的集体行善原则既避免了其他两种行善原则的缺点，区分了完全遵守和部分遵守，又吸收了两种理论的优点，因为集体行善原则在完全遵守的情形下通过最佳行善原则确定了行为者所应承担的责任，这与最佳行善原则是一致的；同时在部分遵守的情形下指出，行为者不应当遵守最佳行善原则，而是应当在承担不超过最佳行善原则确定的责任的前提下，承担尽可能多的责任。

最后，墨菲的行善原则与遵守条件相比，不仅为行为者在不完全遵守情形下所应承担的责任确定了一个上限（这个上限是由最佳行善原则确定的），而且明确表明了行为者应当在这个限度内承担尽可能多的责任。这说明墨菲的集体行善原则同谢夫勒的混合理论在确定行为者的义务限度时采取了不一样的做法。谢夫勒的思路是，为行为者确定一个最低的义务限度，然后用这一限度限制行为者的行为。一旦行为者遵守了这一义务的最低限度，那么行为者是选择采取产生最佳后果的行为，还是选择有利于实现个人计划的行为，这是行为者的特权。笔者在讨论谢夫勒的理论时已经指出，这样一个最低的义务限度是不存在的。墨菲的思路是，在部分遵守的情形下，为行为者确定一个最高的义务限度，道德理论不应当要求行为者承担超出这　义务限度的责任，因为这样做对行为者来说是不公平的。但是，墨菲又不希望自己的理论仅仅为行为者设定一个义务的上限。如果一个道德要求仅仅具有上限，那么如果某个行为者在其他行为者没有遵守义务的时候放弃了对义务的遵守，那么他同样没有违反这一要求。所以，墨菲也对行为者应当履行什么样的义务提出另外了一个要求：行为者应当在不超过最佳行善原则确定的责任这一前提下，做得尽可能好。这并不是说，行为者不应当履行超过最高义务限度的责任，而是说道德理论不应当要求行为者承担超出最高义务限度的责任。尽管很难说这一要求是一个最低限度的要求，因为它并没有明确指出这一要求的具体限度，但是对行为者来说，在部分遵守情形下这确实是一个积极的要求：它要求行为者在最高义务限度内尽可能地行善。

墨菲在阐述他的理论时并没有明确说明对分外善行的态度，但是从他的理论中我们确实可以找到一个限度。在这个限度之上的行为不是行为者必须履行的行为，在这个限度之下的行为则包括行为者应当履行的行为和不应当履行的行为。在墨菲的理论中，这个限度就是他所说的在部分遵守情形下行为者应当尽其所能承担的责任，而不是最佳行善原则确定的那个在完全遵守情形下行为者应当承担的责任。如果这个限度是能够确认的，那么由这一限度确认的行为就是行为者应当履行的行为。在支持分外善行的人看来，由超出这一限度的责任确定的行为是分外善行而非行为者的义务。

墨菲在《非理想理论的道德要求》一书中认为，他要实现两个目标。一个目标是"提出一个非理想的合理的行善原则"[1]，也就是在一种人们并非普遍遵守行善原则的情境下，我们对他人负有怎样的行善义务；另一个目标是"解释为什么最佳行善原则的要求是荒唐的"[2]。我们需要先分析他所提出的合理集体行善原则是否是一个合理的行善原则，再分析他对最佳行善原则的批评是否站得住脚。

墨菲的集体行善原则的一个前提是，他将行善行为理解为一个集体行为，是中立于行为者的。参与行善行为的行为者具有一个共同的目标，某个行为者的行善行为是否能够实现行善目标，取决于其他行为者是否也实行了行善行为。行善这一特征与对义务论约束的遵守相区别。义务论约束是与行为者有关的约束，行为者并不需要关心其他人是否遵守了约束，只要行为者自己遵守了约束，他就实现了自己的目标。因此，遵守义务论约束所实现的目标是与行为者有关的，而非中立于行为者的。墨菲之所以这样区分，是希望将对义务论约束的讨论排除在论题之外，集中关注作为集体行为的行善。但是，墨菲在排除对义务论约束的遵守的同时，也将行为者个人的行善排除在讨论之外。即使墨菲关于集体行善原则的讨论是合理的，他也至少忽视了个人行善这一情形。我们可以考虑一下辛格所举的例子。在那个例子中，教授在去做讲座的路上遇见一个落水儿童，面临两种选择：或者去救落水儿童，失去做讲座的机会；

---

①　Liam Murphy：*Moral Demands in Nonideal Theory*，Oxford，Oxford University Press，2000，p. 5.

②　Liam Murphy：*Moral Demands in Nonideal Theory*，Oxford，Oxford University Press，2000，p. 6.

或者不去救落水儿童而去做讲座。在这两个选择中，按照行为后果主义的观点，教授应当实行救助行为，因为与做讲座相比，他的救助行为产生了一个更好的后果。教授的这一行善行为显然不属于集体行善的情况，因为没有其他人和教授一起救人，所以他也不需要考虑其他人是否遵守了最佳行善原则。如果墨菲不否认存在类似的行善行为，那么他的集体行善理论就无法容纳这一类型的行善行为。而且，墨菲将行善行为理解为中立于行为者的行为，因而不同行为者具有共同的目标，并以此将行善行为与遵守义务论约束的行为区分开来，这一做法也是值得商榷的。墨菲可能混淆了两类不同的行为：遵守义务论约束的行为和消极行为。消极行为指不需要行为者采取积极行动，只需要消极不作为即可，如不伤害人。行为者完全不需要考虑其他人是否遵守不伤害人的约束，只要自己遵守约束，那么他就可以实现自己不伤害人的目标。但是，很显然，遵守义务论约束的行为并不都是这样的行为。有时候对义务论约束的遵守需要行为者采取积极的行动，而且这一行动可能是一个实现共同目标的行动。例如，如果有十个行为者约定举行一场篮球赛，缺了其中任何一个人，这场球赛都没有办法举行。举行篮球赛对每个行为者来说都构成了一个义务论约束。很显然，对于每个行为者来说，他们不仅需要采取积极的行动来遵守这一约束，而且这一约束的目标是否能够实现，也不取决于某个行为者自己，而是需要所有人都遵守这一约束。如果对义务论约束的遵守并不一定是墨菲所说的与行为者有关的行为，那么墨菲对行善和遵守义务论约束的行为的区分也是有问题的。如果我们无法用是否具有共同目标这一点来区分集体行善行为和遵守义务论约束的行为，而墨菲还希望将自己的讨论限制在集体行善行为的讨论上，那么他就必须说明集体行善行为和遵守义务论约束的行为之间的区别在哪里。否则，他关于集体行善行为的讨论就不仅适用于行善行为，而且适用于具有共同目标的其他行为，如具有共同目标的遵守义务论约束的行为。

墨菲的集体行善原则的另外一个问题是，这一原则不是一个独立的原则，而是一个依赖于其他条件和原则的原则。这就使集体行善原则的合理性依赖于它所依赖的那些条件和原则的合理性。集体行善原则所依赖的条件是遵守条件，但是前文已经表明，遵守条件是一个有问题的条件。墨菲始终没有办法表明，为什么行为者在部分遵守情形下所承担的责任不应当超过行为者在完全遵守情形下所应当承担的责任。如果墨菲希望以此来表明最佳行善原则的荒唐，那么他就必须证明遵守条件所规定的内容的合理性。如果遵守条件是一个有问题的条件，那么墨菲的集体行善原则仍然必须解释这一问题：部分遵守下的责任为什么不应当超过完全遵守下的责任。集体行善原则所依赖的一个原则是最佳行善原则：在完全遵守情形下，行为者所应承担的责任是由最佳行善原则确定的。但是，最佳行善原则是一个需要被证明的原则。因此，如果墨菲要表明集体行善原则是合理的，他就必须表明完全遵守情形下的最佳行善原则是合理的。接下来的问题是，即使墨菲能够表明完全遵守情形下的最佳行善原则是合理的，也并不能就此表明集体行善原则的合理性，因为集体行善原则的合理性还依赖于遵守条件的合理性。对于最佳行善原则的支持者来说，如果他们能够提出理由表明最佳行善原则不论是在完全遵守情形下还是在部分遵守情形下都可以得到合理辩护，那么集体行善原则就会成为一个多余的理论。

在表明集体行善原则本身是一个成问题的原则之后，我们需要分析墨菲对最佳行善原则的批评的合理性。实际上，最佳行善原则和集体行善原则的区别在于：在部分遵守的情形下，对于道德理论是否可以要求行为者承担其在完全遵守情形下应当承担的责任，集体行善原则是否认的，而最佳行善原则并不否认。我们可以通过一个例子来说明。有十个行为者，他们要对另外十个落水的人实施救助。在这一情形中，如果一个行为者救助一个落水者，那么他们可以在最短时间内成功救助所有落水者。因此，在完全遵守的情形下，对于每一个参与救助的行为者来说，最佳的选择就是一个行为者救助一个落水者。现在，假设并不是所有的行为者都遵守这一原则。有的行为者实施了救助，有的行为者没有实施救助。在这种部分遵守的情形下，对于那些已经履行了救助义务的行为者来说，他们是否还有义务去救助尚未获得救助的落水者？按照墨菲的集体行善原则，那些遵守最佳行善原则的行为者不应当被要求履行超过其在完全遵守情形下应当承担责任的义务。因此，遵守原则的行为者没有义务去救助更多的落水者，救助更多的落水者是行为者的分外善行，即使这对于他们来说是轻而易举的事情。对于后果主义理论的支持者来说，如果某个行为者在部分遵守的情形下实施另外的救助，并没有对本人造成很大的损失，那么他在损失自己一部分利益的情况下救助了更多的落水者，与他不实行救助相比，显然是一个更好的后果。后果主义者认为，遵守者在部分遵守的情形下应当实施更多的救助行为。如果墨菲同意，在这个例子中，道德理论不应当要求行为者实施更多的救助行为，他就必须提出充分的理由。墨菲的理由是，这样的要求对于遵守者来说是不公平的。不公平实际上指道德理论在部分遵守情形下对行为者的要求超过了其在完全遵守情形下所应当承担的责任。适度道德的支持者和义务论者在批评后果主义理论时认为，后果主义理论向行为者提出了过于严苛的道德要求，因而是令人反对的。如果过于严苛的含义指道德理论对行为者的要求超过了行为者所应当承担的要求，因而过于严苛，那么在墨菲这里，后果主义要求的过于严苛仍然是存在的，只不过被限制在部分遵守的情形下，在完全遵守的情形下则不存在过于严苛的问题。对于墨菲来说，问题仍然存在：为什么道德理论不应当要求行为者在部分遵守情形下履行超过其在完全遵守情形下应当承担责任的责任？集体行善原则究竟希望实现什么样的目的？即使让行为者在部分遵守情形下所承担的责任，与其在完全遵守情形下所应当承担的责任相比，哪怕是超过很少一点，但是却可以产生更为巨大的好后果，也是不应当的吗？

总的看来，墨菲的集体行善原则中出现了两个原则。一个是完全遵守情形下的最佳行善原则，这是后果主义的原则；另外一个是部分遵守情形下的行善原则，这一原则要求行为者承担不超过完全遵守情形下所承担的责任。这一原则显然是一个非后果主义的原则。按照这一原则，即使行为者在部分遵守的情况下实施的行为产生了最佳后果，但如果行为者因为这一行为而承担的责任超过了其在完全遵守情形下所承担的责任，道德理论也不应当对行为者施加这样的道德要求。墨菲实际上希望通过部分遵守情形下的非最佳行善原则来限制道德理论对行为者的要求，从而为行为者所承担的责任设定一个限度。在这一点上，他和谢夫勒、斯洛特以及义务论者都是没有差别的，都认为后果主义理论至少有时候向行为者提出了过于严苛的道德要求，而降低道德要求的唯一办法就是为行为者的促进善的义务设置一个限度，不允许道德理论要求行为者履行超过这一限度的义务。墨菲和其他人的区别在于：他区分了完全遵守和部分遵守，并将完全遵守情形下由最佳行善原则确定的责任视为行为者在部分遵守情形下应当承担责任的限度。我们在讨论谢夫勒的理论时曾表明，如果有人认为存在这样的限度，那么只有当这一限度是明确的，我们才有可能凭借这样的界限将行为者的义务和行为者可以实行的行为区分开来。如果这一界限是变化的、不稳定的，那么一个行为可能在某些情形下是行为者的义务，而在另外的情形下成为行为者可以实行的行为。这样一来，界限也就失去了意义。

墨菲的界限存在同样的问题。如果我们将界限理解为区分行为者的义务和行为者可以实行的行为（可以实行的行为既包含行为者实现个人计划的行为，也包含分外善行），那么在墨菲的理论中，区分行为者义务和行为者可实行行为的界限并不是他所指的由最佳行善原则确定的在完全遵守情形下行为者所应当承担的责任。由最佳行善原则确定的这一责任为行为者的义务设定了一个上限，但这并不是行为者在部分遵守情形下实际应当遵守的义务。假设按照最佳行善原则，富人将个人收入的10％捐给慈善机构会产生最好的后果，那么按照墨菲的原则，在部分遵守的情形下，对于那些遵守者来说，他们的义务的限度是个人收入的10％。如果道德理论要求他们捐出超过10％的个人收入，那么他们有理由拒绝，因为这不是他们的义务。但是他们的实际义务并不是个人收入的10％，因为墨菲的理论对他们的要求是，在这一限度内做得尽可能好。假如某个富人的经济状况突然恶化，按照原来的比例捐助，可能会对他的生活造成影响，在此情形下，他的义务限度就是他尽其所能而能捐助的数额。我们甚至可以设想，如果这个富人的经济状况已经恶化到无法实行捐助，那么他就可以停止捐助。也即是说，如果这个富人确实已经做到最好，那么他的实际捐助比例可能是10％之内的任何一个比例。

"尽可能做得最好"是一个模糊的概念，仅凭这一概念，我们无法确定一个行为者的具体义务是什么。假设上述例子中经济状况恶化的富人做了两个决定。一个决定是捐助个人收入的6％，这对富人的生活造成了不利影响；另一个决定是捐助个人收入的9％，这对富人的生活造成了更加不利的影响。那么按照墨菲的集体行善原则，在这两个决定所确定的行为中，哪一个是富人应当履行的行为？墨菲的集体行善原则所能告诉这个富人的仅仅是：富人的捐助比例不应当超过个人收入的10％，在这一比例内，富人应当做到最好。依据墨菲的集体行善原则，我们没有办法对这个富人的两个决定做出判断。如果假定在某一个具体情境中（如捐助行为），行为者的义务是唯一的，那么在富人的这两个决定中，必然有一个是富人应当履行的义务，而另一个或者是富人的分外善行（如果富人的义务是捐助个人收入的6％），或者是富人有利于个人计划的行为（如果富人的义务是捐助个人收入的9％）。无论是道德理论还是作为行为者的富人，二者显然都不会满足于仅仅知道一个有争议的义务的最高界限。道德理论希望对行为者的行为进行评价，行为者也希望明确自己履行什么样的义务才是合理的。因此，即使我们无法详细地确定每一个具体情境下每一个行为者所承担的义务是什么，也仍然需要知道道德理论依据什么对行为者提出了道德要求。知道这样的依据，对于希望过一种有道德的生活的行为者来说是必要的。

第四节 混合后果主义

蒂姆·莫尔根在《后果主义的要求》一书中提出一种名为"混合后果主义"的理论，试图通过对后果主义理论进行修正，来避免针对后果主义的严苛性批评以及其他批评。莫尔根认为，无论是行为后果主义还是规则后果主义或谢夫勒提出的混合理论，仅凭其自身都无法应对严苛性的批评。在承认针对后果主义的严苛性批评的同时，莫尔根希望寻找某种道德要求不那么严苛的后果主义理论。他所追求的后果主义理论有可能因为避免严苛性批评以及其他批评而优于其他形式的后果主义理论。

莫尔根认为，无论是简单的后果主义、规则后果主义还是谢夫勒的混合理论，这些理论的问题在于其倡导者都希望仅凭一种理论解决所有道德问题。实际上，我们的道德领域是相当复杂的，一种理论很难解决道德领域的所有问题。因此，有必要先对道德领域进行区分，然后针对每一道德领域寻求相应的理论路径。正是基于这一考虑，莫尔根首先区分了道德领域的两个部分（互助领域和需要领域），并指出这两个领域存在巨大的差别，适用于其中一个领域的道德理论并不适用于另外一个领域。如果试图用一种理论解决两个领域中的问题，就会出现理论上的矛盾。在此基础上，莫尔根探讨了在需要领域适用标准后果主义的合理性，在互助领域适用规则后果主义的合理性以及在需要领域和互助领域的平衡中适用混合观点的合理性，以此构建起混合后果主义理论。笔者首先会对莫尔根关于道德领域的划分进行分析，其次分析其在不同道德领域适用的道德理论，最后考察莫尔根的混合后果主义理论是否能够有效地应对针对后果主义的严苛性批评，并指出其理论的问题所在。

一、莫尔根对道德领域的划分

将道德领域进行划分，并分别解决各个领域的相应问题，这是伦理学者特别是非后果主义者在解决道德问题时经常采用的策略。例如，罗尔斯在《正义论》中将权利领域划分为基本权利和非基本权利，提出了相应的正义理论。莫尔根受到了约瑟夫·拉兹的影响，将人类良好生活的诸多成分归为两个基本的范畴：需要（needs）和目标（goals）。"需要在生物学上为食物、氧气或者居所这样的生活必需品所决定，目标则是我们有选择的追求、计划和努力，后者给予我们的生命以更多的意义和目的。"①

如果我们要促进其他人的良好生活，既可以满足他的基本需要，也可以帮助他实现他的目标。前者涉及的领域就是需要领域，后者涉及的领域就是互助领域。对于需要和目标之间的差别，莫尔根认为："一个目标的价值依赖于人们如何追求目标，而需要的价值并不受需要被满足的方式的影响。这一点对道德理论的重要性在于对促进良好生活的约束在互助领域（在互助领域我们追求目标）比在需要领域（在需要领域我们致力于需要的满足）更为合理。"②需要的满足相对于目标的实现对一个人而言更为基本。如果基本的需要得不到满足，人有可能丧失生命等基本的存在条件。因此，需要的满足更看重最终的结果，并不看重需要如何得到满足、谁满足了这个需要等因素。与需要不同，目标的实现不能仅仅以促进良好生活这一后果主义的要求为标准。"需要和目标之间的一个明显差异是追求目标所具有的价值可能依赖于是谁实现了目标，而满足需要所具有的价值并不依赖于是谁满足了需要。"③目标必须由目标的行为主体自己去实现才能体现出价值，而需要的满足不一定由需要满足的主体自己采取行动去满足这个需要。莫尔根认为，目标之所以必须由目标的所有者去实现，别人至多只能协助而不能代替行为者实现其目标，是因为目标和自主性（autonomy）之间有密切的联系。"实现目标所具有的价值通常在很大程度上依赖于这个行为者选择去实现这个目标。"④

目标与自主性的密切联系至少表现在两个方面。一方面，行为者对目标的选择具有自主性，在选择目标时需要考虑各种因素，既包括外部客观环境因素，也包括自身实现目标的可能性因素，并在此基础之上对诸多可选择的选项进行评价，然后决定是否通过自己的努力实现目标。在此过程中，如果行为者的选择受到外部干涉，这个目标的价值就受到了损害。另一方面，行为者对目标的实现具有自主性。行为者应当自己去实现目标，而不是由别人代替实现。无论是实现目标的行为主体的更

---

① Tim Mulgan: *The Demands of Consequentialism*, Oxford, Clarendon Press, 2001, p. 173.

② Tim Mulgan: *The Demands of Consequentialism*, Oxford, Clarendon Press, 2001, p. 179.

③ Tim Mulgan: *The Demands of Consequentialism*, Oxford, Clarendon Press, 2001, p. 179.

④ Tim Mulgan: *The Demands of Consequentialism*, Oxford, Clarendon Press, 2001, p. 181.

换(别人代替行为者实施实现目标所需要的行动)还是行为主体在实现目标过程中受到了干涉,无论这一目标实现与否,目标的价值都会受到损害,因为行为者的自主性受到了干涉。莫尔根认为,自主性之所以具有价值,原因可能有两个。"(1)自主性是一个值得过的生活的有价值的部分;(2)自主性给追求目标增加了价值。"①无论哪种可能的原因,都表明在实现目标的互助领域,自主性不是仅仅作为实现目标的工具性条件而存在的。与自主性同目标的联系非常密切不同,自主性与需要之间的联系并不密切,自主性的存在仅作为满足需要的工具性条件而存在,需要的满足所具有的价值不会因为行为者自主的选择和行动而增加,也不是需要满足的一个必要条件。简言之,对需要而言,有没有自主性不重要,重要的是需要得到满足;对实现目标而言,自主性不可缺少。

需要和目标另外一个重要的差别在于,它们与人类共同体具有不同的联系。为了显示这一差别,莫尔根设想了两种极端情形。一种情形是需要自由的社会,另一种情形是无目标的社会。

需要自由的社会:在这个社会中,所有的基本需要都得到满足,包括作为实行自主行动的背景性条件的需要。

无目标的社会:在这个社会中,所有人的良好生活仅仅包括满足需要而不是实现目标。②

莫尔根认为,这两个社会中的人需要处理不同的道德问题。在需要自由的社会中,因为需要已经得到满足,所以人们考虑的问题是"如何在一起工作以便实现各种(重叠性)目标。因此,他们需要从道德理论中得到一套对合作互动行为进行治理的规则"③。在无目标的社会中,人们的主要任务是满足需要。人们需要的不是治理实现目标的规则,而是如何对需要的满足进行治理的规则。在需要自由的社会中,人们考虑的是实现目标,因此,这样的社会与自主性联系更为密切,更符合共同体的概念要求。在无目标的社会中,人们的主要任务是满足基本需要,因此与自主性联系不大。这样的社会在严格意义上不被认为是一个共同体。"需

---

① Tim Mulgan: *The Demands of Consequentialism*, Oxford, Clarendon Press, 2001, p. 190.

② Tim Mulgan: *The Demands of Consequentialism*, Oxford, Clarendon Press, 2001, p. 202.

③ Tim Mulgan: *The Demands of Consequentialism*, Oxford, Clarendon Press, 2001, p. 202.

要自由的社会不存在大多数我们最急迫的道德困境……无目标的社会则缺乏赋予我们生活以意义和目的的大多数东西。"①莫尔根对这两个极端社会的设想意在凸显需要与目标作为生活的两个重要部分存在巨大的差异。这种差异使道德理论需要为需要领域、互助领域以及需要领域和互助领域的平衡提供相应的规则。

二、莫尔根对道德问题的解决

根据莫尔根对道德领域的划分，道德理论实际上需要处理三种情形：需要领域、互助领域，以及需要领域同互助领域平衡。这三个领域或方面分别适用不同的道德规则。

首先，是互助领域的道德问题。莫尔根认为，互助领域适用规则后果主义。规则后果主义作为一种道德理论，不能适用于所有的道德领域。如果将其适用于所有道德领域，会产生诸多问题，其中一个重要的反对被莫尔根称为"错误事实的异议"（wrong facts objection）。"规则后果主义要求我们在现实世界中成为政治经济学方面的专家，以便决定是否应当给饥荒救济委员会（Oxfam）捐款。"②按照规则后果主义的要求，行为者在决定向贫困地区捐款时，应当掌握所有的信息，包括需要接受救济的人数、想要实施捐助的人数以及相关的政治经济学理论。政治经济学理论的重要性在于确定导致该地区贫困的原因是什么。一个普通的捐助人事实上显然无法全部掌握上述信息，因此无法按照后果主义的要求确定自己应当遵守什么样的规则。更为重要的是，即使行为者能够掌握规则后果主义要求的所有信息，随着这些信息的变化，如贫困地区人口数量剧增，行为者的捐助义务也会急剧加大，甚至远远超出行为者自身的承受能力。因此，"错误事实的异议"的坚持者批评"规则后果主义考虑了太多道德上不相关的事实"③。

莫尔根认为，"错误事实的异议"产生的原因在于规则后果主义没有区分不同道德领域，试图适用于一切道德领域。如果将规则后果主义适用于需要领域，就会产生上述异议。但是在满足需要的行动同实现目标的行动发生冲突时，行为者如果选择某一行动而不是别的行动，他确实

---

① Tim Mulgan：*The Demands of Consequentialism*，Oxford，Clarendon Press，2001，p. 204.

② Tim Mulgan：*The Demands of Consequentialism*，Oxford，Clarendon Press，2001，p. 91.

③ Tim Mulgan：*The Demands of Consequentialism*，Oxford，Clarendon Press，2001，p. 97.

需要掌握一定的信息，以便为自己的行动或者不行动提供辩护。在互助领域更是如此。"道德共同体的信息对于我们为自己完全属于互助领域的行动进行辩护，比我们在两个领域的界限实施的行动更为重要。"①

在互助领域，也就是在需要得到满足或者不需要考虑需要问题的领域，莫尔根认为，行为者"最需要从一个道德理论得到的是一套治理合作互动行为的规则"②。尽管对于行为者应当遵守什么样的具体规则很难做出准确规定，但是我们仍然可以对道德规则所具有的特征做出适当预期。这些特征包括不干涉、自主性、适度的要求、高标准的遵守、部分遵守的不严苛性、直觉上的合理性、规则的易发现等。③

根据莫尔根的表述，他所界定的规则后果主义在互助领域不存在严苛性问题。例如，规则中的不干涉和自主性特征强调行为者的帮助行为要以不干涉其他人和尊重其他人的自主性为前提。即使行为者认识到他的帮助行为确实能够使受助者更好地实现其目标，在没有征得受助人同意的情况下，他也不能实施帮助行为，否则会降低救助行动的价值。无论是不干涉还是尊重的特征，它们都不会使行为者在现实情境中承担的义务超出他在理想情境中所承担的义务（在完全遵守的情况下，行为者需要对其他人承担的义务至多是在实现共同目标过程中每个人所应承担的义务份额。这一义务份额对行为者自身有利，并不是完全利他的）。在不完全遵守的情况下，莫尔根认为，可以采取墨菲的遵守条件，即在有人不遵守最初义务的情况下，行为者只需要承担其在完全遵守条件下应当承担的义务份额。对于搭便车的人，"如果其他人的搭便车行为给我增加了额外的负担，那么我的回应可以是拒绝甚至取消最初的份额。相反，如果部分遵守并没有严重影响那些遵守的人，那么我们可以期望这些人的遵守标准更高一些"④。

总之，莫尔根认为，虽然将规则后果主义作为一种普遍性的理论来处理所有道德问题会产生矛盾，因为它不适用于解决需要领域的问题，也不适用于解决需要领域和互助领域平衡过程中所产生的问题，但它却

---

① Tim Mulgan：*The Demands of Consequentialism*，Oxford，Clarendon Press，2001，p. 213.

② Tim Mulgan：*The Demands of Consequentialism*，Oxford，Clarendon Press，2001，p. 218.

③ Tim Mulgan：*The Demands of Consequentialism*，Oxford，Clarendon Press，2001，pp. 218-223.

④ Tim Mulgan：*The Demands of Consequentialism*，Oxford，Clarendon Press，2001，p. 222.

能够解决互助领域的道德问题，并且不会向行为者施加过分严苛的要求。

其次，是需要领域的道德问题。莫尔根认为，如果将标准后果主义（他称之为"简单后果主义"）适用于一切道德领域，就会产生严苛性问题。标准后果主义要求行为者在任何情形中，只要他的行为能够产生符合后果主义的最好后果，就应当实施这一行为。即使要求他为了实现其他人的利益而放弃自己对个人目标和计划的追求，行为者也应当按照后果主义的要求去行动。在莫尔根看来，标准后果主义的问题在于并非适用于一切道德领域。

标准后果主义适用于需要领域。在需要领域，需要是唯一具有道德重要性的东西。与需要相比，目标的满足是第二位的。如果满足需要的行动和实现目标的行动发生冲突，那么无论需要和目标的主体是谁，前者都优先于后者。"至少简单后果主义会要求行为者在一个无目标的社会中，在满足个人需要之后，将所有剩下的资源用来实现满足其他人的需要。"①在无目标的社会中，即使行为者在满足个人需要之后有剩余的资源，他也不能以实现自己的个人目标为理由为自己选择实现目标的行动而不是满足其他人需要的行动进行辩护，因为需要的满足具有优先性。在这一情形下，后果主义的批评者不能以严苛性为理由对后果主义理论进行批评，即使行为者确实为了满足其他人的需要而失去了实现其目标（如果有目标的话）的可能。

简单后果主义不适用于互助领域。在互助领域，社会成员的基本需要得到满足，人们都通过自己的行动实现个人目标。行为者对其他社会成员的义务并不是像在需要领域中那样去满足其他人的需要，而是帮助其他人实现他们的目标。因此，行为者不能代替其他人实现他们的目标，只能实行辅助性的帮助行为。在互助领域，如果道德理论要求社会成员基于不偏不倚的角度，将行为者自己的目标与其他人的目标等同视之，甚至要求行为者为了满足他人实现目标的要求而放弃实现自己的目标，按照莫尔根的理论，这一要求不仅是严苛的，因为它要求行为者做出过多的自我牺牲，而且会对其他人的自主性造成伤害，因而是不合理的道德要求。

简单后果主义也不适用于需要领域与互助领域的平衡。现实社会既不是单纯的需要领域，也不是单纯的互助领域，而是两个领域的混合。

---

① Tim Mulgan：*The Demands of Consequentialism*，Oxford，Clarendon Press，2001，p. 247.

在这样一个二者混合的现实社会，莫尔根认为，简单后果主义只考虑了需要领域，或者将需要领域扩大化。"考虑到我们的世界存在大量未满足的需要，以及满足其他人需要而不是一个人自己目标的相当的成本，简单后果主义最大限度地促进价值的要求产生了满足其他人的需要的义务。这一义务淹没了由实现目标产生的所有理由。"①因此，无论是与斯洛特令人足够满意的后果主义相比，还是与谢夫勒的混合理论相比，简单后果主义在处理需要领域同互助领域的平衡时向行为者提出的道德要求都是严苛的。这也表明，简单后果主义不适用这一情形中道德要求的确定。

最后，是互助领域和需要领域的平衡所产生的道德问题。莫尔根认为，简单后果主义只能解决需要领域的问题，规则后果主义理论只能解决互助领域的问题，这两种理论都无法解决行为者在平衡需要领域和互助领域的要求时所产生的问题。对这一领域问题的解决需要借助谢夫勒的混合理论。"混合观点被设计为为两个领域提供一个平衡，解决规则后果主义和简单后果主义之间的张力问题。"②混合理论的核心概念是以行为者为中心的特权。这一特权聚焦于行为者的个人利益，"平衡了促进善的理由和行为者个人立场之间的对抗性力量。换句话说，这一特权是对需要领域的严格后果主义解释和行为者自身目标的重要性之间的冲突的回应。"③莫尔根的混合理论也包含两个方面。一方面是承认行为者具有相应的特权，这一特权使行为者有权更加关注自己的个人利益。以行为者为中心的特权意味着"行为者被允许去做某件事（以便实现自己的个人利益）而不是最大限度地实现非个人的价值"④。另一方面是对这一特权的限制。行为者在使用这一特权时必须受到一定的限制和约束。与谢夫勒的理论相同的是，莫尔根也将权重（weight）纳入约束因素中。权重的考虑既允许行为者给予自己的个人利益以更多的权重，同时就其要求行为者考虑自己个人利益不应超过一定比例的权重而言，也是对行为者实现自身利益的一种限制。与谢夫勒的混合观点不同，莫尔根在权重的因素之外，又增加了目标的范围和方式上的限制。前者要求行为者实现的

---

① Tim Mulgan：*The Demands of Consequentialism*，Oxford，Clarendon Press，2001，p. 249.

② Tim Mulgan：*The Demands of Consequentialism*，Oxford，Clarendon Press，2001，p. 250.

③ Tim Mulgan：*The Demands of Consequentialism*，Oxford，Clarendon Press，2001，p. 250.

④ Tim Mulgan：*The Demands of Consequentialism*，Oxford，Clarendon Press，2001，p. 262.

目标符合一定的类型，后者要求行为者实现目标的行为不能属于某一类
行为。①

此外，谢夫勒在混合理论中试图调节或平衡个人自身利益与后果主
义所追求的普遍利益之间的冲突。谢夫勒认为，行为者在一定的限度之
内可以给予自己个人利益以较大权重，当然也可以追求后果主义所要求
的普遍利益。莫尔根则认为，自己的混合理论要解决的是需要领域和互
助领域之间的平衡问题，因此，在满足一定条件的前提下，行为者既可
以追求需要领域所要求的利益（不特别强调是谁的需要），也可以追求互
助领域所要求的利益（不特别强调是谁的目标）。

由此，莫尔根提出了混合后果主义：需要领域适用简单后果主义，
互助领域适用规则后果主义，平衡需要领域和互助领域时适用改良的混
合理论。

三、对莫尔根混合后果主义的反思

莫尔根试图在划分道德领域的基础上，将简单后果主义、规则后果
主义以及混合理论结合起来，使其分别适用于不同的道德领域，由此构
建起自己的混合后果主义。这一做法试图避免后果主义的严苛性异议以
及针对后果主义的其他批评。分析莫尔根的混合后果主义理论，笔者认
为这一理论存在如下问题。

第一，莫尔根关于道德领域的划分存在问题。这类似于罗尔斯关于
道德领域的划分。罗尔斯将权利划分为基本权利和非基本权利。基本权
利的分配完全平等，非基本权利的分配可以有差别。需要领域与互助领
域也是如此。与互助领域的目标相比，需要是更为基本的。在基本需要
方面，莫尔根认为，首先，行为者与其他人的需要都是平等的，没有根
本差别，因为所有社会成员都应当被平等对待。其次，在一个只有需要
而没有目标的社会中，既然所有人的需要都是平等的，没有谁的更重要，
这个时候就适用简单后果主义，从而将行为的正确性界定为能够产生最
佳后果。从标准后果主义的角度来看，莫尔根的这一策略没有什么问题。
标准后果主义者并不反对莫尔根将后果主义理论应用到需要领域，他们
反对的是莫尔根对道德领域进行划分，并区别对待不同道德领域，认为
标准后果主义只能适用于需要领域。

---

① Tim Mulgan: *The Demands of Consequentialism*, Oxford, Clarendon Press, 2001,
p. 263.

　　莫尔根的这一观点会受到来自标准后果主义的批评,因为它限制了标准后果主义,同时也会受到其他理论的批评。严苛性批评并不像莫尔根所认为的那样,仅仅是行为者自己对个人目标的追求同其他人需要之间的冲突。如果是那样的话,说明需要领域和互助领域都不存在严苛性问题,只有在平衡两个领域的过程中使用标准后果主义才会产生严苛性问题。而且,如果我们可以将道德领域划分为需要领域和互助领域,那么这两个领域内部是否依然存在可以划分不同领域的可能性?例如,在需要领域,人的基本需要也可以进一步划分,即较为重要的需要和较为不重要的需要。行为者是否可以为了满足自己的某些较为重要的需要而放弃满足其他人较为不重要的需要?标准后果主义虽然可以赞同莫尔根的做法(不反对,而且做得不够),但是我们完全可以设想,非后果主义者依然认为,后果主义者如果反对行为者给予自己较为重要的需要以较大的权重,后果主义就依然向行为者提出了严苛的要求。

　　虽然莫尔根认为需要领域适用标准后果主义,但他仍然无法回避后果主义的严苛性批评,原因是他的理论并没有从根本上为后果主义找到一个合理的辩护。也即是说,不能解释为什么标准后果主义理论能够适用于需要领域。如果将莫尔根的理论比作嫁接的植物,那它的健康生长需要母本的健康。现在的问题是,莫尔根理论的母本自身的健康需要得到正面的回应。

　　第二,即使关于道德领域划分是合理的,莫尔根对相关道德领域适用的理论也不尽合理。一个问题是在互助领域适用规则后果主义是否合理。与标准后果主义不同,莫尔根认为,在互助领域应当适用规则后果主义,因为互助领域与需要领域不同,涉及人的自主性和选择等问题,而这些问题在需要领域不存在。在需要领域,如果规则后果主义的考虑要求行为者给予其他人帮助,因此满足了其他人的需要,那么行为者不需要征得行为接受者的同意。需要领域不涉及行为的自主性问题。互助领域则非如此。在实现目标的互助领域,社会成员对自身目标的追求是具有自主性的。也即是说,即使行为者发现,其他社会成员在实现自身目标的过程中存在困难,仅凭个人自身能力难以实现其个人目标,行为者也不能在没有征得行为接受对象同意的前提下对其实施帮助。未经同意的帮助行为有可能侵犯目标实现者的自主性。基于这一考虑,行为者不能将标准后果主义所要求的最佳后果作为行动的标准,而是需要采取规则后果主义的策略。

　　莫尔根主张在追求目标的互助领域采取规则后果主义的策略。这一主张面临两个问题。一方面，莫尔根仍然需要为规则后果主义进行辩护，因为如前文所指出的，规则后果主义本身是一个有问题的理论。如果坚持所遵守的规则的根本性，并以规则定义行为的后果，那么这种理论很难被认为是后果主义理论，因为后果本身不再具有决定性。也正因此，莫尔根认为，他的规则后果主义和契约论的观点在互助领域是一致的。如果坚持行为后果的根本性，当规则能够实现最佳的后果就采取规则，否则就放弃，规则后果主义就会蜕变为行为后果主义。另一方面，莫尔根需要考虑在互助领域适用规则后果主义的规则是否能够回应针对后果主义的严苛性异议。针对后果主义的严苛性异议聚焦于行为者的个人利益与社会普遍利益之间的冲突，而社会普遍利益往往表现为其他人的利益。后果主义的批评者认为，后果主义忽视了行为者的个人利益，或者要求行为者付出过多牺牲，因而是严苛的。但是考察莫尔根提出的一些规则后果主义的规则，不难发现，其主要规则并不是如他所说的试图降低道德要求，确保道德要求的适度性。例如，第一条规则是不干涉。莫尔根在论述不干涉规则时仅仅指出这一规则在互助领域比在需要领域发挥更为显著的作用。这是因为，在需要领域，"干涉通常是满足其他人需要的一种有效的（和必要的方式）"①；在互助领域，帮助是辅助性的，是辅助别人实现目标。因此，应当以不干涉为前提，提供帮助的时候应当获取行为接受者的同意。从莫尔根的表述中可以看出，制定不干涉规则的意图是要求行为者在互助领域实施帮助他人的行动时，不能采取违背行为接受者意愿的行动。如果对莫尔根观点的这一理解是合理的，那么不干涉规则和严苛性异议并没有什么关联。我们可以通过比较两种情形来表明这一点。在第一种情形中，行为者不经其他人同意，违背不干涉规则，帮助其他人实现其个人目标。在第二种情形中，行为者因为其他人不同意，遵守不干涉规则，放弃了帮助其他人的行动。很显然，与第二种情形相比，行为者在第一种情形中需要付出更多的个人利益，即实施违背不干涉规则（违背规则后果主义的道德要求）的行动要比不实施违背干涉规则的行动（遵守规则后果主义的道德要求）付出更多的利益。如果批评者要对莫尔根的这一规则后果主义的不干涉规则进行批评，那么批评的理由应当是莫尔根的理论对行为者提出了过低而不是过于严苛的道德要求，结果是行为者因为遵守莫尔根的理论而付出过低的成本（甚至

---

① Tim Mulgan：*The Demands of Consequentialism*，Oxford，Clarendon Press，2001，p. 219.

零成本)。

自主性规则也是如此。行为者对自主性规则(尊重其他人的自主性)的遵守并没有使行为者承受过于沉重的负担,自然不会面临严苛性的批评。莫尔根尽管通过对不干涉和尊重规则的肯定,回避了严苛性的批评,但是他需要考虑另外的问题:在互助领域,莫尔根的规则后果主义向行为者施加了什么样的道德要求?或者按照莫尔根的理论,行为者在互助领域应当如何行动?

莫尔根认为,在互助领域,"最大限度实现对总体的目标追求的最好方式就是灌输一种规则。根据这一规则,每个人都追求他自己的(与别人相容的)目标。在一个人人都遵守这一规则的世界里,这一规则提出了很少的要求"[1]。莫尔根似乎倾向于认为,互助领域里人与人之间的义务很低。但是,如果莫尔根不打算将自己在互助领域的主张界定为利己主义,他需要指出行为者在互助领域对其他人的最低的义务限度在何处。如果这个限度是不确定的,莫尔根就无法将自己的观点同利己主义的观点区分开来。

在互助领域,莫尔根的理论面临的另一个问题是:当行为者面对别人为了实现自身目标而提出的援助要求时,应当如何确定自己所承担的义务?基于莫尔根的规则后果主义,行为者需要在遵守不干涉和尊重等规则的前提下履行义务。但是假设其他人主动向行为者提出援助要求,这就意味着不干涉和尊重规则不再成为援助行为的阻碍因素。行为者有义务按照求助人的要求进行援助吗?如果求助人的要求需要行为者付出超出其承受能力的成本,行为者应当如何行动?这些问题也是莫尔根应当考虑的。

此外,在需要领域和互助领域的平衡中适用混合观点是否合理?莫尔根在需要领域和互助领域的平衡中采用了类似于谢夫勒观点的混合观点。"以行为者为中心的特权自身并没有告诉行为者应当如何对需要或目标做出回应。相反,它告诉我们如何平衡由需要和目标产生的竞争性理由。"[2]尽管莫尔根对谢夫勒的混合理论做了更多的限制,认为行为者不仅在利益的权重方面可以给予个人利益以更大的权重,而且有权在利益的范围和利益的方式方面给予自己的利益以特权,但是他首先需要面对

---

[1]　Tim Mulgan: *The Demands of Consequentialism*, Oxford, Clarendon Press, 2001, p. 219.

[2]　Tim Mulgan: *The Demands of Consequentialism*, Oxford, Clarendon Press, 2001, p. 250.

的是如何回应谢夫勒的特权观点所面临的困难。在讨论谢夫勒的适度的道德时，笔者已经对谢夫勒的特权观点提出批评，指出他的特权观点在对行为者的要求方面没有与利己主义的观点形成区分，即并没有向行为者提出明确的道德要求，在避免严苛性批评的同时不得不面临要求过低的批评。既然莫尔根试图用自己的混合理论来处理两个领域的利益平衡问题，他需要处理的问题就可以细分为行为者的需要和其他人的目标之间的平衡，行为者的目标和其他人的需要之间的平衡。

首先考虑行为者的需要和其他人的目标之间的平衡问题。莫尔根在讨论两个领域的区分时指出，对需要的满足比目标的实现更为基本，因此在需要领域不能将不干涉和尊重作为对后果主义要求的约束。罗尔斯在讨论基本权利和非基本权利的分配时认为，基本权利与非基本权利相比具有优先性，不能为了满足非基本权利而牺牲基本权利。因此，当基本权利和非基本权利发生冲突时，应当优先满足基本权利。按照这一思路，是否可以认为，在莫尔根的理论中，对需要的满足优先于目标的实现？如果莫尔根认同上述观点，即对自己的需要的满足优先于其他人目标的实现，那么行为者有权选择满足实现自己需要的行动，而不去实现别人的目标。但是满足自己的需要是行为者的特权，行为者同样被允许按照标准后果主义的要求去帮助别人实现目标，如果帮助行为能够实现标准后果主义所要求的最好后果。

其次考虑行为者的目标和其他人的需要之间的平衡问题。假设行为者有实现自己目标的特权，满足别人需要的行动属于促进善的后果主义的要求。在此情形下，行为者有权利给予自己实现目标的行为以特权，而不是总是需要放弃自己的个人目标来满足其他人的需要。如果上述分析合理，那么莫尔根的理论就面临如下问题。在需要领域，行为者自己的个人需要和其他人的需要如果发生冲突，行为者应当按照后果主义的要求行动。如果满足自己需要的行动符合后果主义，行为者应当满足自己的需要，反之，行为者应当实行满足其他人需要的行动。但是在互助领域，如果行为者的目标同其他人的需要发生冲突，而满足其他人需要的行动符合后果主义的要求，那么行为者尽管可以实行满足其他人需要的后果主义行动，但是仍然有权给予自己实现个人目标的行动以较大的权重。既然行为者的需要和目标都属于行为者个人利益的满足，为什么当自己的需要和其他人的需要发生冲突时，在自己的个人需要和目标所实现的利益都小于满足其他人需要的促进善的利益的情况下，在第一种情形中，行为者只能选择满足别人需要的符合后果主义要求的行动（这是义务），而在第二种情况下，却有权给予自己的个人目标以较多考虑，即行为者有权选择实现自己的个人目标而不去实行满足他人需要的行动（这不是义务，行为者有选择的权利）？莫尔根的理论没有对上述问题做出回应。

综上所述，从标准后果主义的角度看，莫尔根的理论无论是在对道德领域的划分上，还是在不同领域适用的道德理论上都存在问题，不能令人满意。莫尔根的混合后果主义理论属于修正后果主义的一种形式。他试图对标准后果主义做出修正，以避免后果主义理论的批评者提出的针对后果主义的严苛性异议以及其他批评。从前文分析来看，莫尔根对后果主义的修正是一次不成功的尝试，这种不成功也促使后果主义者反思对后果主义的修正是否有必要，是否对后果主义某种形式的修正都不可避免地存在问题。如果对后果主义的修正总是存在这样或那样的问题，对待后果主义的一个更值得选择的态度是：重新思考如何对标准后果主义进行辩护，而不是考虑如何对其进行修正。

第六章　后果主义的证明

第一节　后果主义的后果

无论是后果主义理论的反对者，如提出混合理论的谢夫勒、支持义务论的卡姆，还是作为后果主义理论修正者的斯洛特和墨菲，当他们认为他们所批评的后果主义理论向行为者提出了过于严苛的要求时（对墨菲来说，行为后果主义理论在部分遵守情形下向行为者提出了不公平的要求），这一批评的含义是：后果主义理论要求行为者承担超出合理限度的损失。因此，这一要求是一个过于严苛的要求。谢夫勒的混合理论和卡姆的义务论在批评后果主义理论的时候陷入了另外一个困境：他们甚至没有办法为行为者设定一个最低限度的救助或者行善义务。所有的救助和行善义务都成了行为者的分外善行，而这显然是谢夫勒和卡姆所共同反对的。他们承认行为者具有救助或者行善这样的义务，但是没有办法指出这一义务和不是作为义务的救助或者行善行为之间的界限。在谈到后果主义理论对严苛性异议的回应时，莫尔根认为，这一批评可以表述为如下的形式：

1. 后果主义提出了要求 D。
2. 要求 D 是道德理论所提出的一个不合理的要求。
3. 因此，后果主义提出了不合理的要求。①

后果主义的批评者认为，后果主义理论提出了不合理的要求 D。后果主义理论的支持者若是为后果主义理论辩护，可以采取两种方法。一种方法是否认后果主义理论提出了要求 D，进而提出新的要求，并为这一要求进行辩护；另一种方法是否认要求 D 是一个不合理的要求。斯洛特和墨菲等人采取了第一种方法，他们也认为最佳后果主义所提出的要

---

① Tim Mulgan：*The Demands of Consequentialism*，Oxford，Clarendon Press，2001，p. 25.

求过于严苛。斯洛特用一种令人足够满意的后果主义要求来代替最佳后果主义的要求，墨菲则用集体行善原则来代替最佳行善原则。如果前文的分析是合理的，那么他们对自己所提出的要求的辩护是不成功的。这就使得我们有必要考虑后果主义的第二种辩护方法。后果主义的支持者可以坚持认为，后果主义理论所提出的要求是一个合理的要求。

　　谢夫勒和卡姆等人所批评的后果主义的要求是：行为者应当实行产生最佳后果的行为。谢夫勒并不反对行为者实行产生最佳后果的行为，但认为有时候实行产生最佳后果的行为应当是行为者的分外善行，而不是行为者应尽的义务。义务论者也认为，行为者在不违背义务论约束的前提下所实行的产生最佳后果的行为可以是行为者的分外善行，而不是行为者的义务。反对者之所以认为行为者不应当将实现最佳后果的行为视为行为者的义务而非分外善行，可能是因为实行产生最佳后果的行为会要求行为者做出重大的牺牲。如果我们将产生最佳后果的行为视为分外善行，就不会给行为者带来过分的负担，因为分外善行意味着他可以实行这一行为，也可以不实行这一行为。如果行为者认为自己可以承受这一行为所带来的牺牲，那么他就可以实行这一行为，反之，行为者可以不实行这一行为。但是，如果我们将产生最好后果的行为视为行为者应尽的义务，那么不管行为者本人是否能够承受这一行为所带来的牺牲，他都必须实行这一行为。至少从日常道德的角度来看，这一点是令人难以接受的。

　　如果后果主义的反对者反对后果主义将实行产生最佳后果的行为视为行为者的义务，是因为这一义务会要求行为者承受令人难以忍受的负担，那么我们需要考虑这样一个问题：后果主义的要求和令人难以承受的负担之间是否具有必然的联系？也即是说，是否所有后果主义的要求都会使得行为者承受令其难以忍受的负担。这样的必然联系显然是不存在的。即使后果主义的反对者也必须承认，至少在某些情形下，后果主义所提出的要求是一个他们能够接受的合理要求。例如，在辛格所举的例子中，如果教授仅仅以弄湿衣服和耽误报告为代价就可以救落水的小孩，后果主义会要求行为者将救助小孩作为自己的义务，而不是分外善行。他应当而不是可以去救那个小孩。行为者不需要付出代价或者只需付出很小的代价就可以产生最佳后果时，后果主义的反对者反对后果主义的理由（后果主义向行为者施加了过于严苛的要求）就不存在了。

　　我们需要考虑的第二种情形是，行为者面临两个选项。一个选项是实行有利于个人计划的行为，另一个选项是实行有利于其他人的利益或者个人计划的行为。行为者不可能同时实行这两个行为。后果主义者并不认为与实行第一个选项的行为所产生的后果相比，实行第二个选项的行为所产生的后果一定更好。例如，后果主义不会要求行为者以牺牲自己的生命为代价去避免其他人的某种较小的损失，如失去头发。所以，产生争议的情形应该是：后果主义理论是否会要求行为者以自己较小的损失为代价去避免其他人的较大损失，或者为其他人带来较大的利益。后果主义的反对者（包括修正的后果主义者）在这一点上似乎误解了后果主义理论。我们可以通过莫尔根反复讨论的一个例子来看一看后果主义理论到底向行为者提出了什么样的要求，以及在后果主义理论中，最好的后果到底指什么样的后果。这个例子被称为"埃福伦特的故事"。

　　　埃福伦特是一个发达国家的富裕市民，她已经向慈善机构捐了很多钱。现在她正坐在放着支票簿的桌子旁，面前有两本小册子：一本来自一个著名的国际慈善组织，另一本来自当地的剧院。埃福伦特有足够的钱买戏票或者捐给慈善机构，但是她只能选择一样。因为对戏剧的热爱，她选择了买戏票，虽然她知道这笔钱如果捐给慈善机构将会被用来做更多的好事。①

　　在这个例子中，埃福伦特面临两种选择。一种选择是将钱捐给慈善机构，慈善机构可以用这笔钱来资助穷人；另一种选择是买戏票，从而满足自己的个人爱好。埃福伦特实行这两个行为会产生两个不同的后果，而其他人会依据这两个不同的后果评价她的行为，她自己也会根据后果选择自己所要实行的行为。我们需要弄清楚埃福伦特的两个选择产生的后果是什么。如果埃福伦特选择将钱捐给慈善机构，这一行为所产生的后果至少包含如下因素：慈善机构用这些钱救助穷人，改善了穷人的生活；埃福伦特因为把钱捐给慈善机构，没有办法去剧院看戏，不能满足自己的爱好。如果埃福伦特选择买戏票，相应的后果是：埃福伦特去戏院看戏，满足了自己的爱好；慈善机构没有收到这笔捐款，因此埃福伦特第一个选择中生活会得到改善的穷人，其生活没有得到相应的改善。这个例子表明，当我们讨论后果主义的后果时，不应当仅仅考虑行为者的救助或者行善行为给行为接受者带来了什么样的好后果，不应当仅仅通过比较两个不同的行为给行为接受者带来的结果，进而确定哪一个结

---

① Tim Mulgan：*The Demands of Consequentialism*，Oxford，Clarendon Press，2001，p. 4.

果是更好的后果，并以此确定哪一个行为是行为者应当实行的行为。我们还必须考虑当行为者实行某个行为的时候，这个行为对行为者本人来说产生了什么样的影响。

谢夫勒认为，在决定道德理论的严苛程度的诸多因素中，有两个因素非常重要。"一个因素是理论对行为者施加的约束的限制程度，也就是说，这些约束在何种程度上限制了道德上可选择的、向行为者开放的行为。另一个因素就是行为者为了满足道德要求所付出的成本。这一成本取决于道德理论要求行为者做的事情和符合行为者自己的利益之间的逻辑的、物理的、心理的或者实践上的不相容程度等因素。"① 基于对第一个因素的考虑，谢夫勒认为，道德理论应当允许行为者对其行为具有适度的选择权，而不是像后果主义那样，通过一个最佳后果确定唯一的行为。基于对第二个因素的考虑，谢夫勒认为，道德理论不应当要求行为者为了实现最佳后果而做出过于严苛的牺牲。实际上，谢夫勒对这两个因素的考虑都基于个人观点的独立性。对于第一个因素，我们已经在讨论谢夫勒的适度的道德时进行了分析。现在我们需要分析谢夫勒所提出的第二个因素。

在谢夫勒看来，行为者遵守道德要求所产生的成本在不同的情形和不同的行为者那里是不同的。首先，"在某些情形下，道德理论要求行为者付出很小的成本来满足道德要求，而在其他情形下，它可能会要求行为者付出非常大的成本"②。其次，对于不同的行为者来说，他们为了遵守同一道德要求而付出的成本往往是不一样的。付出同样的成本，对于有的行为者来说是一个适度的要求，对于另外的行为者来说则可能是一个过于严苛的要求。在后果主义的反对者看来，既然按照后果主义的行为正确性标准，行为者应当始终实行那个产生最佳后果的行为，那么无论行为者在实行这一产生最佳后果的行为时付出了什么样的成本，都应当将其视为自己的义务加以履行。我们在分析墨菲的集体行善原则时已经看到，墨菲之所以认为在部分遵守的情形下要求行为者遵守最佳行善原则是荒唐的，原因在于，"在部分遵守最佳行善原则的情形下，每一个遵守原则的行为者被要求履行在完全遵守的情形下他自己的被公平分配的责任，加上（粗略地说）某些完全属于不遵守原则的行为者的责

---

① Samuel Scheffler: *Human Morality*, New York, Oxford University Press. 1992, p. 98.
② Samuel Scheffler: *Human Morality*, New York, Oxford University Press. 1992, p. 98.

任"①。墨菲对后果主义理论的批评，其中一个不合理之处在于，他始终没有办法表明，为什么行为者在部分遵守的情形下与他在完全遵守的情形下相比承担更多的责任就是不公平的或荒唐的。墨菲的批评另外一个不合理之处在于，他始终认为在完全遵守和部分遵守的情形下，后果主义所要求的行善原则所要实现的道德目标是一样的。既然道德目标是一样的，那么当有的行为者不遵守行善原则时，遵守原则的行为者为了实现原来的道德目标，必然需要承担更多的责任，而这往往意味着要求行为者付出更多的成本。但是，后果主义者并不需要在任何时候都承诺，行为者在完全遵守和部分遵守的情形下要实现同样的道德目标，并且只有这样才算实行了产生最佳后果的行为。后果主义理论同样可以将行为者实行某个行为所付出的成本包含在这个行为所产生的后果中。如果后果主义的反对者认同这一点，那么后果主义就不需要做出墨菲所认为的那种承诺。

我们至少可以考虑两种情形，在这两种情形中，后果主义并不要求行为者不考虑个人需要付出的成本而实现后果主义的反对者所说的最好后果。第一种情形是在完全遵守的情形下，如果行为者个人的状况发生了变化，从而使得行为者为履行原先制定的义务将会付出非常大的成本，那么后果主义理论就不会认为行为者应当继续履行原先的义务。例如，行为者承诺与其他人一同为实现某个行善目标而捐助某个数额的款项。假设行为者的经济状况变槽，如果继续按照原定的数额进行捐助，那么行为者本人的生活将难以维持。在此情形下，即使其他人都遵守原先的约定进行捐助，行为者也有理由为自己不按照原先的数额进行捐助提出辩护，因为随着行为者本人的经济状况变槽，行为者的行为所能实现的最佳后果也发生了变化。行为者继续按照原先数额进行捐助所产生的后果可能没有行为者减少捐助数额所产生的后果更好。此时，行为者的正确选择就是减少捐助数额。第二种情形是在部分遵守的情形下，当其他人部分遵守原来的行善原则时，行为者如果想实现原先制定的目标，就需要承担更多的责任。但是，如果行为者承担更多的责任使自己付出的成本远远大于行为者通过承担更多责任而实现的道德目标所产生的善，那么后果主义理论会认为，行为者正确的做法是放弃实行这一行为。如果其他人的不履行使得行为者根本不可能仅靠自己而实现原来的目标，那么行为者当然应当放弃实行这一行为。

① Liam Murphy: *Moral Demands in Nonideal Theory*, Oxford, Oxford University Press, 2000, p. 90.

通过对行为成本的分析，我们可以看到对行为的后果的认定是一个复杂的过程，因为行为者的行为不仅给行为接受者带来了直接的后果，而且行为者本人为了实行这一行为所付出的成本也应当被视为后果的一部分。除此之外，行为者的行为不仅对行为接受者和行为者本人造成了影响，还有可能对其他人造成影响。如果存在这样的影响，那么行为者的行为对其他人造成的影响也应当被视为后果的一部分。例如，在与电车案例类似的旁观者案例中，行为者将旁观者推入电车轨道可以阻止电车前进，从而救活电车轨道前方的五个人。卡姆这样的义务论者反对行为者这样做的理由是，这样做违背了旁观者的不可违背性，并认为后果主义理论没有办法反对行为者的这一做法。实际上，在这一情形中，后果主义者同样反对行为者将旁观者推入电车轨道，因为后果主义者并不认为将旁观者推入轨道这一行为所产生的后果就是旁观者被杀死和轨道上的五个人获救。如果道德理论允许行为者这样做，那就意味着任何人都可以在类似的情形中被视为这样的旁观者。一个极端的后果就是，医生可以任意地摘除健康人的各种器官，用这些器官救活更多的人。正是基于这一考虑，后果主义者反对旁观者案例中行为者通过将旁观者推入轨道来救轨道上的五个人的做法，因为这样做并没有产生一个最佳后果。

第二节　后果主义的证明

本书第三章和第四章已经表明，适度的道德和义务论的支持者认为，后果主义在促进善上向行为者提出了过于严苛的道德要求。但是，他们既没有成功地表明后果主义的要求过于严苛，也没有表明这两种理论能够为行为者促进善的义务提供辩护，因此对后果主义的批评是不成立的。不过，即使这两种理论对后果主义的批评是不成立的，也不能反过来表明后果主义的要求是合理的，因为可能存在其他可以表明后果主义要求之不合理性的理论。对后果主义的辩护不能停留在对反对理论的批评上。莫尔根在批评辛格、卡根和昂格尔等极端主义者时认为，这些极端主义者在反对那些认为后果主义要求过于严苛的理论时为自己设置了自认为毫无争议的"出发点"。辛格的出发点是"防止伤害的原则"，卡根的出发点是"促进善的理由"，昂格尔的出发点是"帮助无辜者的原则"。① 在莫尔根看来，极端论者对出发点的辩护诉诸这些出发点在直觉上的合理性。

---

① Tim Mulgan：*The Demands of Consequentialism*，Oxford，Clarendon Press，2001，p. 27.

以卡根的促进善的理由为例,卡根认为,行为者具有促进善的义务,不仅后果主义者这样认为,而且"只有极端的反后果主义者才会否认有价值的后果为行动提供了某个理由。促进善的理由因此成为后果主义者和他们的较为适度的(希望将促进善的理由和其他道德原则结合起来的)反对者共同承认的基础"①。极端论者论证的第二个步骤是,"检查所有在某些情形下背离后果主义出发点的直觉、原则和论证,并拒绝它们。如果对后果主义出发点的背离没有得到辩护,那么出发点就代表了道德的全部"②。既然反对者没有成功地表明极端论者的出发点是不合理的,极端论者就认为,后果主义的要求是合理的,而不是过于严苛的。莫尔根认为,极端论者的辩护方式存在很多不合理的地方。例如,极端论者基于直觉认为自己的出发点是合理的,但是在讨论时却以反对者的直觉没有得到合理辩护而拒绝反对者的直觉,这对于反对者来说是不公平的。极端论者往往通过一个例子的合理性来表明原则的合理性,这在莫尔根看来也是不合理的。"即使我们赞同极端论者对一个具体事例所做的判断,我们也可以不赞同他们从这个事例中所得出的一般教训。"③莫尔根对极端论者的批评是否合理,这是有争议的,但是对于后果主义的辩护者来说,至少有一点是合理的:后果主义者不能将后果主义的原则建立在直觉的基础上,而是必须为这一原则提供一个合理的辩护。

后果主义的原则是:行为者应当实行那个从不偏不倚的角度来看产生最佳后果的行为。后果主义必须对这个原则进行合理的辩护,而不是依赖直觉,并以此反对其他理论。斯马特在对行为功利主义进行辩护时指出,行为功利主义者必须进行"两次评价"。假设有行为者面临仅有的两个行为 A 和 B,它们各自具有不同的总后果,在决定行为者应当实行某个行为时——

> 行为功利主义者会问是否行为 A 的总后果比行为 B 的总后果更好,或者相反,或者是否这两个行为的总后果是相同的。也就是说,如果他认为行为 A 的总后果比行为 B 的总后果更好,那么他就会推荐行为 A 而不是行为 B。但是说"更好"本身就是推荐。因此,行为功利主义必须进行两次评价或推荐。首先,他必须评价后果。其次,

---

① Tim Mulgan: *The Demands of Consequentialism*, Oxford, Clarendon Press, 2001, p. 27.

② Tim Mulgan: *The Demands of Consequentialism*, Oxford, Clarendon Press, 2001, pp. 27-28.

③ Tim Mulgan: *The Demands of Consequentialism*, Oxford, Clarendon Press, 2001, p. 30.

在评价后果的基础上，他必须评价产生这两个后果集合的行为 A 和行为 B。①

　　斯马特所说的第一次评价涉及对行为后果的认识，即什么样的后果才是一个好的后果，第二次评价涉及对行为的认识，即行为者应当实行什么样的行为。在第一次评价中，不同的理论可能对什么样的后果才是一个好的后果具有不同的理解。例如，边沁、密尔和摩尔三个人虽然都是功利主义者，但是他们对什么是好的后果有着不同的理解。边沁是一个纯粹的快乐主义的功利主义者，在他看来，快乐是衡量一个后果是否是好的后果的唯一标准。如果一个行为与另外一个行为相比，能够在量上产生更大的快乐，那么它所产生的后果就是一个更好的后果。密尔反对边沁的这一观点，认为"做一个不满足的苏格拉底要比做一个满足的傻瓜更好"②。因此，"快乐并不是我们评价后果的唯一标准。苏格拉底的精神状态可能比傻瓜的精神状态较少快乐，但是在密尔看来，苏格拉底比傻瓜更加快乐"③。也就是说，密尔更加强调快乐在质上的差别，而边沁认为快乐只有量上的差别。摩尔则持有一种多元主义的观点，认为决定一个行为的后果好于另外一个后果的因素并不仅仅是快乐，还包括其他东西，如美。在第二次评价中，即使不同的行为者对于什么是更好的后果达成了一致，但是他们对于应当实行什么样的行为仍然可能存在争议。斯马特以罗斯为例，说明了不同理论之间的这一差别：

　　　　一个非功利主义者，如罗斯这样的哲学家，可能会在评价行为 A 和行为 B 的总后果集合的有关价值时同意我们（功利主义者）的观点，但是仍然在我们是否应当实行行为 A 或者行为 B 上不同意我们的观点。他可能会在总后果的评价上认同我们，但是在可能行为的评价上不认同我们。他可能会说："虽然行为 A 的总后果比行为 B

　　① J. J. C. Smart："An Outline of A System of Utilitarian Ethics"，*Utilitarianism：For and Against*，edited by J. J. C. Smart and Bernard Williams，Cambridge，Cambridge University Press，1973，p. 14.

　　② Henry West：*The Blackwell Guide to Mill's Utilitarianism*，Oxford，Blackwell，2006，p. 70.

　　③ J. J. C. Smart："An Outline of A System of Utilitarian Ethics"，*Utilitarianism：For and Against*，edited by J. J. C. Smart and Bernard Williams，Cambridge，Cambridge University Press，1973，p. 15.

的总后果好，但是实行行为 A 是不公正的，因为你承诺了要实行行为 B。"①

　　也就是说，适度的道德的支持者、义务论者甚至修正的后果主义者，他们在对行为后果的认定上可能同意后果主义者的观点，但却并不认同后果主义者将最佳后果作为评价行为正确性的依据。例如，在谢夫勒看来，实行产生最佳后果的行为只有在行为者实行其他可选择行为时给行为者带来的利益超出这一行为给其他人带来的损失一定的倍数时，才是行为者的义务。在其他情况下，实行产生最佳后果的行为应当是行为者的分外善行。如果按照后果主义的要求，这一行为始终被视为行为者的义务，那么这一要求就忽视了行为者个人观点的道德独立性。斯洛特提出的令人足够满意的后果主义则认为，行为者只用实行那个产生令人足够满意的后果的行为，没有义务实行那个产生最佳后果的行为。罗斯这样的义务论者虽然也认同后果主义的最佳后果，但是却以产生最佳后果的行为可能是一个不公正的行为为由拒绝将最佳后果作为判断行为正确性的依据。

　　区分了上述两种不同评价，我们需要进一步弄清楚当后果主义的反对者认为后果主义向行为者提出了过于严苛的道德要求时，他们是在第一种评价的意义上还是在第二种评价的意义上批评后果主义理论。显然，他们的批评不是在第一种评价的意义上进行的。如果后果主义的反对者不认可后果主义者对行为后果的具体内容的认定，即什么样的后果才是一个好的后果，那么后果主义仍然可以悬置什么样的后果才是一个好后果这一问题，然后询问反对者是否认同行为者应当实行那个产生最佳后果的行为，无论这一后果是通过什么标准加以认定的。如果反对者也认同行为者应当实行那个产生最佳后果的行为，那么他们就不能再批评后果主义提出了过于严苛的要求。如果反对者不赞同行为者应当总是实行产生最佳后果的行为，那么后果主义者就需要表明为什么行为者应当实行产生最佳后果的行为。至此，后果主义者同反对者的分歧是在第二种评价意义上的分歧，即他们对行为者应当实行什么样的行为的意见是不一致的，即使他们对行为产生了什么样的后果达成了一致。为了反驳后果主义要求过于严苛这一异议，后果主义者应当对为什么行为者应当实

　　①　J. J. C. Smart："An Outline of A System of Utilitarian Ethics," *Utilitarianism：For and Against*, edited by J. J. C. Smart and Bernard Williams, Cambridge, Cambridge University Press, 1973, p. 14.

行产生最佳后果的行为进行辩护，而不是对一个好后果的具体标准进行辩护。

为什么行为者应当实行产生最佳后果的行为？对于这一问题，密尔做了如下证明。

> 对一个物体是看得见的能够给出的唯一证据是人们实际上看见了它，对一个声音是听得见的能够给出的唯一证据是人们听见了它，我们的经验的其他来源也是如此。同样，我认为，能够得出某物是值得欲求这一结论的唯一证据是人们实际上欲求它。如果功利主义学说为自己提出的这一目的在理论上和实践上没有被承认为一个目的，那么没有任何理由能够说服某个人承认它是一个目的。没有任何理由能够解释为什么一般的幸福是值得欲求的，除了每个人就其相信幸福是可获得的而言，都欲求他自己的幸福。这是一个事实。我们不仅拥有这一情形所容许的全部证据，而且拥有这一情形所需要的全部证据，来证明幸福是一种善：每个人的幸福对于那个人来说是一种善，因此一般的幸福对于所有人的集合体来说也是一种善。①

密尔在这段话中对功利主义的证明受到了广泛的批评。密尔的论证存在两个方面的错误。② 第一个错误是，我们从"看见某物，因而某物是可见的"至多能推论出"欲求某物，因而某物是能够被欲求的"，并不能推论出"欲求一个东西，因而这个东西是值得欲求的"。要想得出后一个结论，前提是"看见某物，因而某物是值得被看见的"。如果我们认同休谟关于事实判断和价值判断的区分，"欲求某物"就是一个事实判断，而"某物是值得欲求的或者应当欲求某物"是一个价值判断。价值判断无法从事实判断中推论出来。第二个错误是，"密尔在这里的目的是表明一般的善（功利主义的目标）对于个人行为者来说是一个理性的目标。但是这一命题并没有蕴含在如下前提中：每个人的幸福对于每个人来说都是一种善"③。功利主义者想要论证的命题是：行为者应当实行产生最佳后果（普遍幸福）的行为。而功利主义拥有的唯一前提是：每个人都追求自己

---

① Henry West: *The Blackwell Guide to Mill's Utilitarianism*, Oxford, Blackwell, 2006, p. 90.

② Geoffrey Scarre: *Utilitarianism*, New York, Routledge, 1996, p. 97.

③ Geoffrey Scarre: *Utilitarianism*, New York, Routledge, 1996, p. 97.

的个人幸福。从这个前提中，我们无法推论出每个人都应当实行实现个人幸福的行为。即使能够得出结论，我们也无法从每个人都应当实行实现个人幸福的行为这一前提，推论出每个人都应当实行实现普遍幸福的行为。实际上，"行为者应当实行产生最佳后果的行为"这一后果主义原则是无法通过三段论推论出来的，因为这一原则是一个最高的原则。如果这个原则能够通过其他的前提推论出来，那么是那个作为前提的原则而不是"行为者应当实行产生最佳后果的行为"这一原则应当被作为后果主义的最高原则。

边沁和密尔将功利主义建立在快乐主义的基础之上，其合理性在于，道德理论的合理性需要通过激发行为者的行动体现出来。基于这一考虑，首先，他们强调快乐对个人的激发作用。这是一个很自然的过程，并不需要进行过多的解释。其次，他们强调普遍的快乐对行为者的激发作用。正如西季威克所指出的，前者是心理快乐主义，后者是伦理快乐主义。经验能够证明前者，但是无助于证明后者，因为后者并不是一个经验命题，而应当是一个形而上的命题。也即是说，伦理快乐主义应当作为一个预设被提出来：如果没有伦理快乐主义，那么我们就不能实行仁慈行为。

如果密尔的论述可以被看作对功利主义的证明，那么西季威克已经指出了密尔论证中的问题。但是，密尔的这个证明为后来的学者提供了一个基本的思路。包括西季威克在内，甚至非功利主义者也能从中受到启发。

密尔的理论中非常吸引人的地方有两点。第一，确定了不偏不倚的道德立场。这种立场也可以被看作康德的立场。无论是义务论还是功利主义，它们都坚持认为，我们应当从非个人的、不偏不倚或者客观的立场来看待道德行为，做出道德选择。第二，密尔在论证中试图从个人对个人幸福的追求推演到个人对普遍幸福的追求。尽管西季威克已经指出了密尔的推演中存在的问题，但是不能否认，密尔认识到了伦理原则要想激发个人的行动，必须首先从个人的利益或者幸福出发，或者说道德要求最终要落脚到个人身上，是行为者个人要去实施道德原则所要求的行为。但是，行为者实施道德行动的动机究竟是什么？功利主义为什么能够激发行为者的行动动机？道德理论必须与行为者个人联系起来。如果道德要求能够与行为者的个人因素联系起来，那么道德要求的激发作用就不是像简单的道德教条那样，从外在的角度强迫行为者接受，而是行为者能够发自内心地愿意按照道德要求去行动。如果道德理论能够表明，在认可个人对其幸福的追求是合理的这一基础上，行为者对其个人幸福的追求同其对普遍幸福的追求具有某种联系，那么行为者对普遍幸福的追求的合理性也就能够得到一定程度的说明。

功利主义的发展对伦理学的启示是：伦理学的首要问题是解决自我利益与他人利益之间的冲突。功利主义者在解决这个问题时，力图表明对功利主义原则的遵守并不是对外在原则的遵守，而是符合人的自身特性的。对自我利益的分析是功利主义者的一个重要出发点。人在追求自己个人利益的时候，即进行审慎思考的时候，存在一种考虑长远利益的倾向。也即是说，当自己的个人长远利益和当前利益存在冲突的时候，行为者往往会选择长远利益而放弃当前的利益。一个人会因为对长远利益的追求而放弃当下的快乐享受。例如，为了考上理想的学校而放弃当下的享受，在教室里埋头苦读。但是，人为什么会这么做呢？西季威克给出的回答是：行为者基于整体善的考虑。人的过去、现在和未来都属于整体善的一部分。因此，基于审慎的分析，如果将来的利益大于现在的利益，那么行为者会主动选择将来的长远利益。

因此，行为者在考虑自己个人利益的时候，首先承认自己的过去、现在和未来是一个整体，存在整体的善；其次承认可以对不同时期的善进行比较，从而选择那个更大的善。这也就承认了不偏不倚的道德立场。西季威克认为，这是一种心理快乐主义的体现。当一个人因为口渴而喝水，他所遵循的就是这种心理快乐主义的思路。但是道德要求并不仅仅满足于认可一个人对其个人最大幸福的追求，它还希望行为者能够将普遍幸福作为自己的追求目标。更为直接的是：它要求行为者在其他人幸福比自己的个人幸福更大时，放弃自己的个人幸福而追求以他人幸福为目标的普遍幸福的善。这一要求即仁慈的要求。西季威克认为，后者是伦理快乐主义的要求。伦理快乐主义要求行为者应当将追求普遍幸福作为自己的目标。西季威克似乎认为，既然个人追求自己个人幸福的整体善能够成立，个人追求社会整体幸福的整体善也就能成立。那么，如何实现从个人追求个人整体善到个人追求社会整体善？

我们需要弄清，西季威克的理论出发点是什么。任何一种道德理论都有自己的出发点。它们从这一出发点出发，经过适当的道德推理，得出相应的道德结论。对于西季威克来说，功利主义的最大幸福原则显然不应当是理论的出发点。即使要将功利主义的原则作为理论的出发点，也必须是在经过一定反思之后。

休谟在论述个人利益与他人利益之间的关系时认为，个人利益与他人利益具有不同的道德基础。个人利益的基础是自爱，而对他人利益的关注的基础是仁慈或者仁爱。按照休谟的这一观点，我们不能从对个人利益的关注推论出对他人利益的关注。西季威克认为，密尔在论证功利主义的时候试图由追求个人利益的合理性推论出追求普遍利益的合理性，这一思路是有问题的。尽管如此，在《伦理学方法》一书中，西季威克仍然从利己主义出发，首先阐述行为者对个人自我利益的关注，其次论述直觉主义，最后才是对功利主义的分析。行为者对个人自我利益或者个人最大幸福的关注是西季威克理论的出发点。他认为，行为者追求自己个人的最大幸福是一个自明的命题，是对人的本性的合理阐述。更为重要的是，对自己个人最大幸福的追求为行为者提供了自然的动机，能够激发行为者的行动。

在西季威克的理论中，"利己主义"并不是一个贬义词，并不是强调行为者只追求个人利益，甚至不惜为了自己的个人利益而损害其他人的利益。西季威克仅用"利己主义"这个词表示"一种把行为规定为为达到个人的幸福或快乐目的的体系。这样一种体系中的主导性的动机通常被说成'自爱'"①。西季威克认为，这样的自爱动机既与霍布斯式的"自我保存"动机不同，也与斯宾诺莎式的自我实现动机不同。西季威克的自爱动机所指向的目的是"个人的可获得的最大快乐"②。基于霍布斯的立场，人类社会的原初状态是人与人的战争状态，人类社会的运行建立在自我保存的利己动机之上，对他人的仁爱最终仍基于个人自我利益的考虑，因而是一种合理的利己主义观点。在西季威克的理论中，利己主义仅仅强调行为者对自己个人利益的关注："我们必须把一个利己主义者理解为一个这样的人：当面临两个或者更多的行动方案时，他尽可能确定每一个行动方案可能导致的快乐与痛苦的量，并且选择他认为将给他带来快乐对于痛苦的最大余额的行为。"③因此，在西季威克那里，利己主义的重点在于个人对自己个人利益的关注。这种关注具有苦乐心理学的基础。对自己个人利益的促进能够增加自己的快乐，反之则减损自己的快乐或者增加相应的痛苦。正是这种快乐或者痛苦激发了行为者采取或者不采取一定的行动。因此，自爱的动机也就是促进自己快乐或减损自己快乐的动机。正是人的这种趋乐避苦的心理使得行为者能够产生相应的行为

---

① 〔英〕亨利·西季威克：《伦理学方法》，廖申白译，北京，中国社会科学出版社，1993，第111页。

② 〔英〕亨利·西季威克：《伦理学方法》，廖申白译，北京，中国社会科学出版社，1993，第111页。

③ 〔英〕亨利·西季威克：《伦理学方法》，廖申白译，北京，中国社会科学出版社，1993，第143页。

动机。这种心理状态能够解释行为者为什么会选择那些增进自己快乐的行为，逃避那些减损自己快乐或增加自己痛苦的行为，能够为行为者追求自己个人最大幸福的动机提供经验主义的解释。

仁爱原则不同。仁爱原则的指向对象并不是行为者自己或者与自己有亲密关系的人，而是除自己或者与自己有亲密关系的人之外的其他社会成员。实际上，仁爱与利他主义具有近乎相同的含义。

西季威克已经清楚地认识到自我利益与他人利益之间，或者说个人追求自己幸福与个人追求普遍幸福之间的冲突。他将其称为利益和义务的对立。利益指的是行为者自己的个人利益；义务则是对其他人或者社会的义务，指向普遍的利益。通过对这两者关系的考虑，西季威克不情愿地得出结论，认为："在世俗经验的基础上，在我的幸福和普遍幸福的冲突中不可能有一种完满的解决办法。"①密尔认为，行为者选择功利主义时可能需要牺牲自己的个人利益，这种牺牲是"英雄主义的"。西季威克否认了行为者仅仅基于这种英雄主义的考虑就会有动机实行功利主义所要求的行为，因为功利主义者对人的理解并不是英雄主义的。也就是说，在功利主义者那里，人是追求快乐、避免痛苦的。

西季威克对康德绝对命令的接受，实际上是对道德原则不偏不倚特性的接受。但是，这种不偏不倚的规定仅仅是一个形式化的规定，没有任何实质性内容，所以对于行为者而言并没有提出实质性建议。西季威克认为，康德的这一原则"并没有真正解决引导我从密尔转向康德的那种困难：它并没有最终地确立自我利益对义务的从属性。因为，合理的利己主义者，即一个从霍布斯那里懂得了自我保存是第一条自然法以及自我利益是社会道德的唯一合理基础，并且是它的实际（就其有效而言）基础的人——可以既接受康德的原则，同时又仍然是一个利己主义者"②。

西季威克认为，他与密尔、康德并不相同。无论是密尔还是康德，他们都以不同方式拒绝承认个人利益与他人利益具有同等重要的地位。在密尔的功利主义框架中，以及在康德的义务论框架中，道德都要求行为者牺牲个人利益而维护其他人的利益。西季威克则明确断言："我认为，个人乐于选择他自己的善也无疑是合理的。自我关心的合理性如同

---

① 〔英〕亨利·西季威克：《伦理学方法》，廖申白译，北京，中国社会科学出版社，1993，第13页。

② 〔英〕亨利·西季威克：《伦理学方法》，廖申白译，北京，中国社会科学出版社，1993，第15页。

自我牺牲的合理性一样不可抗拒。我不能放弃上述信念，尽管我的两位老师——康德和密尔——似乎都不愿意接受这种信念。他们以各自不同的方式拒绝这种信念。"①

对密尔论证功利主义方法的反对以及巴特勒理论的影响，使西季威克最终采取了直觉主义的方法来接受功利主义理论："假如我打算把旨在达到普遍幸福的最高原则看作有根本约束力的话，就必须把它建立在一种基本的道德直觉之上。"②对这样一种道德直觉，西季威克给予了充分的信赖。"我认为，密尔和边沁的功利主义需要有一个基础，这种基础只能由一种基本的道德直觉来提供；另一方面我对常识道德所能做出的最缜密的考察也向我表明：除了与功利主义完满一致的那些原则之外，不可能再有任何清晰的、自明的原则。"③

西季威克认为，功利主义原则要解决的问题实际上就是个人幸福和普遍幸福之间的冲突问题。如果说行为者实现自己的个人幸福是一件很自然的事情，那么行为者追求普遍幸福的原因则是需要进行说明的。西季威克描述了行为者在个人幸福和普遍幸福发生冲突时的两难选择：

> 我向密尔提出我所认为的两难困境：行为或者有利于我自己的幸福，或者不利于我自己的幸福。如果不利于我自己的幸福，我为什么要去做呢？下面的说法毫无用处：如果我是一个道德英雄，我应当已经养成自愿帮助其他人的习惯。即使帮助其他人的行为使我感到愉快，这一习惯也仍然有其力量。我知道我无论如何也不是什么道德英雄，没有任何理由而只是出于盲目的习惯而帮助其他人。我也不希望成为那一类英雄。在我看来，那一类英雄虽然是值得赞扬的，但肯定不是哲学家。我肯定由于某个原因认识到，对我来说，我为了我作为其中一员的整体的善而牺牲我自己的幸福，这是正确的。④

---

① 〔英〕亨利·西季威克：《伦理学方法》，廖申白译，北京，中国社会科学出版社，1993，第16页。

② 〔英〕亨利·西季威克：《伦理学方法》，廖申白译，北京，中国社会科学出版社，1993，第18页。

③ 〔英〕亨利·西季威克：《伦理学方法》，廖申白译，北京，中国社会科学出版社，1993，第20页。

④ Henry Sidgwick: *The Methods of Ethics*, 7th ed., Indianapolis, Hackett, 1981, p. xviii.

　　西季威克在这段话中表达了两个方面的观点。首先，他反对将行为者对普遍幸福的追求、对其他人的帮助当成值得赞扬的分外善行。相反，行为者有义务而不是可以去实行实现普遍幸福的行为，即使行为者为此牺牲了自己的个人幸福。其次，我们需要解释为什么行为者为了普遍幸福而牺牲自己的个人幸福是正确的行为。"解释自我利益的合理性是没有困难的。这一合理性的基础在于人类的自然心理……更加困难的问题在于，个人追求其他人的善是否是合理的。"①在西季威克看来，既然对普遍幸福的追求不可能从对个人幸福的追求中推论出来，而我们又认识到这一原则是正确的，那么唯一的选择似乎只能是通过直觉。我们正是通过直觉认识到这一原则的正确性的。"功利主义的方法——我从密尔那里学到的方法——在我看来，如果没有这一基本的直觉，不可能是一致的和协调的。"②为了保证这一通过直觉获得的命题的正确性，西季威克提出了四个条件："这一命题的术语必须是清楚和准确的"；"这一命题的自明性必须通过仔细反思来进行确定"；"这些被公认为自明的命题必须是相互一致的"；"既然事实这一观念意味着它对所有的心灵本质上都是一样的，另一个人对于我所确认的命题有可能削弱我对这一命题的有效性的确信"。③

　　虽然西季威克对这一获得正确命题的直觉进行了限制，但是将对正确命题的确定建立在直觉的基础上，其缺点是显而易见的。一方面，包括功利主义在内的后果主义理论面临的一个批评就是这一理论过于违背人们的某些直觉，而后果主义理论所要表明的恰恰是，如果反对者反对后果主义理论是因为这一理论违背了他们的直觉，那么他们就必须为自己的直觉提供依据。如果他们不能为这一直觉提供依据，那么他们对后果主义理论的反对就是不充分的。另一方面，如果后果主义的原则建立在直觉的基础上，那么后果主义者就不能再以其他理论仅仅诉诸直觉而批评这一理论，由此面临和后果主义的反对者同样的问题。所以，即使一个原则在道德实践上是通过直觉获得的，这一原则的支持者也必须通过反思来为这一原则提供合理的依据。否则，对这一原则的辩护就是一个不充分的辩护。

---

① Henry Sidgwick：*The Methods of Ethics*，7th ed.，Indianapolis：Hackett，1981，p. 108.
② Henry Sidgwick：*The Methods of Ethics*，7th ed.，Indianapolis：Hackett，1981，pp. xviii-xix.
③ Henry Sidgwick：*The Methods of Ethics*，7th ed.，Indianapolis：Hackett，1981，pp. 108-109.

第三节 利他主义的可能性分析

后果主义者要表明后果主义理论的合理性，首先需要表明一个人追求符合社会总体利益的最佳后果同一个人追求自身利益一样是合理的。西季威克将追求自身利益的原则或理由称为"审慎原则"，将追求他人利益的原则或理由称为"仁爱原则"。为了对抗利己主义，功利主义理论需要表明仁爱原则为什么是合理的。

在"功利主义的证明"这一章中，西季威克对功利主义的证明问题进行了考察。他认为，常识道德对追求个人利益的审慎原则和对追求他人利益的仁爱原则的态度是不同的。"我们普遍感到追求普遍幸福的原则比追求个人自己幸福的原则更需要某种证明。"①西季威克否认了这一观点的合理性，认为与功利主义相比，利己主义观点并没有更多的自明性。如果说功利主义需要证明，那么利己主义同样需要证明。

密尔在对功利主义的论证中试图从对个人利益追求的合理性中推论出对社会总体利益追求的合理性，这一推论已经被证明是有问题的。西季威克认识到了密尔论证中的问题。他并不认为我们可以从行为者个人对其个人的整体善的追求的合理性中推论出行为者对社会的整体善的追求的合理性，因为"即使各种实际的欲望是指向普遍幸福的各个部分的，它们的总和也不构成一种存在于某个人身上的对普遍幸福的欲望"②。因此，即使每个人都欲求自己的幸福，这一幸福是普遍幸福的一部分，也不能由此得出每个人会欲求那个包含自己幸福在内的普遍幸福。那么，如何实现从个人幸福到普遍幸福的过渡呢？西季威克认为，密尔的论证留下的这个漏洞只能依靠直觉：我们通过道德上的直觉认识到个人追求普遍幸福的合理性。从理性直觉中，"我们可以推出——作为一个必要的推论——一种抽象形式的仁爱原则，即每个人都在道德上有义务把其他任何一个人的善看作与自己的同等重要，除非他通过公正的观察判定那个人的善是比他的善更小的，或者是他更没有把握去认识或获得的"③。

抛开西季威克的直觉主义，我们可以看到，西季威克并没有完全脱

① 〔英〕亨利·西季威克：《伦理学方法》，廖申白译，北京，中国社会科学出版社，1993，第431页。

② 〔英〕亨利·西季威克：《伦理学方法》，廖申白译，北京，中国社会科学出版社，1993，第403页。

③ 〔英〕亨利·西季威克：《伦理学方法》，廖申白译，北京，中国社会科学出版社，1993，第397页。

离密尔对功利主义的论证，依然认为利己主义的审慎原则和功利主义的普遍仁爱原则之间具有密切的联系。即使无法证明可以根据审慎原则推论出仁爱原则，我们也无法否认这两者之间具有密切的联系。

如果说审慎原则考虑的是对自己利益的追求，那么仁爱原则更强调对他人利益的追求。仁爱原则也有可能对自己有利，在此情形下，审慎原则就和仁爱原则有所重合，我们不需要去追究这两种原则之间的关系。在审慎原则利己而仁爱原则利他的情形下，这两个原则指向不同。如果说一个人追求自己的利益比较易于理解的话，一个人追求其他人的利益就需要进行解释。同样，功利主义原则也存在这一问题。我们可以将功利主义的追求分离为两个方面。一方面，功利主义的追求既有利于其他人的利益，也有利于行为者自身的利益；另一方面，功利主义的追求只有利于其他人的利益。这两个方面都需要对行为者追求其他人的利益进行解释。当批评者认为后果主义或者功利主义的要求过高时，他们通常站在利己的立场上，出于维护行为者自己利益的考虑，因此后果主义或者功利主义者首先需要考虑：功利主义的要求与行为者追求个人利益的要求相比，同样是合理的，特别是当行为者为了追求他人利益而行动的时候，他的选择同利己的行为选择一样是合理的选择。

西季威克尽管没有对功利主义做出过类似密尔的证明那样的论证，他对审慎的利己选择和仁爱的利他选择都是通过直觉获得的，但是在他的一段论述中，我们的确可以看到西季威克认识到了这两种选择具有同等程度的合理性。[①] 利己主义者在没有找到合理理由之前，并不能肯定利己的行为选择与利他的行为选择相比，具有更大的合理性。西季威克表明了自己的立场，并且反问利己主义者："我看不出利己主义者何以根据一种理由拒绝接受合理仁爱的公理，而当审慎公理与当下的倾向相抵牾时，却又不基于一种相似的理由对审慎提出质询。如果功利主义不得不回答'为什么我应当为另外一个人的更大幸福而牺牲我自己的幸福'，他也必定可以问利己主义者：'为什么我应当为未来的更大快乐而牺牲当下的快乐？为什么我对自己的未来感觉的关心应当超过对他人的未来感觉的关心？'"[②]在这段反问中，西季威克确实为我们思考功利主义的合理性问题提供了思路。

---

① 内格尔在《利他主义的可能性》一书中指出了这一点，参见 Thomas Nagel：*The Possibility of Altruism*，Princeton，Princeton University Press，1970，p. 16。

② 〔英〕亨利·西季威克：《伦理学方法》，廖申白译，北京，中国社会科学出版社，1993，第431页。

　　首先，西季威克区分了两种行为者的利己行为：当下的行为与未来的行为。当行为者面临这两种行为选择时，利己主义者认为合理的选择是选择那个能够产生更多快乐的行为。这表明，对于同一个人的不同行为而言，通过比较不同行为对这个人所产生的快乐并选择那个能够产生更大快乐的行为，被视为合理的选择。因此，当行为者面临未来能够产生更大快乐的行为时，他才能够基于这种比较进行选择。

　　其次，西季威克认为，一个人为了他人的较大幸福而舍弃自己的较小幸福与行为者舍弃自己当下的较小快乐而选择未来的较大快乐具有同样的合理性。"从普遍的观点（如果我能这么说的话）来看，任何一个人的善都不比另一个人的善更重要，除非我们有特殊根据相信在前者身上能比在后者身上实现更多的善。"[1]同样，不同人之间的幸福也没有重要性上的差别。"从普遍的观点来看，他的幸福不可能比任何其他人的同等幸福更重要。这样，他就可以从他自己的原则出发而被引导着接受普遍幸福或快乐，把它作为绝对地、无需任何限定地善的或值得欲求的东西，因而把它作为一个应当为有理性的人本身的行为追求的目的。"[2]尽管我们不能说一个人当下幸福与未来幸福的关系同一个人自身的幸福同其他人的幸福的关系完全相同，毕竟前者是同一行为主体内部的两种幸福之间的关系，后者是不同行为主体的幸福之间的关系，但是如果我们能够表明这两种关系都存在某种实质性内容，这种实质性内容能够为行为者追求其他人的幸福提供某种形式的说明，那么行为者选择利他的行为就能够得到合理说明，我们也可以进而表明功利主义原则的合理性。

　　西季威克并没有为这种合理性提供进一步的分析，仅是将辩护的任务推给了利己主义者。在托马斯·内格尔的重要伦理学著作《利他主义的可能性》中，我们可以看到内格尔对利他主义合理性的解释或说明。内格尔试图通过个人对自己利益的审慎考虑的分析，表明个人追求他人利益的利他主义的可能性。

　　内格尔关注的问题涉及动机：行为者实施满足自己个人利益的行动的动机是什么？行为者实施满足其他人利益的行为的动机是什么？前者被称为"审慎的理由"，后者被称为"利他的理由"。内格尔认为，这两类理由具有密切的关系。"事实上，我们应当将审慎处理为对待利他主义的

---

　　① 〔英〕亨利·西季威克：《伦理学方法》，廖申白译，北京，中国社会科学出版社，1993，第397页。

　　② 〔英〕亨利·西季威克：《伦理学方法》，廖申白译，北京，中国社会科学出版社，1993，第433页。

一个模型：对这两类理由的论证所遇到的困难都基于相似的论证和谬误。更为重要的是，对审慎所依赖的理由的特征的解释为利他主义情形的类似解释提供了一个模型。"①

　　内格尔首先分析了审慎的理由。他指出，在解释行为动机问题时，有一种观点认为，"审慎不可能仅仅通过认识到某事符合自己的未来利益而得到解释；这种认识要有效果，就必须存在一个促进自己未来利益的欲求。利他主义也是如此：我不可能仅仅因为认识到我的一个行为将对其他人的利益产生好的后果，就产生行动的动机；如果这一认识想要产生效果，我就必须关心在他们身上发生的事情"②。按照这种观点，只有对自己或他人利益的欲求才是行动的真正动机，而对某个事物的单纯理性认知不足以构成行为动机，也就不足以激发行为者的行动。

　　内格尔反对将动机的基础诉诸欲求。在他看来，欲求可以分为两类：激发性的欲求和非激发性的欲求。非激发性的欲求指食欲这样的欲求。想要缓解饥饿的欲求会激发人们通过寻找食物满足这一欲求，这样的欲求不需要进一步的激发因素，自身即能充当最初的激发因素。激发性的欲求则并非如此。一个人"没有在冰箱里找到吃的，产生了去商店购买食物的欲求，这个欲求就是被饥饿激发的"③。因此，激发性的欲求并不是原初的，而是派生性的，不能为行动提供真正的动机基础。针对"激发性的欲求后面是否还存在另外一个欲求作为进一步的基础"这一问题，内格尔的回答是否定性的。要证明所有行动的背后都具有欲求的动机基础，这是非常复杂的事情，而且，"当我们考察欲求必定总是存在的逻辑理由时，会看到欲求可能常常正好是被激发行动的那个因素激发的"④。既然没有理由表明欲求总是能够充当动机基础，而且有时候还受到其他因素的激发，内格尔断定欲求不能够为动机提供真正的基础。

　　与通过诉诸欲求来寻找动机的基础不同，内格尔认为，我们应当致力于探究理性何以能够充当动机基础的原因。"根据理由的结构以及理由与其条件之间的关系、理由相互之间的关系所做的说明，有利于通过那

---

① Thomas Nagel：*The Possibility of Altruism*，Princeton，Princeton University Press，1970，p. 27.

② Thomas Nagel：*The Possibility of Altruism*，Princeton，Princeton University Press，1970，p. 28.

③ Thomas Nagel：*The Possibility of Altruism*，Princeton，Princeton University Press，1970，p. 29.

④ Thomas Nagel：*The Possibility of Altruism*，Princeton，Princeton University Press，1970，p. 31.

些条件为行为提供动机。这比通过单纯的介入性欲求的假设提供行为动机更加容易理解。"①内格尔试图通过分析作为与欲求相区别的理性理由的内部要素之间的关系来表明，理性理由何以能够成为审慎行动的动机的真正基础。内格尔将关注点放到了对行动理由的手段—目的分析上。

我们可以通过分析内格尔所举的口渴的例子②来说明这一点。在这个例子中，口渴的行为者发现身旁有一台饮料机。他向饮料机投币，取出饮料，解决了口渴问题。在此情形中，行为者具有明确的目的：解决口渴问题。解决这一问题的手段是通过投币取出饮料机中的饮料。具体到行为动机问题上，我们可以说，行为者有一个解决口渴问题的动机或理由，当发现能够通过投币取出饮料解决口渴问题时，他也具有一个投币的动机或理由（以便取饮料）。为什么行为者会具有一个投币的理由或动机？内格尔认为，这是因为理由或动机具有传递性："理由通过目的和手段的关系实现了传递，这也是动机性影响传递的最通常和最简单的方式。不需要使用欲求来解释这一现象，而且，试图用欲求来解释这一现象必定失败。"③

通过这个例子，内格尔表明，手段和目的之间具有传递性。也即是说，一个人如果具有实现某个行为目的的理由，而某个手段能够实现这一行为的目的，那么实现行为目的的理由也就传递到了实现手段所要求的行动上，行为者也就有理由去实行这个能够实现原来目的的手段。如果行为者也具有实现手段的欲求，那么这个欲求是受到实现手段的行为的理由的激发而产生的，并不是实现手段的欲求激发了实现手段的理由。

用理由在目的和手段之间的传递性特征来解释当下目的和作为实现目的的手段的行为之间的关系，从直觉上看具有合理性。但是，关于一个人实现未来某个目的的理由为何能够传递到作为实现未来目的的当下手段的行为上，我们仍然需要做出解释。内格尔提出了两个条件。

第一，作为动机的理由在价值上具有独立性。"理由的影响历时地传递，因为理由代表了独立于时间的价值。我们甚至可以将其称为'无时间

① Thomas Nagel：*The Possibility of Altruism*，Princeton，Princeton University Press，1970，p. 31.

② Thomas Nagel：*The Possibility of Altruism*，Princeton，Princeton University Press，1970，p. 33.

③ Thomas Nagel：*The Possibility of Altruism*，Princeton，Princeton University Press，1970，p. 33.

性的价值'。"①正是因为理由所代表的价值具有独立于时间或者无时间性的特征，行动的理由不仅能够成为实现当下行为目标的理由，也能够成为未来甚至过去行为目标的动机性理由。这种无时间性的特征表明了理由的内容所代表的价值具有普遍性或一般性，不会随着时间的消逝而发生变化。反过来说，按照内格尔的解释，一个理由只有具备了这种无时间性的特征，它才能够成为一个对过去、现在和未来行为都适用的动机性理由。

与无时间性或者无时态性的理由不同，有期限的理由(dated reason)不具有这种超越时间性的价值。在内格尔所举的一个例子中②，行为者如果仅仅把学习意大利语的理由当作去意大利度假的理由，那么在这之前和之后，他都不会有一个学习意大利语的理由。因此，即使行为者已经明确他未来将在意大利待上六个星期，学习意大利语的理由也不会从未来的时间传递到当下，成为当下学意大利语的理由。如果行为者将其视为一个无时间性的理由，这就意味着这个理由有独立于时间的价值：一个人要去意大利旅行，他应当学习意大利语，以便与意大利人沟通，较好地适应在意大利的生活。在行为者的审慎考虑中，这个理由超越了时间的限制，具有普遍性。

第二，行为者需要对自我有一个同一性的认知。同一性强调行为者将自己与其他人区分开来的能力。行为者需要认识到，自己的过去、现在和未来的行为都是由行为者实施的，它们相互之间会发生影响，而不是毫无联系。"认识到审慎的理由以及与审慎的理由相联系的动机的实践直觉，这反映了一个人将自我观念视为时间上持续的存在者：他有将自己的过去和未来阶段同一的能力，以及将它们视为构成单一生活的部分的能力。"③

通过理由的这种目的与手段的传递性特征，内格尔的理论不仅能够说明为什么行为者有理由或动机实行能够实现当下某个目的的行动，而且有理由或动机实行能够实现未来某个目的的当下行动。

总结一下内格尔对审慎的理由的分析。当一个人为自己的将来考虑，并基于这种对未来目标的考虑而产生动机性理由时，我们可以说：一个

---

① Thomas Nagel：*The Possibility of Altruism*，Princeton，Princeton University Press，1970，p. 46.

② Thomas Nagel：*The Possibility of Altruism*，Princeton，Princeton University Press，1970，p. 63.

③ Thomas Nagel：*The Possibility of Altruism*，Princeton，Princeton University Press，1970，p. 58.

人应当为自己的将来考虑，因为这个人的过去、现在和将来具有同一性。基于一个人对自己过去、现在和未来的认同，如果从现在的角度看，未来的自己有理由实现某个目标，那么根据动机的目的—手段转移的原理，他有实现那个目标的动机，而现在又有某个手段能够实现那个目标，那么动机便从目标转移到手段，这个人也就具有了实现手段的动机。这是审慎的理由的运行机制。

在表明了理由能够在利己的审慎考虑中超越时间而实现传递之后，内格尔进一步表明，理由的这种传递不仅能够在一个人自身的过去、现在和未来之间进行，而且能够在不同的行为者之间进行。正因如此，利他主义才具有可能性，一个人才会有动机去实行能够增进他人利益的行为。

利己主义者否认利他行为的存在。按照利己主义的观点，"每一个人的行动理由和行动的可能动机必定源于自己的利益和欲求，不管我们如何界定这些利益和需求。因此，一个人的利益倘若可以激发另一个人的行动或者给他提供行动的理由，仅因为这些利益和另外这个人的自身理由有关，或者是他的某种情绪，如同情、怜悯和仁慈的对象。"[1]利己主义者认为，行动的理由或动机只能与行为者自身的个人理由相联系，单纯其他人的利益无法构成行为的动机。在内格尔看来，这种观点除了在理论上面临批评之外[2]，在直觉上也与我们的常识相违背。作为行动的理由，利他的理由与审慎的理由具有相似性，都是"对行动的理性要求（rational requirement）"[3]。审慎的理由的合理性在于它源于理由的无时间性或无时态这一形式化的特征。利他的理由的合理性同样源于形式化的原则，这一原则要求"将所有理由解释为表达了客观的而非主观的价值"[4]。

内格尔将主观理由和客观理由引入对利他主义的分析中。说明一般性理由的基本准则是："每一个理由都可以通过谓词 R 进行表述。对所有的人（P）和事件（A）而言，如果 R 对于 A 是真的，那么 P 就有一个初

---

[1]　Thomas Nagel：*The Possibility of Altruism*，Princeton，Princeton University Press，1970，p. 84.

[2]　内格尔分析了摩尔、麦德林、拜尔等人的批评，参见 Thomas Nagel：*The Possibility of Altruism*，Princeton，Princeton University Press，1970，pp. 85-87。

[3]　Thomas Nagel：*The Possibility of Altruism*，Princeton，Princeton University Press，1970，p. 87.

[4]　Thomas Nagel：*The Possibility of Altruism*，Princeton，Princeton University Press，1970，p. 88.

步的理由去促成 A。"①如果谓词包含变量 P 的自由出现,这个谓词所陈述的理由就是主观理由:"在形式上,一个主观理由就是在定义谓词 R 时包含了变量 P 的自由出现的那个理由。"②如果一个理由在定义谓词时没有包含变量 P 的自由出现,这个理由就是客观理由。内格尔举的一个例子说明了主观理由和客观理由之间的区别。在这个例子中,摩尔发现路上迎面驶来一辆卡车。当摩尔被问及避开这辆卡车的理由时,他的可能回答如下:

(1)这一行动将会延长摩尔的生命。

(2)这一行动将会延长他的生命。

(3)这一行动将会延长某人的生命。③

内格尔认为,在上述例子中,第二个回答给出的理由是主观理由,因为它包含了自由行动者变量"他的"。第一个和第三个回答所包含的理由属于客观理由,因为"这些理由并没有公开地提及这些理由所应用的行为的实行者,因此,客观理由不只是普遍性的理由,任何人都可以拥有它们;而且,它们也是任何人促进它们适用的行动的理由"④。从内格尔对客观理由的陈述中可以看出,客观理由与主观理由的区别在于:陈述客观理由的谓词并不包含行动者变量的自由出现。也即是说,客观理由的有效性并不依赖于特定的行为者,并不适用于特定的行为者,而是针对任何人都具有有效性。内格尔强调了客观理由或原则的根本性:"唯一可接受的理由是客观理由;即使某个人成功地运用了主观原则,这个人也必须用那些产生相同主观理由以及其他(可能)理由的客观原则来支持主观原则。"⑤

如果说无时间性或无时态性的审慎理由能够说明为什么行为者有动机追求自己未来某个时刻的理由,那么客观理由则为行为者从对自己利

---

① Thomas Nagel: *The Possibility of Altruism*, Princeton, Princeton University Press, 1970, p. 90.

② Thomas Nagel: *The Possibility of Altruism*, Princeton, Princeton University Press, 1970, p. 90.

③ Thomas Nagel: *The Possibility of Altruism*, Princeton, Princeton University Press, 1970, p. 91.

④ Thomas Nagel: *The Possibility of Altruism*, Princeton, Princeton University Press, 1970, p. 91.

⑤ Thomas Nagel: *The Possibility of Altruism*, Princeton, Princeton University Press, 1970, p. 96.

益的追求到对其他人利益的追求提供了动机基础。客观理由与审慎的理由都遵循了理由的传递性原则。不同的是，审慎的理由强调的是历时的传递性，而用来解释利他主义行为的客观理由强调的是人与人之间的传递性。①

同审慎的理由的传递类似，客观理由的人际传递也具有两个特征。一个特征是理由的无人称性。内格尔区分了人称化立场和无人称立场。人称化立场通常用第一人称表示（也可以用其他方式表示）。人称化判断、信念、态度等人称化立场的实质是"从世界之内的有利位置来看待世界"②。在《本然的观点》一书中，内格尔认为这种人称化或者个人的观点具有独立性。也即是说，一个人对自己个人利益的关注并不需要另外的基础。但在之前的《利他主义的可能性》一书中，内格尔认为人称化的立场或者主观的立场不具有这种独立性。"价值必须是客观的，而且任何主观的价值都必须与其他客观的价值相联系。"③与人称化或者个人的立场相比，非人称立场所提供的看待世界的方式并不考虑个人在世界中的位置。当以一种非人称化的立场来看待事物时，行为者自身的特殊因素不会影响他看待事物的方式。也即是说，行为者只是把自己当作与其他人相同的一员，或者将自身暂时抽离出来，以一种旁观者或仲裁者的视角来看待事物。这种不偏不倚的立场体现在表达的语句上，就是行为者的人称并不影响判断的真值。无论是第一人称，还是第二人称、第三人称，判断的真值都是一样的。人称之所以无法影响判断的真值，是因为判断的谓词所表达的内容具有客观性。这种客观的价值不会因为人称的变化而发生变化。

另一个特征体现在对自我与他人关系的理解上。"构成利他主义的基础的观念是把个人自身视为其他人中的一员，将其他人视为完整意义上的人。"④在回答为什么会实行帮助他人的行动时，从经验的角度看，行

① 内格尔认为，这两种理由的传递性之间的相似性在于："每一种都依赖于对世界和对个人自身的立场之间的区分——一种立场借助符号自指(token reflective)得到表述，另一种则不是。后一种立场在审慎的论证中是时间上中立的，在利他主义的论证中则是无人称性的。"参见 Thomas Nagel：*The Possibility of Altruism*，Princeton，Princeton University Press，1970，p. 100。

② Thomas Nagel：*The Possibility of Altruism*，Princeton，Princeton University Press，1970，p. 101.

③ Thomas Nagel：*The Possibility of Altruism*，Princeton，Princeton University Press，1970，p. 90.

④ Thomas Nagel：*The Possibility of Altruism*，Princeton，Princeton University Press，1970，p. 88.

为者可能认为是因为他认识到自己处在这种情形下会希望得到别人的帮助，或者只有通过别人的帮助，自己才能摆脱困境。一旦遇到别人需要帮助的情形，行为者基于自己以往的经验，便会产生帮助他人的动机。但是，根据内格尔对客观理由的强调，我们帮助别人的理由或动机并不是从对自我的理解中产生的。无论是自己帮助别人的动机，还是别人帮助自己的动机，这些动机背后都存在着客观理由。这些理由不依赖于人称或者行为主体的变化。例如，理由可能是"某人在某种情形下只有得到救助才能摆脱困境"。这里的某人既可以是行为者本人，也可以是其他人。因此，内格尔指出："一个人的实践原则必须是普遍的。"①不同的行为者会基于一定的理由产生帮助别人的动机，这些动机的合理性也正基于客观的原则。

由此，根据对无人称立场的分析，内格尔说明了利他主义的动机：我们之所以会产生帮助别人的动机（为其他人利益考虑），并不是基于利己动机的考虑，也不能仅仅止于这是其他人的利益这样的观点，而是因为利他主义动机的背后存在普遍的客观的原则。

无论是对利己的审慎的理由的分析，还是对利他的客观理由的分析，内格尔都把对欲求等因素的诉求排除在外，坚持从伦理判断的内部结构入手。对审慎的理由而言，无时间性使得行为者能够依据审慎的理由产生实行追求自身未来利益的行动；对利他的客观理由而言，无人称的特点使得行为者能够依据客观理由产生实行追求他人利益的行动。内格尔通过论证，将行为者的动机与普遍的客观的理由或原则联系起来，而不是诉诸欲求这样的因素。从这一点来看，内格尔认为自己的主张与康德的主张类似，这不无合理之处。②

内格尔在《利他主义的可能性》一书中表明：利他主义作为一种行为选择，同基于审慎的理由的行动一样具有合理性。这对利己主义理论构成了有效的批评。利己主义者不能以利他行为难以理解为理由批评行为

---

① Thomas Nagel：*The Possibility of Altruism*，Princeton，Princeton University Press，1970，p. 109.

② 需要指出的是，内格尔在《本然的观点》中已经对《利他主义的可能性》中的观点进行了修正。在《利他主义的可能性》中，内格尔坚持客观理由的根本性，认为主观理由必须以客观理由为基础，缺少独立性。在《本然的观点》中，内格尔认为，主观理由也具有独立性。在1978年为《利他主义的可能性》所写的附言中，内格尔指出："在无人称的立场的要求得到承认之后，人称化的立场仍然保有力量。由此导致的理由体系虽然更为复杂，却仍然能够解释利他主义的可能性。"参见 Thomas Nagel：*The Possibility of Altruism*，Princeton，Princeton University Press，1970，p. vii。

者的利他行为。如何对利己主义或者自我利益理论进行反驳，这是包括后果主义理论在内的所有道德理论都需要考虑的问题。

从后果主义的角度来看，后果主义的道德要求既有可能包含利己行为（利己主义者对此不会反对），也有可能包含利他行为（这一点会受到利己主义的反对，即使合理的利己主义者基于自己的长期利益，不可能接受所有的利他行为）。对于后果主义者来说，内格尔对利他主义的论证表明了在一定情形下行为者利他行为的合理性。这意味着当行为者基于后果主义的道德要求实施利他行为时，他的行为首先有可能是合理的，或者说，后果主义理论可以与其他道德理论在行为者应当如何行动这一问题上展开竞争。必须指出，对后果主义理论来说，内格尔论证的作用只限于此。他的论证仅是表明了利他的客观理由与利己的审慎的理由一样是可能的。无论行为者基于审慎的理由还是客观的利他理由，他的行动动机都是可以理解的。因此，到目前为止，我们只能断定：后果主义理论与利己主义理论都是行为者行动的理论依据。后果主义者需要表明的是：为什么当利己主义的要求同后果主义的道德要求发生冲突时，行为者应当按照后果主义的道德要求，去实行那个能够产生最佳后果的行为？在这一问题上，西季威克采取了直觉主义的处理方式。笔者试图回到密尔那里，从密尔的著作中寻找为后果主义辩护的方式。

第四节　共同体中的个人

如果我们将行为者自己的个人目标或利益与其他人的个人目标或利益区分开来，那么除了行为者直接将其他人的目标或者利益识别为自己的个人目标或利益之外，行为者自己的个人目标和利益就总是有可能同其他人的目标和利益发生冲突。同样，如果我们将行为者实现个人目标和利益的行为理解为产生对行为者个人来说是最佳后果的行为，而将行为者的其他某个行为理解为产生对行为者个人所在的共同体来说是最佳后果的行为，那么这两个行为有可能是一致的。在大多数情况下，行为者实行的对其他人最为有利的行为也对行为者所在的共同体最为有利。但在某些情形下，这两者可能并不一致。例如，假设某个行为者在去参加职位面试的路上，遇到一个受伤的人需要救助。如果行为者不实施救助，那么他有可能成功申请到工作职位，而受伤的人可能会因为没有得到及时医治而失去一条腿；如果行为者选择实施救助，那么他会失去面试的机会（这一机会对他来说非常重要），而受伤的人会因为治疗及时而保住一条腿。选择参加职位面试似乎是对行为者本人更加有利的行为，选择施救则会让他失去面试机会，转而对受伤者更为有利。如果我们假定从一个不偏不倚的角度来看，行为者选择救助受伤者要比他选择参加面试能够产生更好的后果，那么按照后果主义的原则，行为者应当实行那个产生更好后果的行为。但是前文论述已经表明，我们根据行为者应当最大限度地追求其个人幸福（对个人来说的最佳后果），并不能推论出行为者应当最大限度地追求普遍幸福（对共同体来说的最佳后果）。同时，我们不能仅仅满足于从直觉上来确认这一原则。因此，对于后果主义的辩护者来说，一个合理的辩护策略是，直接将这一原则作为一个最高的原则，并为这一原则提供一个令人满意的说明。

我们先要区分两种不同的观点。一种观点是与行为者有关的观点，要求行为者从自己的个人目标和利益出发。另一种观点是中立于行为者的观点，要求行为者从不偏不倚的立场出发，去实现从这一立场来看的最佳后果。在密尔那里，个人幸福要求行为者从与行为者有关的立场出发，而普遍幸福要求行为者从中立于行为者的立场出发。与行为者有关的观点和中立于行为者的观点之间有什么样的关系？这是一个相当复杂的论题。但是，有一点可以明确，即从与行为者有关的观点出发的行为和从中立于行为者的观点出发的行为之间有一种交叉关系。也即是说，在某些情形下，从与行为者有关的观点出发的行为和从中立于行为者的观点出发的行为是同一个行为。例如，假设行为者是一个科学家，他通过努力发明了一项专利技术，而且这项技术既给他自己带来了经济上的收入，也为社会带来了经济效益。那么，这一行为既是与行为者有关的观点所认可的行为，也是中立于行为者的观点所认可的行为。在这一情形下，与行为者有关的观点和中立于行为者的观点、行为者个人目标的实现和共同体的目标的实现都达成了一致。所以，如果后果主义者坚持认为行为者应当进行专利技术的发明，那么后果主义的反对者也应当认同后果主义的这一观点，虽然他们可能认为行为者之所以应当实行这一行为，理由不是后果主义的。例如，行为者可能纯粹基于实现个人目标的考虑而实行这一行为。如果这一行为没有实现行为者的个人目标，那么即使它实现了从中立于行为者的观点来看的最佳后果，行为者也不会实行这一行为。但至少在行为的外延上，他们所赞同的行为同后果主义者所赞同的行为是一致的。因此，后果主义者并不需要为与行为者有关的观点、中立于行为者的观点共同赞同的行为进行辩护。后果主义者需要辩护的是：当这两种观点不相一致的时候，行为者应当实行那个从中立于行为者的观点来看能够产生最佳后果的行为。在《功利主义》一书中，密尔除了为功利主义原则提出了一个证明之外（这个证明已经被表明是不成功的），还在第三章"功利主义的最终约束力（sanction）"中指出，对功利主义原则的遵守存在一个最终约束。这一最终约束是"人类由良知引起的情感"①。正是这一情感使得人们在自己的个人目标和利益同非个人立场的不偏不倚的最佳后果发生冲突时，会自觉地实行产生最佳后果的行为。

> 事实上，确实存在这一有力的自然情感基础。一旦普遍幸福被确认为伦理标准，这一自然情感基础就会成为功利主义道德的力量源泉。这一坚实基础是人类社会情感的基础，是那种要把自己与我们的同类联系起来的愿望的基础。这种愿望已经成为人性中的一个有力原则，而且幸运的是，这一原则即使没有明确的教诲，也在进步文明的影响下，成为越来越强大的原则之一。②

如果后果主义者要表明良知这样的约束力为后果主义原则提供了动机上的基础，这是可以的。但是，如果后果主义者因为行为者具有这样的动机基础，因而选择后果主义理论，这是有问题的。

第一，良知这一情感并不会必然约束人们去遵守功利主义的道德原则，其他道德原则也有可能将良知作为最终约束力。密尔自己也承认这一点："效用原则具有（或者没有理由不具有）任何其他道德体系所具有的所有约束力。这些约束力或者是外在的，或者是内在的。"③因此，良知这样的约束力适用于一般的道德理论。例如，义务论者也可以以良知作为自己的约束力。它并非仅仅适用于后果主义理论。一个具有良知的人并不必然遵守后果主义理论，也有可能遵守义务论的规则。如果是这样的话，无论人具有良知这一点是多么自明，它也仅仅有助于人们遵守一般意义上的道德规则，而不必然使人们遵守后果主义的原则。

第二，按照密尔的观点，一个具有成熟情感的行为者会将自己视为共同体的一员。他会倾向于更多地关注共同体中其他成员的利益，并希

---

① Henry West: *The Blackwell Guide to Mill's Utilitarianism*, Oxford, Blackwell, 2006, p. 85.

② Henry West: *The Blackwell Guide to Mill's Utilitarianism*, Oxford, Blackwell, 2006, pp. 86-87.

③ Henry West: *The Blackwell Guide to Mill's Utilitarianism*, Oxford, Blackwell, 2006, p. 84.

望与其他人进行合作。我们并不能由此得出密尔的如下观点："即使观念和精神文化的差异使得行为者不可能分享他的许多同类的实际情感——或许使他指责或者藐视他们的情感，他仍然需要意识到，他的真正目标和同类的真正目标并不冲突，他并不反对他们真正想要的东西，即他们自己的善，相反是在促进他们的善。"①当行为者进行合作时，密尔认为："他们的目标会与其他人的目标等同，至少会暂时认为其他人的利益就是他们自己的利益。"②这时，即使行为者与其他人具有共同的利益和目标，这也并不意味着他们没有各自的利益和目标。例如，作为买卖合同的双方，买方要购买商品供自己使用，卖方要卖出商品以得到货币。我们或许可以说，在买卖合同得到履行这一点上，买卖双方确实具有共同的利益，但是我们并不认为卖方会视买方的利益为自己的利益。行为者之所有具有自己的个人目标和利益，是因为他们对各自的个人目标和利益的认定是从与行为者有关的观点出发的（当然，我们也不排除有的行为者直接从中立于行为者的观点来设定自己的个人目标。如果是这样的话，那么行为者的个人目标和共同体的目标之间就没有冲突）。如果密尔直接将行为者的真正目标界定为从不偏不倚的中立于行为者的观点出发确定的目标，那么行为者的目标和其他人的目标自然没有冲突。但是，如果我们承认存在与行为者有关的观点，而且这是一种与中立于行为者的观点不同的观点，这就意味着这两种观点之间有可能发生冲突。我们不可能完全否认与行为者有关的观点，因为这样就否认了不同的行为者之间是有差别的，就需要解释为什么当这两种观点发生冲突的时候，行为者应当从中立于行为者的观点出发而不是从与行为者有关的观点出发采取行动。

为了避免上述两个问题，我们可以采取两个措施。一是不通过诉诸道德情感来为后果主义理论辩护。良知这样的道德情感并不仅仅限于为后果主义的原则辩护，义务论者也可以通过良知来为义务理论辩护。二是承认不同行为者之间的个人目标和利益存在冲突的可能。后果主义的原则是解决不同行为者之间的个人目标和利益上的冲突问题，而不是否定这一冲突。然后，我们需要表明，后果主义者可以不通过诉诸良知，不通过否定不同行为者之间的个人目标和利益上的冲突，来为后果主义

---

①　Henry West: *The Blackwell Guide to Mill's Utilitarianism*, Oxford, Blackwell, 2006, p. 88.

②　Henry West: *The Blackwell Guide to Mill's Utilitarianism*, Oxford, Blackwell, 2006, p. 87.

原则提供一个合理的辩护。事实上，除去诉诸良知之外，密尔所提供的"个人是共同体中的成员"这一思想也可以为后果主义的原则提供辩护。

首先，任何一个行为者都必须认识到，他生活在共同体之中，是共同体的一员。共同体的存在是个人存在的一个必要前提。正如密尔所说："通过共同体结合起来的一个国家对人来说曾经是如此自然，如此必要，如此习惯，以至于除了在某些异常的情况下，人只能把自己设想为一个共同体的成员。随着人类进一步把自己看作从野蛮无知的状况中解放出来的，这个共同体也变得越来越坚固。因此，如果有什么条件对于人类来说是必要的，那么这样一个条件就是逐渐成为一个人对其所生活的环境所持有的观点的一个不可分离的部分。"[①]共同体使行为者实现自己的个人目标和个人利益成为可能。行为者应当认识到，他自己的个人目标和利益的实现建立在共同体良好发展的基础之上。唐纳德·里根对处于共同体中的行为者进行了这样的描述："关于这个世界的一个基本事实是，存在着众多的道德行为者。我是一个道德行为者，我需要做出道德决定，但是我不是独自一人。我同其他人共同分享这一既自由又繁复的环境。众多道德行为者的存在表明，在行动上符合道德，这应当被视为一项共同体的事业。"[②]处在这样一个共同体之中，行为者除了具有实现自己的个人目标和利益的需要外，也必须意识到，自己的个人目标和利益的实现是和其他行为者联系在一起的，不可能完全依靠行为者自己实现。因此，行为者必须像密尔所说，考虑其他人的目标和利益。如果承认行为者生活在一个共同体之中，那么我们在为什么要帮助别人这一问题上至少可以提供两个方面的辩护。第一，需要帮助的人是行为者所在的共同体的一个成员。如果行为者在帮助其他人时本身没有任何损失，那么实行帮助行为就会促进共同体的利益；反之，他就减损了共同体的利益。第二，需要帮助的人有可能为共同体的发展做出过贡献。从互惠的角度来看，行为者有义务帮助他们。

其次，如果行为者认识到他需要也只能在共同体中生活，那么他也应当认识到，促进共同体的繁荣和发展是他的一项义务。对于共同体来说，行为者应当实施的行为就是那个能够产生使共同体获得最大限度的繁荣和发展的最好后果。关于什么样的后果对于共同体的发展和繁荣来

---

① Henry West：*The Blackwell Guide to Mill's Utilitarianism*，Oxford，Blackwell，2006，p. 87.

② Donald Regan：*Utilitarianism and Co-operation*，Oxford，Clarendon Press，1980，p. 207.

说是最佳后果，不同的人有不同的观点。例如，有的人可能认为，共同体之内的所有行为者获得均衡发展是最佳后果的一个基本依据，应该在此基础上讨论好的后果在总量上的增加。有的人可能认为，好的后果在总量上的增加比所有行为者的均衡发展更为重要。虽然这两种观点在什么样的后果对共同体来说才是最佳后果上存在争议，但是它们都认同行为者应当实行那个对共同体来说能产生最佳后果的行为。笔者在讨论斯洛特令人足够满意的后果主义时指出，斯洛特并没有表明在其他情况相同的情形下，行为者具有充分的理由去实行那个仅仅产生令人足够满意的后果，而不是实行那个产生最佳后果的行为。同理，假设行为者面临两个不同的选项，这两个选项的其他方面都相同。如果行为者为了实行这两个行为所付出的成本是相同的，不同的仅仅是其中一个行为能够产生一个对共同体的繁荣和发展来说足够好的后果，另一个行为则能够产生一个更好的后果，那么行为者应当去实行那个产生更好后果的行为。墨菲提出的集体后果主义理论对最佳后果主义的反对存在的问题是，墨菲在考虑后果的时候没有将行为者本人付出的成本计算在内。共同体的繁荣和发展绝对不是独立于每一个行为者之外的，相反，它既是所有行为者实现其个人目标和利益的前提，又充分考虑了每一个行为者的个人目标和利益。因此，如果在其他人不遵守的情形下，行为者继续实行原来的行为会付出巨大的成本，后果主义者会将行为者的这一成本计算在后果之中。如果这一后果不比行为者不实行这一行为或者以较小的成本实行另外一个行为所产生的后果更好，那么后果主义理论会认为，行为者应当实行行为者付出成本较小的行为，或者不实行那个行为。

最后，当后果主义者认为行为者应当实行那个能对共同体的繁荣和发展带来最佳后果的行为时，这并不必然意味着行为者应当为了其他人的目标和利益而牺牲自己的个人目标和利益，因为后果主义仅仅要求行为者在采取行动时应当从不偏不倚的立场出发，实行那个产生最佳后果的行为。虽然后果主义理论反对利己主义理论（利己主义理论要求行为者在采取任何行动时都要实现那个对行为者个人来说的最佳后果），但它也并不认为利他主义是正确的，因为利他主义要求行为者始终实行产生有利于其他人的目标和利益的行为，即使行为者为了实行这一行为要付出巨大成本，而这一行为并没有给其他某个行为者带来相应的好后果。后果主义理论并不关心行为者采取行动时的动机是利己的还是利他的，而是关心行为者的行为是否会产生促进共同体的发展和繁荣的最佳后果。如果在其他情况相同的前提下，一个行为与其他行为相比产生了有利于共同体繁荣和发展的更好后果，那么即使行为者出于利己的动机，后果主义也认为行为者应当实行这个行为。相反，即使行为者在其他情况相同的前提下，基于利他的动机而实行某个行为，如果这个行为没有产生有利于共同体繁荣和发展的更好后果，后果主义也认为行为者不应当实行这个行为。例如，行为者为了扶起马路对面草坪上跌倒的小孩而冒险穿越马路，结果被车辆撞伤。像这样，即使行为者最后实现了预定的利他后果，后果主义也认为行为者不应当以这样一种方式实施救助。既然后果主义理论并不是一种利他主义理论，那么我们就没有理由认为后果主义理论会要求行为者总是为了其他人的利益和目标而牺牲自己的利益。行为者是否应当这样做，取决于这个行为与其他行为相比是否更好或者最好地促进了共同体的繁荣和发展。当然，这也并不排除行为者有时候应当做出巨大牺牲来实行产生促进共同体繁荣和发展的最佳后果的行为。

因此，如果行为者认可个人必须也只能生活在共同体之中，他就应当从不偏不倚的、非个人的立场出发来看待自己的行为。如果这个行为能够最大限度地促进共同体的繁荣和发展，行为者就应当实行这一行为。这一要求并不妨碍行为者在大多数时间内都基于一种实现个人目标和利益的动机来行动，因为这样做也最大限度地促进了共同体的繁荣和发展。只有当行为者自己的个人目标和有利于共同体繁荣和发展的最佳后果相冲突时，行为者才应当实行有利于共同体最佳后果的行为。

第五节　分外善行

分外善行是困扰后果主义理论的一个重要问题。在分外善行这一问题上，常识道德的态度是肯定行为者具有行善的义务，如果超越了这一义务，那么行为者的行为就是分外善行。但是对于后果主义理论来说，因为行为者是否应当实行某一个行为，取决于这个行为所产生的后果，所以行为者应当实行那个产生最佳后果的行为。如果行为者只能实行那个产生最佳后果的行为，那么实行这个行为就是行为者的义务。这就使后果主义理论得出了与常识道德不相一致的结论。为了使得后果主义理论能够符合人们的这一日常直觉，许多人对后果主义理论进行了修正。他们希望通过这种修正，一方面使后果主义理论能够继续将行为的后果作为评价行为正确性的依据，另一方面使后果主义能够容纳这一日常直觉。在前面的讨论中，谢夫勒、斯洛特和墨菲等人都试图改变将行为的最佳后果作为行为正确性的依据。其中，谢夫勒仅仅将产生最佳后果的行为作为行为者可以实行的行为（只有在个别情况下实行产生最佳后果的行为才是行为者的义务）。斯洛特提出了令人足够满意的后果主义理论，认为行为者只需要实行产生次最佳后果的行为。墨菲则认为，行为者在部分遵守的情况下只需要实行在完全遵守情形下行为者应当承担的份额。但是，我们已经看到，他们对于后果主义理论的修正是不成功的。这些不成功的修正使得我们有必要反思如下问题：分外善行本身是否是一个能够得到辩护的直觉？如果这一直觉不能得到充分辩护，那么我们就没有必要为了将分外善行容纳进后果主义理论而对后果主义进行修正。

分外善行是没有依据的。如果我们认为行为者的行善行为可以分为两个部分，既承认行为者有行善的义务，又认为行为者的行善行为可以是分外善行，那么行为者的行善义务和分外善行之间必然存在一个区分的标准。凭借这一标准，我们可以区分出哪些行善行为是行为者的义务，哪些行善行为是行为者的分外善行。斯洛特和墨菲等人之所以要对后果主义的最佳后果进行限制，正是要努力寻找一个后果主义之外的标准。他们要通过这一标准将行为者的义务和分外善行区分开来，从而使后果主义理论同我们的日常直觉相符合，并且避免认为其道德要求过于严苛的指责。但是，他们并没有成功找到这样的标准。这样一个标准对于行善义务和分外善行的区分又是必要的。我们不能仅仅满足于：行善义务是行为者的义务，分外善行不是行为者的义务，两类行为之间的区分仅在于是否是行为者的义务。我们有理由追问：为什么这一行善行为是行为者的义务，而另一行善行为是行为者的分外善行。如果适度的道德（认为存在行善义务和分外善行的区分）不能提出充分理由来表明行善义务和分外善行之间存在区分，那么我们就有理由怀疑是否存在这样的区分。

对这一区分的否定会产生两种不同的观点。一种观点认为，既然我们没有办法区分出行为者的行善义务和分外善行，而后果主义提出的道德要求又过于严苛，那么我们可以取消行为者的行善义务，将所有的行善行为都视为行为者的分外善行。如果一个人坚持义务论的观点，那么他就有可能采纳这一观点。按照义务论的观点，行为者之所以不能伤害别人，是基于人的不可违背性或者人是自身目的这一特性。但是，义务论者在解释行为者为什么具有行善的义务时，往往求助于罗斯关于初步义务的观点和康德关于完全义务和不完全义务的区分。我们已经在前面的分析中表明，义务论者通过诉诸罗斯和康德的观点来解释行为者的行善义务，是有问题的。对于义务论者来说，一个切实可行的做法是将所有的行善行为都归入行为者的分外善行，行为者只承担类似不伤害别人这样的消极责任。如果义务论者坚持这样的观点，那么他们确实避免了后果主义道德要求过于严苛的异议。但是对此，后果主义者的回应是：当后果主义的反对者指责后果主义向行为者提出了过于严苛的道德要求时，他们通常并不是认为行为者没有行善的义务，而是认为行为者具有行善的义务，只是行善的义务不应当过于严苛，以至于行为者要付出过大的代价。可见，后果主义的反对者也认为行善的义务是行为者的初步义务。

对于行善行为，后果主义者的态度是，并不是所有的行善行为都是行为者的义务。如果行为者的行善行为是能够产生对共同体的发展和繁荣来说是最佳后果的行为，那么这一行善行为就是行为者应当实行的行为，反之则不是。也就是说，后果主义理论认为，实行产生最佳后果的行为是没有限度的。只要一个行为产生了最佳后果，行为者就应当去实行这一行为。分外善行则允许行为者实行产生最佳后果以外的其他行为，这与后果主义的要求是明显冲突的。因此，后果主义者不可能将分外善行纳入自己的理论。此外，如果前文通过共同体与个人之间的关系对后果主义所做的论证是合理的，那么后果主义理论也没有必要容纳分外善行。

分外善行的支持者需要考虑的另外一个问题是，一种承认分外善行的理论与不承认分外善行的后果主义理论相比，是否能够免除道德严苛性的批评。因为后果主义的反对者反对后果主义的一个重要理由就是后果主义理论向行为者提出了过于严苛的道德要求，将本来属于行为者分外善行的行为纳入行为者的义务范围之中，从而使行为者有可能承受过于沉重的负担。海德对分外善行进行过系统论述。他为分外善行提供了一个定义。

一个行为是职责以外的(supererogatory)，当且仅当

(1)这一行为既不是必须去做的，也不是被禁止的。

(2)不实行这一行为不是错误的，并且不应当受到制裁和批评——正式的或者非正式的。

(3)这一行为是道德上好的，这既是由于它的(有意图的)结果，也是由于它的(义务之外的)内在价值。

(4)这一行为是为了其他某个人而被自愿实行的，因此是值得赞扬的。①

① David Heyd，*Supererogation：Its Status in Ethical Theory*，New York，Cambridge University Press，1982，p.115.

按照这一定义，如果行为者实行了一个分外善行，那么他会受到赞扬；如果他没有实行这一分外善行，那么他也不会受到批评。这一定义表面上给行为者留下了自由选择的空间，但是它所界定的分外善行有可能使行为者承受过于沉重的负担。从后果主义的观点来看，某个行为因为在诸多可选择行为中能够产生最佳后果而被后果主义者视为行为者应当实行的行为，但是分外善行的支持者基于某个理由认为这是行为者的分外善行。如果行为者实行了这个行为，后果主义者会认为行为者履行了自己的义务，因而实行了正确的行为；分外善行的支持者则会认为行为者履行了超出自己义务的行为，因而是值得赞扬的。如果行为者没有实行这个行为，后果主义者会认为行为者没有实行能产生最佳后果的行为，因而是错误的；分外善行的支持者则认为行为者没有义务必须实行这一行为。

现在，我们假设行为者做出了一个决定：向某个慈善机构捐助一笔款项。按照后果主义的观点，行为者的这一捐助行为产生了最佳后果，因此是行为者应当履行的义务；按照分外善行的支持者的观点，行为者的这一行为是为了其他人的利益，因而是值得赞扬的行为。但是，在做出这个决定之后，行为者的经济状况变糟。如果继续原来的捐助，他所承受的负担无疑过于沉重。按照后果主义的观点，在此情形下，产生最佳后果的行为已经发生了变化，行为者为了实现最佳后果，需要捐助的数额要少于原先承诺的数额。假如行为者并没有改变原先的决定，而是继续捐助原先承诺的数额，后果主义者会不赞成行为者这样做。分外善行的支持者又会持有什么样的态度呢？显然，他们仍然会对行为者的这一捐助行为持赞扬的态度。按照海德的观点，行为者的捐助行为属于分外善行。如果行为者自愿实行这一行为，即使这一行为给行为者带来了过于沉重的负担，那么其他人也不能反对行为者的行为，而是应当赞扬行为者的行为。分外善行的支持者认为，行为者可以不实行这样的行为，而实行对自己个人有利的行为，因为这一行为是分外善行。假设行为者是一个追求社会赞扬的人，希望通过自己的行为获得其他人的赞扬，因此总是去实行超出自己负担的分外善行；或者行为者具有某种特别的心理，这种心理使他成为一个极端的利他主义者，可以为了其他人极少的利益而不明智地牺牲自己巨大的利益。对于这样的行为者，后果主义者可以向他指出，他所实行的行为并没有产生最佳后果，他应当转而去实行那个产生最佳后果的行为(这一行为从不偏不倚的立场考虑了他个人的利益)。但是，一方面，分外善行的支持者以后果主义要求过于严苛为理由，反对后果主义理论向行为者提出的促进善的义务要求，认为一个适度的促进善的义务比后果主义的要求更为可取；另一方面，当行为者实行了超出自身负担的行为，即使这一负担超过了后果主义理论要求行为者承受的负担，但只要这一行为是行为者自愿承担的，那么分外善行的支持者也只会赞扬行为者的行为。这表明，分外善行的支持者实际上并不反对行为者承受过于沉重的负担，这一负担甚至要超过后果主义理论要求行为者承受的负担。因此，后果主义可以表明自己所提出的要求并不是一个过于严苛的道德要求。同时，对于分外善行的支持者所允许的行为者需要承受过于沉重的负担的行为，当其他人以行为者如果实行这一行为就可以得到赞扬来鼓励行为者实行时，后果主义可以支持行为者以这一行为并没有产生最佳后果为理由拒绝这一行为。

　　分外善行的支持者面临的另外一个问题是，他们没有办法为分外善行提供一个动机上的支持。例如，行为者面临两个不同的选项，其中一个选项的行为能够实现行为者的个人目标或利益，另一个选项的行为是分外善行（能够实现其他人的目标或者利益）。此时，行为者应当如何选择呢？分外善行的支持者的回答是，行为者可以选择实现个人目标或利益的行为，也可以选择实行分外善行。当行为者面对这两个选项无所适从时，道德理论仅仅告诉他可以自由地在这两个选项之间进行选择，这是不够的。当行为者面临两个相互冲突的选项时，如果道德理论能够向行为者指出，哪一个选项是行为者更应当实行的行为，并为行为者选择这一行为提供辩护，那么它就为行为者实行这一行为提供了动机上的支持。行为者为什么会实行属于分外善行的行为呢？或者行为者为什么要实行有利于实现其他人利益的行为呢？后果主义对这个问题给出了明确的答案：这一有利于其他人利益的行为最大限度地实现了最佳后果。这显然不是分外善行的支持者的回答，因为他们允许行为者不实行分外善行，而是实行有利于个人利益的事情。

　　通过对分外善行的讨论，我们可以看到，分外善行确实是一个有问题的概念。一方面，它为行为者设置了过低的促进善的义务。这使它陷入了对行为者要求过低的困境。另一方面，它不拒绝行为者付出巨大的个人牺牲来促进其他人哪怕是微小的利益。这就使分外善行的支持者在面对行为者的这一巨大牺牲时，会采取一种赞扬和放任的态度。

　　后果主义理论向行为者提出的要求是：行为者应当实行从不偏不倚的角度来看产生最佳后果的行为。这一要求使后果主义理论面临严苛性异议。批评者认为后果主义的要求过于严苛，这包括两个方面的含义。

一方面,批评者并不反对行为者具有救助或者行善这样的促进善的义务。这使得他们的观点和后果主义一样都不是利己主义的。另一方面,他们认为后果主义向行为者提出的要求超出了行为者所应当承受的范围,因而显得过于严苛。在行为者的个人利益和其他人的利益发生冲突时,如果产生最佳后果的行为促进了其他人的利益而不是行为者本人的利益,他们通常并不反对行为者实行这一行为,但是认为实行这一行为不应当是行为者的义务,而是行为者的分外善行。如果批评者认为后果主义的要求过于严苛,那么他们就必须指出什么样的要求才是合理的道德要求。如果这一要求不是由后果主义的最佳后果来规定的,那么它是由什么规定的?也就是说,批评者需要将救助或者行善这样的促进善的行为划分为两类,其中一类是行为者的义务,另一类是行为者的分外善行,并且指明两者之间的界限。如果批评者能够表明存在这样的界限,也就表明了在救助或者行善这样的促进善的义务上存在一个非后果主义的限度。

前文已经表明,并不存在这样的限度。更为重要的是,笔者的分析表明,适度的道德理论通过对个人观点的道德独立性的强调仅赋予了行为者特权,并没有成功地限制行为者的特权以便使行为者具有促进善的义务;义务论者不仅没有成功地表明不同类型的行为在道德重要性上的差异,而且义务论的不可违背性也没有办法证明行为者具有促进善的义务。如果适度的道德和义务论没有办法为行为者促进善的义务提供辩护,那么对它们的支持者来说,更为合理的做法是将救助或者行善这样的促进善的行为都视为行为者的分外善行而不是行为者的义务,即行为者在任何情况下都可以但没有义务去实施救助或者行善的行为,行为者对其他人负有的义务仅仅是不伤害这样的消极义务,或者遵守承诺这样的义务。但是,适度的道德和义务论的支持者都不会赞同这一观点。正如前文已经指出的,这两种理论都不反对行为者具有促进善的义务,它们反对的是后果主义以实现最佳后果为标准来规定行为者促进善的义务,坚持认为行为者促进善的义务应当具有一个限度。如果前文的论证是合理的,那么适度的道德和义务论既没有为行为者促进善的义务提供充分的辩护,也没有表明这一义务应当是一个适度的义务,所以它们对后果主义道德要求的严苛性异议也就难以成立。

作为后果主义理论的修正者,斯洛特和墨菲对后果主义理论的批评和后果主义的反对者不同。他们批评的不是后果主义将不偏不倚和行为后果作为后果主义的两个要素,而是将批评的重点放在最佳后果上,认为后果主义理论可以坚持不偏不倚的观点和将行为后果作为评价行为正确性的标准，但是不需要将行为的后果理解为最佳后果。这就既坚持了后果主义，又避免了严苛性异议。

　　当面临严苛性异议时，后果主义者首先需要弄清楚这一异议是否是一个合理的异议。如果严苛性异议本身并没有合理的依据，因而是不合理的，那么后果主义者并不需要为了避免严苛性异议而对自身进行修正。无论是斯洛特的次最佳理论还是墨菲的集体后果主义理论，它们都没有合理地表明为什么以不偏不倚的最佳后果作为评价行为正确性的标准是不合理的。这就使他们对后果主义的修正缺乏动机上的支持。既然斯洛特和墨菲都不认同将最佳后果作为评价行为正确性的标准，那么他们就需要找到另外的标准来确定什么样的行为才是正确的行为。斯洛特提出的标准是令人足够满意的后果，也就是一个适度的后果；墨菲则指出，在非理想状态下，即在不完全遵守的情况下，行为者只需要完成他在完全遵守情况下所应当完成的份额。修正的后果主义者面临的一个问题是，令人足够满意的后果和完全遵守情况下行为者应当完成的份额都难以为行为者促进善的义务设置一个限度。这个限度能使行为者在实行促进善的行为时，可以不必将实现最佳后果的行为作为促进善的义务。在对上述观点进行分析与反驳的基础上，笔者指出，后果主义者所理解的最佳后果，并不是指行为者的行为所产生的直接后果，而是将行为的直接后果、行为者需要付出的成本以及这一行为对其他人造成的影响等都包含在内。这就使后果主义并不会因为忽视行为者的个人利益而对行为者提出严苛的要求。在表明后果主义不可能通过"每个人都应当追求个人幸福，因而每个人也应当追求普遍幸福"这一论证方式得到证明之后，笔者试图借用密尔"个人是共同体中的个人"这一思想来为后果主义提供一种直接的证明。

结　语

　　毋庸置疑，后果主义理论在当今伦理学界仍属显学，围绕后果主义理论的各种赞成和反对意见层出不穷。一种理论的重要性，不仅体现在这一理论能够得到持续的发展上，也体现在反对者针对这一理论不断提出的各种批评意见上。因此，研究一种理论，不仅要对这一理论本身有所知晓，同样要去研究这一理论的反对性理论，对其各种反对性意见进行分析：或者通过反思批评性意见，找到被批评理论自身的不足；或者对批评性意见进行反驳，表明所坚持理论的合理性。

　　前文已指出，严苛性异议是后果主义理论需要面对的两个重要异议之一。在对后果主义的反对中，与严苛性异议关系最为密切的实际上是两种理论。一种是利己主义理论，另一种是常识道德理论。利己主义理论与后果主义理论一样，也关注行为的后果，只不过利己主义所理解的行为后果是那个符合行为者本人利益的后果。探讨道德理论的一个任务在于直面道德冲突，在个人利益与社会整体利益之间做出取舍。利己主义坚持个人自我利益的至高无上，与后果主义理论形成了鲜明的对立。在后果主义理论的严苛性异议中，异议者或多或少都被认为有一定的利己主义嫌疑。帕菲特在《理与人》中指出，利己主义理论在西方历史中一直占据重要位置。"两千多年来，人们都假定，一个人去做他知道将使他更糟糕的事情是不合理的。基督教作家不会质疑这个假设，因为如果基督教是真的，道德与自我利益就会达成一致。如果作恶者知道他们将会下地狱，他们就都会知道，在作恶的行动中，他是在做对他而言更糟糕的事情。基督教作家很高兴诉诸利己主义理论，因为根据他们的假设，利己主义理论意味着恶棍是傻瓜。同样的观点也适用于伊斯兰教徒、佛教徒和印度教徒。既然已经接受了两千多年的利己主义教育，我们必定期望在直觉中发现某种共鸣。利己主义理论不可能仅仅通过诉诸它的教导可能产生的直觉而得到辩护。"①因此，研究道德理论，实际上需要关注利己主义理论，而不是简单地否定这一理论。

　　帕菲特的《理与人》在批评利己主义或者自我利益理论时采用了内格

---

　　① Derek Parfit：*Reasons and Persons*，Oxford，Clarendon Press，1984，p. 130.

尔区分主观理由与客观理由的思路。帕菲特对利己主义或自我利益理论
的界定是："自我利益理论（self-interested theory）是关于合理性的理论，
给予每个人这一目标：行为的结果要对他自己最好，并且要使他的生活
对他而言尽可能好。"① 利己主义者将自己的个人利益置于最高的位置。
心理利己主义者认为利己是人的心理倾向，伦理利己主义者则认为利己
应当是人的价值倾向。帕菲特对利己主义理论提出了两个反驳。第一个
反驳是当行为者实行一个并非追求自我利益的行动时，他的行动也可以
是合理的，这就构成了对自我利益理论的反驳。帕菲特认为："至少有一
个欲求不是不合理的，这个欲求与我们对自己喜好的偏爱一样合理。如
果这个欲求是在道德上值得赞扬的或者是一个人道德上的义务，那么它
就是一个去实行符合其他人利益的行为的欲求。"② 在帕菲特所举的英勇
牺牲的案例中，当行为者只有牺牲自己的生命才能救助其他人时，即使
行为者选择不救助也不会因此遭受悔恨的煎熬，并且能够在余生过得很
好，他也仍然愿意选择牺牲自己的生命。按照帕菲特的观点，在这个例
子中，行为者并没有选择符合自己利益的行动，而是选择牺牲自己的生
命（重要的个人利益），但我们不能说行为者的选择就是不合理的。这就
反驳了利己主义理论。

　　第二个反驳利用了内格尔关于客观理由与主观理由的区分。帕菲特
将这两类理由分别称为"中立于行为者的理由"和"与行为者相关的理由"。
帕菲特指出，西季威克的理论要求人称上的和时间上的中立性，而他提
出的当下目标理论拒绝这两种独立性。这两种理论都是纯粹的理论，利
己主义理论则是混合的，因为自我利益理论虽然要求时间上的中立性，
却又反对人称上的中立性。③ 自我利益理论只具有不完全的相对性。它
仅要求人称上的相对性，并不要求时间上的相对性（而是要求时间上的中
立性）。在帕菲特看来，这就构成了对自我利益理论的反驳。"如果所有
的行动理由都是中立于行为者的，这对自我利益理论将会是致命的。考
虑一下每个人促进他自己利益的理由。如果这是一个对每个人都适用的
理由，每个人就会具有相同的理由促进每个人的利益。自我利益理论就
会被不偏不倚的仁慈吞并。"④

　　在帕菲特之前，西季威克已经在《伦理学方法》中对利己主义理论进

---

① Derek Parfit：*Reasons and Persons*，Oxford，Clarendon Press，1984，p. 3.
② Derek Parfit：*Reasons and Persons*，Oxford，Clarendon Press，1984，p. 131.
③ Derek Parfit：*Reasons and Persons*，Oxford，Clarendon Press，1984，p. 140.
④ Derek Parfit：*Reasons and Persons*，Oxford，Clarendon Press，1984，p. 143.

行了充分的论述。西季威克承认,"人们有足够的理由认为,满足一般人类道德意识的道德体系不可能建立在明确的利己主义基础上"①,同时也指出边沁这样的功利主义者和巴特勒这样的直觉主义者都明确地接受"按最有利于个人自己的幸福的方式去行动"这一普遍原则。② 因此,西季威克将利己主义与直觉主义、功利主义一起视为最主要的伦理学方法。对西季威克来说,利己主义所坚持的审慎原则和功利主义所坚持的最大幸福原则都属于合理的原则,他也认识到这两个原则并不总是一致的。《伦理学方法》第六版的序言包含西季威克对自己思想发展的简要说明。在这个说明中,西季威克不情愿地得出结论,否认存在一种能够圆满解决个人幸福与普遍幸福之间冲突问题的方法。尽管他通过诉诸直觉选择了功利主义,但是并没有找到充分的理由反对利己主义。帕菲特虽然提出了诸多反对利己主义的论证,但是并没有摒弃这一理论的核心部分,即更多地关心自己的利益,并且将其作为自己的理论的组成部分。这表明利己主义作为一种理论仍然值得学术界关注。

与严苛性问题关系密切的另外一种理论是常识道德。常识道德通过诉诸人们的日常道德直觉来确定行为者应当承担的道德责任。诉诸常识的直觉主义方法是西季威克所分析的另外一种伦理学方法,他认为自己对常识直觉的认可受到了亚里士多德的影响。"他(亚里士多德)提供给我们的就是通过仔细比较而具有了一致性的希腊的常识道德。苏格拉底用问号进行的推理不正是这种常识道德吗?"③因此,我们日常生活中的种种美德,如仁慈、公正、勇敢、诚实等,都被西季威克识别为常识道德的内容。他对直觉主义的考察实际上也是对诸多常识美德的考察。对常识道德的考察是伦理学家的一项重要工作。无论是后果主义的支持者还是反对者,他们都不乏采取一定的策略,为常识道德做出辩护。在前文的论述中,我们可以看到谢夫勒所坚持的适度的道德实际上就是一种常识道德,非后果主义者卡姆所捍卫的实际上也是人们的日常道德。他们都坚信,如果 种理论过丁违背人们的日常道德直觉,这种理论是不值得辩护的。

常识道德的缺点显而易见,紧紧站在常识道德的基础之上对后果主

---

① 〔英〕亨利·西季威克:《伦理学方法》,廖申白译,北京,中国社会科学出版社,1993,第 141 页。

② 〔英〕亨利·西季威克:《伦理学方法》,廖申白译,北京,中国社会科学出版社,1993,第 141 页。

③ 〔英〕亨利·西季威克:《伦理学方法》,廖申白译,北京,中国社会科学出版社,1993,第 18 页。

义理论提出严苛性异议，显然也是不充分的。作为人们日常道德直觉的集合，常识道德本身就是诸多矛盾的复合体，自身的许多主张相互之间可能存在冲突。以这样一种存在矛盾和冲突的复合体作为批评的出发点，显然无法对后果主义构成有力的批评。但是，我们不能因此忽视常识道德。正如西季威克所指出的，在哲学家的研究中，我们允许哲学家通过反思得出不同意常识道德的解决论。"哲学家的目的本身不是界定和陈述人类常识的道德意见，而是做更多的事。他的功能是告诉人们他们应当想些什么，而不是他们在想些什么。我们期待他通过他的假设来超越常识，也允许他得出与常识相反的结论。"① 但是，哲学家的这种反思也应当在一定限度之内。"哲学家的前提的真实性始终要由其结论的可接受性来检验。如果在某个重点上，他公然与常识意见相抵牾，他的方法就有可能被宣布为无效。"② 抛开西季威克本人对直觉的信赖，研究者在研究过程中确实需要关注常识直觉和道德，需要将自己的理论与日常道德关联起来。如果某种道德理论完全脱离常识道德或者与其相背离，即使这种理论能够自圆其说，也不会得到社会成员的广泛认可。与其他道德理论一样，后果主义者同样需要考察和关注常识道德。如果后果主义理论中的相关内容与常识道德不符，那么后果主义者需要反思这些内容，并提出充分的证明。

前文已经指出，考察后果主义的严苛性异议，对提出异议的理论进行反思和批评，这是本书的一个任务。这实际上是对后果主义理论的一个间接辩护。本书的另外一个任务是尝试对后果主义理论提供一个正面的辩护，而密尔和西季威克的尝试都表明了对某种道德理论进行正面辩护的难度。笔者借助了内格尔对利他主义可能性的辩护，并从密尔关于个人与共同体关系的论述中寻找根据，力图表明后果主义理论与其他道德理论相比是一种值得辩护的理论。如果这种辩护能够成立，就表明针对后果主义理论所做出的种种修正都是不必要的，而且这种修正也是对后果主义理论自身的一种破坏，因为修正后的道德理论所坚持的主张已经不是单纯的后果主义，而是某种意义上的准后果主义了。

除了严苛性异议外，后果主义理论自身仍然存在诸多议题，需要做进一步的研究。这些议题既包括后果主义理论内部存在的争议和分歧，

---

① 〔英〕亨利·西季威克：《伦理学方法》，廖申白译，北京，中国社会科学出版社，1993，第388页。

② 〔英〕亨利·西季威克：《伦理学方法》，廖申白译，北京，中国社会科学出版社，1993，第388页。

也包括后果主义理论与其他道德理论之间的争议和分歧。可以肯定的是，针对后果主义理论的各种赞同或反对意见将持续存在。例如，卡米斯基在《康德式的后果主义》一书中，将康德对其道德主张的论证识别为一种后果主义的论证方式。帕菲特在《论重要之事》一书中，试图将后果主义、契约论与义务论统一于自己的理论框架中。后果主义理论以不同的方式在不同哲学家的理论中发挥着作用，这无疑为研究者研究后果主义理论提供了丰富的素材；更为重要的是，这证明了后果主义作为一种道德理论所具有的生命力。后果主义理论并不会像后果主义的批评者所预测的那样，在几十年之内就销声匿迹，而是会以这样或那样的方式继续存在于人们的道德思考以及道德实践中。

参考文献

一、中文文献

[1] 亚里士多德. 尼各马可伦理学[M]. 廖申白，译. 北京：商务印书馆，2003.

[2] 穆勒. 功利主义[M]. 徐大建，译. 上海：上海人民出版社，2008.

[3] 西季威克. 伦理学方法[M]. 廖申白，译. 北京：中国社会科学出版社，1993.

[4] 罗尔斯. 正义论[M]. 何怀宏，何包钢，廖申白，译. 北京：中国社会科学出版社，1988.

[5] 麦金太尔. 追寻美德：伦理理论研究[M]. 宋继杰，译. 南京：译林出版社，2003.

[6] 彼彻姆. 哲学的伦理学[M]. 雷克勤等，译. 北京：中国社会科学出版社，1990.

[7] 斯洛特. 从道德到美德[M]. 周亮，译. 南京：译林出版社，2017.

[8] 赫斯特豪斯. 美德伦理学[M]. 李义天，译. 南京：译林出版社，2016.

[9] 内格尔. 本然的观点[M]. 贾可春，译. 北京：中国人民大学出版社，2010.

[10] 内格尔. 人的问题[M]. 万以，译. 上海：上海译文出版社，2000.

[11] 科尔斯戈德. 规范性的来源[M]. 杨顺利，译. 上海：上海译文出版社，2010.

[12] 莫尔根. 理解功利主义[M]. 谭志福，译. 济南：山东人民出版社，2012.

[13] 徐向东. 后果主义与义务论[M]. 杭州：浙江大学出版社，2011.

[14] 徐向东. 自我、他人与道德[M]. 北京：商务印书馆，2007.

二、英文文献

[1] ALEXANDER L. Scheffler on the Independence of Agent-Centered Prerogatives from Agent-Centered Restrictions [J]. Journal of Philosophy, 1987, 84：277-283.

[2] ASMUS P. 100 Best Corporate Citizens[J]. Business Ethics, 2005, Spring, 20-27.

[3] BARON M. Kantian Ethics and Supererogation[J]. The Journal of Philosophy, 1987, 84(5)：237-262.

[4] BARON M, PETTIT, SLOTEP M. Three Methods of Ethics：A Debate[M]. New Jersey：Wiley Blackwell, 1977.

[5] BLOOMFIELD P. Morality and Self-interest[M]. Oxford：Oxford University Press, 2008.

[6] BONNIE N A. Killing and Letting Die[M]. New York：Fordham University Press, 1994.

[7] CUMMISKEY D. Kantian Consequentialism[M]. Oxford：Oxford University Press, 1996.

[8] FOOT P. Euthanasia[J]. Philosophy & Public Affairs, 1977, 6：85-112.

[9] FOOT P. Killing and Letting Die[M]// GARFIELD J, HENNESSEY P. Abortion, Moral and Legal Perspectives. Amherst: University of Massachusetts Press, 1984.

[10] FOOT P. The Problem of Abortion and the Doctrine of Double Effect[M]// Virtues and Vices and Other Essays. Berkeley: University of California Press, 1978.

[11] FOOT P. Utilitarianism and the Virtues[J]. Proceedings and Addresses of the American Philosophical Association, 1983, 57(2): 273-283.

[12] HARE R M. Moral Thinking[M]. New York: Oxford University Press, 1981.

[13] HEYD D. Supererogation: Its Status in Ethical Theory [M]. New York: Cambridge University Press, 1982.

[14] HURKA T. Virtue, Vice and Value[M]. Oxford: Oxford University Press, 2001.

[15] KAGAN S. Does Consequentialism Demand Too Much? [J]. Philosophy and Public Affairs, 1984, 13: 239-254.

[16] KAGAN S. The Additive Fallacy[J]. Ethics, 1988, 90: 5-31.

[17] KAGAN S. The Limits of Morality[M]. New York: Oxford University Press, 1989.

[18] KAGAN S. Normative Ethics[M]. Boulder, CO: Westview Press, 1998.

[19] KAMM F M. Non-Consequentialism, the Person as an End-in-Itself, and the Significance of Status[J]. Philosophy and Public Affairs, 1992, 21(4): 354-389.

[20] KAMM F M. Morality, Mortality[M]. New York: Oxford University Press, 1996.

[21] KAMM F M. Intricate Ethics: Rights, Responsibilities, and Permissible Harm [M]. New York: Oxford University Press, 2007.

[22] KANT I. Fundamental Principles of the Metaphysic of Morals[M]. New York: Prometheus, 1990.

[23] KANT I. Lectures on Ethics[M]. New York: Cambridge University Press, 1997.

[24] MCNAUGHTON D, RAWLING P. On Defending Deontology[J]. Ratio (new series), 1998: 37-54.

[25] MILL J S. Utilitarianism[M]. Indianapolis: Hackett, 1979.

[26] MULGAN T. The Demands of Consequentialism[M]. Oxford: Clarendon Press, 2001.

[27] MURPHY L. Moral Demands in Nonideal Theory[M]. Oxford: Oxford University Press, 2000.

[28] NAGEL T. The Possibility of Altruism[M]. Princeton: Princeton University Press, 1970.

[29] NAGEL T. The View from Nowhere[M]. New York: Oxford University Press, 1986.

[30] NOZICK R. Anarchy, State, and Utopia[M]. New York: Basic Books, 1974.

[31] RACHELS J. Active and Passive Euthanasia[J]. Philosophy and Public Affairs,

1994, 13: 134-171.

[32] RARFIT D. Reasons and Persons[M]. Oxford: Clarendon Press, 1984.

[33] REGAN. Utilitarianism and Co-operation[M]. Oxford: Clarendon Press, 1980.

[34] QUINN W. Morality and Action[M]. Cambridge: Cambridge University Press, 1994.

[35] SCARRE G. Utilitarianism[M]. New York: Routledge, 1996.

[36] SCHEFFLER S. Human Morality[M]. New York: Oxford University Press, 1993.

[37] SCHEFFLER S. The Rejection of Consequentialism[M]. Oxford: Oxford University Press, 1982.

[38] SIDGWICK H. The Methods of Ethics[M]. 7th ed. London: Macmillan, 1981.

[39] SINGER P. Practical Ethics[M]. Cambridge: Cambridge University Press, 1979.

[40] SINNGR P. Famine, Affluence and Morality[J]. Philosophy and Public Affairs, 1972: 229-243.

[41] SMART J J C. An Outline of a System of Utilitarian Ethics[M]// SMART J J C, WILLIAMS B. Utilitarianism: For and Against. Cambridge: Cambridge University Press, 1973.

[42] UNGER P. Living High and Letting Die[M]. New York: Oxford University Press, 1996.

[43] URMSON J O. Saints and Heroes[M]// MELDEN A. Essays in Moral Philosophy. Seattle: University of Washington Press, 1958.

[44] WEST H. The Blackwell Guide to Mill's Utilitarianism[M]. Oxford: Blackwell, 2006.

[45] WILLIAMS B. A Critique of Utilitarianism[M]// SMART J J C, WILLIAMS B. Utilitarianism: For and Against. Cambridge: Cambridge University Press, 1973.

[46] WILLIAMS B. Moral Luck[M]. Cambridge: Cambridge University Press, 1981.

后　记

　　我对后果主义严苛性问题的关注可以追溯到十几年前。因为种种原因，这种关注断断续续，始终存在。这本书的出版可以算作我对此问题思考的一个总结。

　　给本科生讲授西方哲学史的时候，我在为学生建的微信群里写过这样一段话："无论是对中国人还是西方人而言，哲学都是一项事业。它在中国是由先秦时期的先贤们开创的，在西方则是由古希腊的思想家建立的。经历时间变迁，这项事业一直未曾间断。能够投身到这样一项事业当中，思考先哲们曾经思考过的问题，这本身就是一件幸事，值得去做。"如果把"哲学"换成"伦理学"，这段话同样成立。我一直坚信，一个对哲学或伦理学真正产生兴趣的人，是无法从这项事业中脱身而去的。一般而言，对伦理学的兴趣是从对规范伦理学的研究开始的。一旦认识到对某种规范伦理学的论证往往难以令人满意，这种兴趣不可避免地会转移到元伦理学上。对严苛性问题的关注体现了一种对规范伦理学的兴趣，而现在乃至今后相当长的一段时间里，道德动机问题会一直是我关注的重点。我甚至认为，一种规范伦理学理论如果不能很好地解决道德动机问题，就很难令人信服。尽管规范伦理学与元伦理学往往很难也不应当严格划清界限，但道德动机问题显然首先是一个元伦理学问题。

　　回顾我的学术之路，对我的学术思想产生影响的学者有两位。一位是我的硕士生和博士生导师徐向东教授。我读硕士时，徐老师从国外回来的时间不长。他开了一门美德伦理学，让我感受到伦理学的魅力，也坚定了我的学术志向。徐老师对学术的热情和投入一般人难以做到。尽管已经毕业多年，我依旧记得上完课去他的办公室向他请教问题时，他于烟雾的围绕中坐在电脑前打字的场景。我对后果主义理论的关注也开始于徐老师的课堂。博士期间，我参与翻译了徐老师主编的《后果主义与义务论》，对后果主义理论有了较好的理解。通过硕士和博士期间的学习，我愈加确信，学术的写作必须是清晰而明确的，而不是装腔作势或者云山雾罩式的。另一位是我去迈阿密大学访学时联系的迈克尔·斯洛特教授。斯洛特教授是福特的学生，给本书所讨论的一位重要伦理学家卡姆上过课。他曾和我说起过他与哲学家安斯康姆一起聊天的情形，并认真地向我指出安斯康姆生育过七个子女，而不是八个。斯洛特教授是一位很直率的学者，明确表示自己是无神论者，这使我在和他的交流中省却了很多顾虑。斯洛特教授还曾用让我吃惊的"懒惰"一词来形容哲学家伯纳德·威廉斯，我当即表示反对，因为威廉斯的著作在质量上属上乘，在数量上也不算少，"懒惰"和他完全不相关。斯洛特教授认为，威廉斯的观点是深刻的，但有时对自己的观点并没有给出清楚的论证，在这一点上他是懒惰的。哲学家应当如何论证自己的观点，这是一个见仁见智的问题，但是斯洛特教授在自己的著作中确实贯彻了这一观点。他总是以一种清楚的方式论证，而不会将自己的观点以一种隐晦的方式藏在行文之中。通过和斯洛特教授的交流，我认识到情感主义理论的价值，在回国后很长一段时间内都会在不同的课堂上讨论"移情"（empathy）这一情感主义的核心概念。斯洛特教授也使我愈加认识到道德动机问题的重要性。尽管 2010 年我做博士后时打算将道德动机问题作为研究的题目，但那时我还未认识到这个问题如此重要。一个人在学术之路上会受到很多人的帮助，有时往往难以回报。对我而言，所能做的事情便是尽可能去帮助周围那些想要在学术上有所发展的学生。

　　一个人的学术事业也和他的家庭息息相关。我的父母是对我的人生观影响最大的人。他们都已先后过世，但是音容笑貌永远保留在我的脑海中。生于乱世，经历坎坷，我的父母却始终以乐观的心态面对人生，将四个子女养育成人。因为在外地工作，我在父母的晚年较少陪伴他们（我的两位姐姐和兄长承担了这一重任），但对父母的教导我始终铭记于心。父母留给我最为重要的财富是他们正直的品质：按照他们认为正确的原则行动，不屈从于权势。我的岳父母对我也产生了深远的影响。他们都是心地善良、正直行事的人。我的岳父赵振国先生更是做出了榜样。他从工作岗位上退下来后，便开始了人生另外一项重要事业：照顾孙辈。岳父三个子女的孩子（包括我的儿子）都凝结了他的心血。岳父这种平等、关爱的人生理念值得晚辈学习。我的夫人赵婧杰女士和儿子解维聪是我人生中最重要的人。我的夫人与我拥有共同的价值观和人生观，这是我们能够走到一起建立家庭的根本原因。她擅长数理化，大学却误打误撞读了最不擅长的英语专业，成为一名英语教师，并且在教学岗位上做得有声有色。此外，她精湛的厨艺无疑成为密切联系家庭成员关系的重要纽带。解维聪已经就读高中，经常在紧张的学习之余同我进行讨论，他对知识的渴求也在客观上督促着我不断思考。能够和他分享观点，并围绕某些问题展开讨论，这也让我欣喜地感受到他的成长。

同西方人对家庭的理解不同，中国人倾向于将更多的成员容纳到家庭中。这表明了中国人对家庭的重视：从先辈那里继承他们的价值观念，并将其一代一代地传承下去。这本身就是一个重要的伦理议题。

2019 年 12 月 29 日
于北京复兴路 46 号院居所